일본 고대문헌의 용자법 연구

저자 안희정

제이앤씨
Publishing Company

서 문

　고대 일본은 독자적인 문자를 갖지 못하였기 때문에 일본 고대문헌의 기록은 중국 문자에 의존하지 않을 수 없었고, 이 점에 있어서는 고대 한국문헌의 기록도 동일한 상황이었다. 그런데 중국어는 언어구조적으로 일본어와 다양한 상위(相違)를 보이는데, 특히 어순문제와 관련해서 여러 문제들이 파생된다. 일례로 실자(實字)와 허자(虛字)로 나누어 볼 때, 명사・형용사・동사 등의 실자는 (의미) 그대로를 차용(借用)해도 혼동스러운 문제가 거의 발생하지 않는데 반해, 조사・조동사 등의 허자는 용법이 다양하여 중국어 내에서도 문장 분석에 혼동을 초래하기 때문에 허자를 둘러싼 논의는 중국이나 일본에서도 여전히 끊이지 않고 있다.

　한편, 지금까지의 고대일본어의 음운・문법・표기 등의 다양한 분야에서 일본학자들의 연구는 일・한 혹은 일・중의 비교연구가 주로 이루어져 왔으며 이 비교연구가 커다란 성과를 보인 것 또한 사실이다. 그러나 여전히 예외로 규정짓고 있거나 근거가 희박한 채로 남아있는 미해결된 문제가 산재하여 있다.

　필자는 이러한 두 가지 문제와 관련하여 빗장을 풀어가기 위해서는 고대일본어 연구는 모태가 되는 중국어의 연구가 전제되어야 한다고 판단하였다. 그렇지 않으면 연구 전반에 있어서의 문제제기, 연구방법, 연구결과 등이 제한적일 것이며 도출된 결론 또한 근거가 약하거나 설득력이 떨어질 수 밖에 없을 것이기 때문이다. 필자는 이러한 판단하에 한·일·중 삼개국 비교연구라는 새로운 연구방법으로 십수년간 일본 고대문헌의 용자법에 대해 연구 검토해 왔으며 그 결과 필자의 판단에는 나름대로 확신이 보태어졌다. 그것은 한·일·중 트라이앵글의 관점으로 접근해가는 동아시아적인 연구방법이야말로 미해결로 남아있거나 설명이 미흡한 문제들에 대해 어느 정도 해결 가능성을 모색할 수 있다는 확신이었다. 이에 이러한 필자의 생각을 밝히는 것도 의의가 있다고 생각되어 필자의 연구 논문 중 이와 관련된 논문들을 모아 이 책으로 간행하게 되었다. 아울러 점점 적어져 가는 이 분야의 연구자들에게 조금이나마 도움이 될 수 있다는 생각과 지금까지의 필자의 연구를 되돌아 보고자 하는 생각도 들어 엮어 본 것이다.

처음부터 저술을 목적으로 쓴 것이 아니라 흩어져 있는 것을 한데 모은 것이고, 여러 해에 걸쳐 쓴 논문이다 보니 논문에 따라 한국어 혹은 일본어로 되어 있다. 연구 당시의 의도와 취지를 살리기 위해 원문 언어를 그대로 책으로 엮은 점은 널리 이해하시기 바란다. 또한 본 서명이 『일본 고대문헌의 용자법 연구』로 되어 있으나 용자법을 연구해 나가는 중에 표기 의식과 훈독에도 관심을 가지게 되어 이들 논문도 각각 한 편씩 신기도 하다보니 서명과의 일관성에 미흡할 수 있는 점 또한 양해의 말씀을 드린다.

지금의 필자가 있을 수 있도록 늘 버팀목이 되어 주시는 존경하는 큰오

빠 안희철님과 형제들에게 깊이 감사한다. 아울러 인문학이 어려운 상황 속에서 그 중에서도 고대어 연구와 같은 순수 학술 저서의 출판을 흔쾌히 수락해주신 제이엔씨의 윤석현 대표님과 편집담당자께 감사의 말씀 드린다.

2013년 10월 경주에서

안 희 정

목차

『古事記』의
용자법 연구

일본 고대문헌의 용자법 연구

『古事記』の用字法研究
―「将」をめぐって―

:1: はじめに

　「将」の字は、上代日本語では推量の助動詞「む」の表記としてよく用いられている。特に、『万葉集』では、過去の推量助動詞「けむ」や現在の推量助動詞「らむ」の表記にもよく用いられている。つまり、「将」の字は、上代日本語の中では推量を表す「む」の表記として認められているということである。ところが、古代中国語での「将」は、推量の意を表す用法としては使われない。そこで、これを問題提起としたい。

　このように、同じ字の用法に相違が見られる場合があるが、これは文字がなかった古代、漢字を借用する際に、漢字本来の意味が拡大されたり縮小されたりして、意味の領域が異なるからであると考えられる。これは古代韓国語にも同じ事が言える。そこで、本稿では、古代中国語の資料で「将」の用法を検討し、その結果をベースにし、上代日本語と古代韓国語で「将」の用法がどのように用いられたのか、を検討することに重点を置くことにする。本稿では、その第一歩として『古事記』を中心に見てみる

ことにする。進んでは、同様に漢字を借用し表記している古代韓国資料の中でも「将」の用例を検討し、三カ国語の中での「将」の用法を比較検討することも目指すことにする。

：2： 古代中国語での「将」の用法

まず、古代中国語(＝古代漢語)の用法について、その主な用法について、例をあげながら見てみることにする。(論語17例、中庸3例、大学0例)

    1-1. 意志未来(will)
    冉有曰：「夫子為衛君乎？」子貢曰：「諾；吾**将**問之。(論語・述而第七)
    子路曰：「衛君待子而為政，子**将**奚先？」(論語・子路第十三)
    孔子曰：「諾，吾**将**仕矣！」(論語・陽貨第十七)
    君**将**何以教之？(楚辞・卜居)

まず、1-1は、動詞の前に用いられ、主語が代表する人物が主観的に、ある動作を試行しようとすることを表す。現代中国語の「打算(〜するつもりだ)」や「想要(〜しようと思う)」などで解される「意志」を表す用法である。

    1-2. 可能(can)
    君之病在腸胃、不治**将**益深。(韓非子・喩老)
    非子定社稷，其**将**誰也?(管子・大匡)

そして、1-2は、述語の前に用いられ、「可能」の意を表す。つまり、「～できる」「～ようになる」と解される用法である。

　　2-1.　単純未来(be going to/be about to)
　　鳥之**将**死，其鳴也哀；人之**将**死，其言也善。(論語・泰伯第八)
　　其為人也，発憤忘食，楽以忘憂，不知老之**将**至云爾。(論語・述而第七)
　　国家**将**興，必有禎祥；国家**将**亡，必有妖孽。(中庸・二十四章)

　2-1は、述語の前に用いられ、動作行為がまもなく実施されることや状況がまもなく出現されることを表す。現代中国語の「即将(まもなく～しようとしている)」や「快要(もうすぐ、じきに)」の意である。

　　2-2.　数量接近(about)
　　自泰始以来，**将**三十年。(晋書劉頌伝上流)
　　今膝絶長補短、**将**五十里也。(孟子・膝文公上)

　2-2は、数詞の前に用いられ、数量の接近の意を表す。現代中国語「将近(ほぼ～近い)」や「ほとんど」の意として解される用法である。この数量接近の場合、「数詞前に用いられる」という条件が出されている。ということは、後ろに来られるのは「数詞」に限るという意味になる。
　ところが、次の例を見てみると、

　　子貢曰：「固天縦之**将**聖，又多能也。」(論語・子罕第九)

この例は、大宰間の問いに子貢が答える文であるが、訳してみると、「孔子はほぼ聖人に近い。そのうえ、たくさんの能力を持っている」の意である。つまり、「ほぼ聖人に近い」の意味以外には考えられない文であるので、後ろに数詞が来る数量接近の用法であると考えられる。とすれば、数量接近の用法の定義である「将」の後ろに来られるのは数詞に限るというのは、問題がある。これに対する判断を裏付けるために『The sayings of Confucius』(James R. Ware, trans. 台北: 文致出版社, 1980)、該当される部分の訳を見てみると、

Tsze-kung said, "Certainly Heaven has endowed him unlimitedly. He is **about** a sage. And, moreover, his ability is various."

になっており、やはり「数詞接近」の意として見ている。

とにかく、今のところは、この例しか見られないが、数詞だけではなく名詞の前でも数量接近の用法が成り立つ場合もあるので、必ず「数詞前に置かれる」という記述は、再考の余地があるのではないかと思われる。

3-1. 共同(A with B)
少帝曰, "欲**将**我安之乎?" (史記・呂太后本紀)

前置詞として共同・協同を表し、助成された句は「～と一緒に、～と共に」と解される。つまり、現代中国語「和(～と)」や「同(～と)」の意として解され、動作関連の対象を紹介する用法である。

3-2. 対象
先**将**数石米糁, 用蜜麺潅之, 以置穴口。（捜神記・李寄）

　目的語を動詞の前に出して、動作の支配対象あるいは関係対象を説明する用法で、現代中国語「把(～を)」と同じ用法である。

4-1. 並列(A and B)
暫伴月**将**影, 行楽須及春。(李太白全集・月下独酌)

　この用法は、前置詞として共同・協同を表す3-1と類似する用法であるが、接続詞として二つの項目の間に位置し、並列の意を表す。ところが、3-1と4-1の用法は両方とも「～と(一緒に)」として解されるので、意味だけを考えると、3-1に入れても、4-1に入れてもまったく構わない「A＋将＋B」の形式のような場合が出てくる。この疑問に対して『**古代汉语虚词词典**』[1]などでは、特に説明はされていない。同じ「A＋将＋B」の形式を、前置詞とも、接続詞とも見ているが、その判断基準については何の説明もなされていない。そこで、筆者は前置詞と接続詞という分類に負う区分法として、英語の「with」と「and」の概念を導入することにする。つまり、「A＋将＋B」の形式の場合、前置詞と見るべき場合は、「Aが主体となりBと共に」、即ち「with」と解される場合である。そして、接続詞と見るべき場合は、「AとBが同等な関係」で「and」と解される場合である。これについては、筆者の博士論文[2]の中にある「与」と「及」のところを参考されたい。

1) 中国科学院语言研究所古代汉语研究室 編(1999)、『古代汉语虚词词典』商务印刷馆出版　北京
2) 安熙貞(2002)、『東アジア上代文献における漢字用法の研究』博士学位論文

4-2.　仮定(複文下:「A文(将＋動詞)＋B文」)
将聴吾計、用之必勝，留之；**将**不聴吾計；用之必敗，去之。
(孫子・計)

　複文の前の文に用いられ、仮定(if)の意として解される。現代中国語
「如果(もし～ならば)」にあたる用法である。

4-3.　選択(疑問句下)
先生老悖乎? **将**以為楚国祆祥?(戦国策・楚策四)

　接続詞として選択を表し、疑問句で使われる。二つの文の間、即
ち、後ろの文の前に用いられ、「还是(それとも)」と解される。

5-1.　動詞
闕党童子**将**命。(論語・憲問第十四)

「将」は「jiāng(一声)」と「jiàng(四声)」二つの声調で読まれるが、本稿で
取り上げている虚字としての「将」は一声に読まれる場合である。したがっ
て、一声で読まれる際、動詞「将」の意は、「もちいる・行う」と解され
る。一般に知られている「率いる・将軍となる・軍を率いる長」の意として
用いる場合は、四声で読まなければならないのである。そこで、「将軍」と
いう名詞は、結局「軍を率いる」の構造で四声になるので、名詞は論外
にする。

：3： 古事記での「将」の用法

　それでは、『古事記』で「将」の用例を集め、分析してみることにする。
『古事記』では総68例の用例が見られるが、多くの例は「意志」と「未来」
の用法として用いられいるし、「可能」と「仮定」の用法も見られる。これら
の用法は、中国語にも存在する用法なので、例を提示し、簡単に述べ
ることにする。
　まず、一番例の多い「意志」の用法(29例)から見てみよう。

- 於是八上比売、答八十神言、吾者不聞汝等之言。**将**嫁大穴
  牟遅神。(上巻)
- 如此上幸之時、香坂王、忍熊王聞而、思**将**待取、進出於斗
  賀野、為宇気比猟也。(中巻)
- 凡吾者、非応為汝妻之女。**将**行吾祖之国。即窃乗小船、逃
  遁渡来、留于難波。(中巻)
- 上到于倭詔之、今日留此間、為祓禊而、明日参出、**将**拝神
  宮。(下巻)
- 爾令詔者、汝不嫁夫。今**将**喚而、還坐於宮。(下巻)

あげられている例を順番に見ると、「嫁はむ」「待ち取らむ」「行かむ」「拝ま
む」「喚してむ」の意で「自分の意志」を表している。
　次は、二番目の多い「未来」の用法(25例)を見てみよう。

- 其和迩**将**返之時、解所佩之紐小刀、著其頚而返。(上巻)
- 爾**将**方産之時、白其日子言、凡侘国人者、臨産時、以
  本国之形産生。(上巻)

- 故、持兵入以**将**殺之時、手足和那那岐弓、‖此五字｜以音。‖不得殺。(中巻)
- 於是天之日矛、聞其妻逃、乃追渡来、**将**到難波之間、其渡之神、塞以不入。(中巻)
- 其将軍山部大楯連、取其女鳥王所纏御手之玉釧而与己妻。此時之後、**将為**豊楽之時、氏氏之女等、皆朝参。(下巻)
- 爾遂兄儛訖、次弟**将**儛時、為詠曰、(下巻)
- 爾塩椎神、云我為汝命、作善議、即造无間勝間之小船、載其船以教曰、我押流其船者、差暫往。**将有**味御路。(上巻)

「まもなく～をしようとする」の意である「未来」の用法は、25例の中24例が「将＋動詞＋(之)＋時(間)」の形を取っている。これは「将＋動詞」が後ろにある「時・間」を修飾する構造で「近い未来」の用法を明確に分かることができる。最後にあげられている1例だけは「将＋動詞＋(之)＋時(間)」の形式から外れているが、これは「将＋動詞」の後ろに来る対象が、状況が出現する「まもなく～出現する」の意として「be going to」の用法である。

ところが、次の例であるが、

- 即捕其人、**将**入獄囚。其人答曰、吾非殺牛。(中巻)

小学館本[3]では「即ち、其の人を捕らへ、獄囚に入れむとしき。其の

---

3) 山口佳紀外(1997)『新編日本古典文学全集1　古事記』小学館

人答へて曰ひしく、吾、牛を殺さむとするにあらず。」のように前の文にピリオドが付けられ、二つの文として認識されている。この場合は「人を獄囚に入れる」ことに焦点が置かれ、「意志」の意として用いられていると考えられる。ところが、岩波本[4]では「即ち、其の人を捕らへて、獄囚に入れむとすれば、其の人答へて曰ひしく、吾、牛を殺さむとにはあらず。」のように一つの文と見なされ、「これから入れようとする」という「be going to」即ち「近い未来」の意として用いられている。そうすると、どういう見方をするかによって「意志」にもなれるし、「未来」にもなれる。私は、小学館本のように二つの文と見て、「意志」の意として解するのがいいと思うのである。なぜならば、上で見たように、『古事記』での「未来」用法は、25例の中で24例が、「将＋動詞」が後ろにある「時・間」を修飾する形式になっている。こういう流れから、どちらかに判断を下すべきであれば、「意志」と見た方がいいのではないかと思われる。

　次には、仮定と可能の用法として用いられている例であるが、

- 於是其妻須勢理毘売命、以蛇比礼‖二字以音。‖授其夫云、其蛇**将**咋、以此比礼三挙打撥。（上巻）
- 故、以為於此国道速振荒振国神等之多在。是使何神而、**将**言趣。（上巻）

　上の例は「……、其の蛇咋はむとせば、此の比礼をもちて三たび挙りて打ち撥へ」の意で「仮定」の用法、下の例は「……、是何の神を使はし

---

　4) 倉野憲司・武田祐吉(1958)『日本古典文学大系　古事記　祝詞』岩波書店

てか、言趣けむ」の意で「可能」の用法として用いられている。両方とも1
例ずつ見られる。

　これからが、本稿の本論でもある「日本語的な用法」についてである
が、

　　①爾八十神謂其菟云、汝**将**為者、浴此海塩、当風吹而、
　　　伏高山尾上。(上巻)
　　②故、専汝往**将**問者、吾御子為天降之道、誰如此而居。
　　　(上巻)
　　③爾詔、吾欲目合汝奈何。答白僕不得白。僕父大山津見
　　　神**将**白。(上巻)

ここにあげられている三つの例は、中国語用法には存在しない用法とし
て使われていると考えられる用法である。結論からいうと、①と②は「するべ
き・しなければならない」即ち「当為(must)」の用法として「将」が用いられて
いる。①は「汝が為まくは(小)」「汝為むは(岩)」読まれ、②「問はまくは
(小)」と「問はむは(岩)」と読まれている。小学館本の「まく」と読もうと、岩波
本の「む」と読もうとしても、これは自分の行為の意志を表しているのではな
く、相手に対して「そう…すべきであること」の意を表している文である。①と
②共に「汝…将…者」の形式で「将」なしでも動詞「為」「問」だけでも文の
意は通じるが、「将」が含まれることにより、当為の意が加わった文と理解し
た方が正しい見方ではないかということである。
　そして、③は「推量」の用法として用いられている。中国語「将」の表記
を最初に受け入れる時、「意志」あるいは「未来」の意で用い始めたが、

これが上代日本語の意志の意を表す「む」と対応され、「む」の表記に「将」
が当てはまることになり、「む」と「将」は意志・未来の意で一対一の対応
関係を持つようになる。一方、上代日本語「む」には、意志以外に③の
ように、推量・希求などの意を表すことも出来る。これについては、すでに
定着している「む」の表記として用いられている「将」を、「推量や希求」の
「む」の表記としてもそのまま用いたからではないかということである。このように
して、上代日本語の中では「将」の用法派生されていったと思われる。つ
いでに、『万葉集』を覗いてみると、推量や希求の表記(①、②や③)とし
て「将」が用いられている用例は、かなり見られる。

①秋田之　穂上爾霧相　朝霞　何時邊乃方二　我恋**将**息(巻二88
　首)
②大夫哉　片恋**将**為跡　嘆友　鬼乃益卜雄　尚恋二家里(巻二117
　首)
③秋山爾　落黄葉　須臾者　勿散乱曾　妹之当**将**見 [一云　知里
　勿乱曾](巻二137首)
④石見之海　打歌山乃　木際従　吾振袖乎　妹**将**見香(巻二139首)
⑤磐代乃　<崖>之松枝　**将**結　人者反而　復**将**見鴨(巻二143首)
⑥荒玉乃　年緒長久　相見氏之　彼心引　**将**忘也毛(巻十九4248首)

そして、「む」だけではなく、現在の事態についての想像を表す「らむ
(④)」、過去ないしは完了の事態についての推量を表す「けむ(⑤)」の表
記にも「将」が用いられているし、反語の意(⑥)にも用いられている。
　以上のように、『古事記』では、「当為(must)」の用法が2例、「推量」
の用法が1例あり、総68例の中でわずか3例だけが中国語の用法にない

用法として用いられている。前で述べたように、「将」の「推量」の意を表す用法は、上代日本語「む」の表記から派生されたと思われる。つまり、『万葉集』で「将」の推量の例が多く見られることは、歌は日本語の「む」の意を伝えることが目的であるので、「推量」の「む」の表記として、すでに定着されている意志の「む」の表記である「将」をそのまま用いたということである。『古事記』で推量の用法が1例だけが見られるのは、この名残ではないかと思われる。そして、総68例のうち3例だけが中国語にない日本語的な用法であることは、『古事記』は変体漢文体で書かれてはあるものの、「将」の用法に限っては、漢文用法に充実した表記が行われていると言える。

　　次は、「動詞＋将」の形式についてであるが、

- 故、其人乞水故、奉水者、不飲水、唾入此璵。是不得離。
  故、任**入将**来而献。（上巻）

　この文は中国語の構造から考えると、「ながら」に当たる「任」の字は使われなかったと思われる。「任」は「入っている状態」を表しているだけで、骨格になる「入＋将＋来」の構造は、当時の中国語によく見える「動詞＋将＋方向補語」の形式と同類である。この例以外のすべての例が「将＋動詞」の形式になっていることから考えると、説明が必要される例であると思う。そこで、理解を図るために、関連内容を中国の資料から引用して見ると、

　　唐代的 "动+将+趋向补语" 与魏晋相比，突出的区别是将字的

动词性开始消失了，"携带""挟持"的意思没有了…5)

(訳：唐代の「動詞＋将＋方向補語」の形式は、魏晋代と比べてみる
　　と、目立つ区別は「将」の動詞性が消失し始め、「携帯する」「持
　　つ」の意味がなくなったことである)

つまり、「動詞＋将＋方向補語」の形式は、魏晋南北朝から存在してい
るが、形式は変わらず「将」の役割だけが時代(唐、それから宋へ)と共に
変化していく。引用文から分かるように、魏晋南北朝には「動詞＋将＋
方向補語」での「将」は、前の動詞とほぼ同等の役割をする「連動式」か
ら、だんだん動作性を失われ、虚字化されつつあり、唐・宋の頃にはす
でに助詞として扱うようになっていた。したがって、『古事記』で見られたこの
「動詞＋将＋方向補語」の形式は、わりと早い時期の名残であることが
分かる。

:4: 古代韓国資料での「将」の用法

　それでは、中国語用法で見られず、日本語用法で見られた「当為
(must)」の用法と「推量」の用法は韓国の資料ではどうなっているのか見て
みることにする。まず、「郷歌」から調べてみると、総5例が見られる。例を
提示してみると、

　①月ㄷ라라置두八ㅁㄹ切곰爾이数잣於어**将来**뎌尸ㄹ波바衣이(彗星歌)

---

5)「魏晋南北朝到宋代的"动+将"結構」p.131　曹广順『中国语文』1990
　年第2期(总第215期)

②造짓**将来**려队눔乎오隠은悪몟寸촌隠은(懺悔業障歌)
③皃즛史시毛몯達달只見보**将来**려呑ᄃ隠은(遇賊歌)
④皆모ᄃ往가焉ᄋ世누리몸려修닷**将来**려賜시留루隠은(常随仏学歌)
⑤煩悩熱留루煎다리**将来**려出내米미(請転法輪歌)

のようである。すべての「将」は「来」の字と一緒に使われた「将来」の二文字が意図形語尾[6]「려(lyeo)」の表記として用いられている。①は単純未来(時間的)、②も「これから〜する」という未来の用法であるが、時間的なことではなく、「ある状況がこれから出現される」の方の未来用法である。そして③と④は、意志の用法であり、⑤は動詞「煎」の連結語尾として用いられている。いずれにせよ、日本語的な用法と考えられる「当為(must)」と「推量」の用法とは無関係である。

　ところが、郷歌では「将来」のように一緒に使われている例しか見られないが、「将来」が「未来」の意味ではない限り、これを「将・来」のように分けて見るべきか、それとも「将来」として一つで見るべきかは問題である。そこで、「将・来」の場合と「将来」の場合について考えてみることにしよう。7ページで言及した中国語で「来」、「去」などの字が方向補語として使われる場合であるが、例えば、

・若生女者，**輒**持**将去**，母随号泣，使人不忍聞也。(顔氏家訓・治家)
・晋唐遵……暴病而死，経夕得蘇，云：有人呼**将去**，至一城府。(古小説鈎沉・冥祥記)

---

6)「意図形語尾」という命名は「兪昌均『郷歌批解』p.816　蛍雪出版社」からとった。

• 揚眉斗目悪精神，<u>捏合**将**来</u>恰似賓。(蒋貽恭，25冊9871頁)

のように、「動詞＋将＋去/来」の形式の中で方向補語として使われる場合は「将・来」を別々の字で見た方が正しい。しかし、郷歌のように「将来」が意図形の語尾「려(lyeo)」の表記として用いられている場合は、なぜ「将」だけでなく「来」まで一緒になったのかは、今のところ分からないが、郷歌での「将来」は語尾一文字を表す一つの表記として見た方がいいと思われる。

　そして「金石文」では、総11例が見られるが、例を提示してみると、

①太王恩赦始」迷之衛録其後順之誠於是抜五十八城村七百**将**残王弟并大臣十人旋師還都(高句麗広開土王陵碑)(西紀四一四年)
②簡□之徳内平外成光大之風迩安遠粛□功盛　於**将**来畳粋凝貞垂裕於後(文武王陵碑前面)
③～⑪
　• 癸丑使持節都督諸軍事　平東**将**軍護撫夷校尉楽浪(高句麗冬寿墓誌)(西紀三五七年)
　• 位建威**将**軍国小大兄左**将**軍　竜驤**将**軍遼東太守使持(高句麗鎮墓北壁墨書)(西紀四〇八年)
　• 寧東大**将**軍百済斯　麻王年六十二歳癸　卯年五月(百済武寧王誌石)(五二三年)
　• 乙巳年八月十二日寧東大**将**軍　百済斯麻王以前(百済武寧王誌石)(西紀五二六年)
　• 丸山有紀功之**将**以(文武王陵碑後面)
　• □□彊漢**将**孫策限三江而則土(金仁問碑)
　• 万余及此時如雲猛**将**仰公竜豹之若雨謀(金仁問碑)

のように、動詞(①)が1例、そして「将来」の複合語(②)が1例で、残りの
9例は名詞(③~⑪)である。参考として例を提示したが、いずれにせよ、
「郷歌」と同様に「日本語的な用法」とは無関係である。

：5：むすび

　以上のように、『古事記』では、「当為(must)」の用法が2例、「推量」
の用法が1例あり、総68例の中でわずか3例だけが中国語の用法にない
用法として用いられている。本論で述べたように、「将」の「推量」の意を表
す用法は、上代日本語「む」の表記から派生されたと思われる。つまり、
『万葉集』で「将」の推量の例が多く見られることは、歌は日本語の「む」
の意を伝えることが目的であるので、「推量」の「む」の表記として、すでに
定着されている意志の「む」の表記である「将」を、そのまま用いたと思わ
れ、『古事記』で推量の用法が1例見られるのは、この名残ではないかと
いうことである。そして、総68例のうち3例だけが中国語にない日本語的な
用法であることは、『古事記』は変体漢文で書かれたとはいうものの、少な
くとも「将」の用法に限っては、漢文の用法に充実した表記が行われている
と言えよう。一方、古代韓国の資料では「将」の用例は少なかったが、
『古事記』に比べると、「将」の用法は、きわめてシンプルであったし、『古
事記』で見られた「当為」と「推量」の用法は見られなかった。したがって、
『古事記』での「将」の「当為」と「推量」の用法は、日本語のニュアンスを
表すために既に定着されている「む」の表記をそのまま用いた「日本語的な
用法」である、ということが言える。

参考文献

吉田賢抗(1960), 『新釈漢文体系第一巻　論語』明治書院, 東京

赤塚　忠(1967), 『新釈漢文体系第二巻　大学・中庸』明治書院, 東京

藤堂明保編(1980), 『漢和大辞典』学習研究社, 東京

李　臨定(1993), 『中国語文法概論』光生館, 東京

藤井茂利(1996), 『古代日本語の表記法研究』近代文芸社, 東京

安　熙貞(2002), 『東アジア上代文献における漢字用法の研究』博士学位論文

김완진(1980), 『향가해독법연구』 서울대학교출판부, 서울

김원중편(1989, 1994), 『허사사전』 현암사, 서울

허벅(1997), 『중국고대어법』 신아사, 서울

郭錫良 唐作藩外3人 編(1981, 1988), 『古代汉语　上册』北京出版社

马　忠 著(1983), 『古代汉语语法』山东教育出版社

曹广顺(1990), 「魏晋南北朝到宋代的 "动+将" 结构」『中国语文(总第215期)』pp.130-135

James R. Ware, trans.(1980), 『The sayings of Confucius』文致出版社, 台北

Basil Hall Chamberlain, trans.(1982, 1993), 『THE KOJIKI -Records of Ancient Matters-』 the Charles E. Tuttle Company, Inc. Tokyo.

일본 고대문헌의 용자법 연구

第2章

『코지키(古事記)』에 나타난 '非, 不'의 용자법 연구

: 1 : 들어가는 말

일반적으로 지금까지의 일본 상대자료의 용자법 연구는 주로 한문이라는 관점과 훈독법(訓讀法)이라는 관점에서 연구가 이루어져 왔다. 예를 들어 야마구찌 요시노리(山口佳紀)는 「爲」자를 설명하는 가운데 다음과 같은 기술이 보인다.

"また、〈爲+將+V〉の形を取るものもあるが、この「將」はムを表すから、「Vセ將(ム)ト爲(ス)」と訓むべきものである。 … (中略) … これに対して、〈將+爲+V〉の形を取るものもあるが、この「將」は副詞で、「將(マサ)ニVセムト爲(ス)」と訓むべきものと思われる1)。"

이러한 관점에서의 연구는 결론이 항상 일본어 내의 관점에서 더이상 한 발자국도 앞으로 나아가지 못하는 결과를 초래한다. 그래서,

---

1) 山口佳紀(1995)『古事記の表記と訓読』 p.388 有精堂

「ム」를 나타내기 위해「將」을 쓴 것으로만 해석하는 것이다. 그러나, 이러한 연구는 한국자료의 분석과 한일자료의 비교를 통하면, 훈독법을 뛰어넘는 다음과 같은 결론에 이를 수 있는 것이다. 「將」자는『코지키』에서 총 68예 중에서「당위」의 용법으로 쓰인 예가 2예, 「추량」으로 쓰인 예가 1예 보이는데, 이와 같은 용법은 고대 한국자료에서는 그 용례를 볼 수 없는 용법으로 일본 고유의 용법 즉, 「일본어적인 용법」이라고 할 수 있다는 사실이다[2].

그런데, 여기에서 또 하나 문제점이 있다. 한일 자료의 분석만으로 상대 일본문헌의 용자법 연구를 확실하게 해석할 수 있는 것인가 하는 문제이다. 상대자료는 한국도 마찬가지이지만 문자가 없어 부득이 중국 글자를 빌려서 자국의 언어를 나타낼 수밖에 없는 상황에서 만들어진 것이다. 즉, 먼저 중국문자의 이해에서 출발하여, 익힌 중국문자를 어떻게 이용하여 자국의 언어를 나타낼 것인가 하는 문제가 생기는데 이 때 중요한 사실은 중국문자의 이해, 중국어의 이해도 다시 말하면 중국어 용자법 인식이 어떠했는가 하는 문제이다. 이 문제를 해결하기 위해서는 먼저 당시의 중국어의 문법구조에 따른 용자법의 철저한 분석과 연구가 선행되어야 하며 이것을 토대로 일본자료를 분석하고 한국자료를 분석하여 공통되는 부분과 독자적인 부분을 찾아내야 한다. 그럼으로써 비로소 한일중 삼국의 관점에서 용자법의 재검토가 재해석이 이루어질 수 있는 것이다. 본고에서는 이와 같은 인식과 방법을 토대로, 현재『코지키』의 용자법(用字法)에 대한 선행연구에 대하여 전면적인 재검토를 진행하고 있다. 지금까지『코지키』의

---

2) 安熙貞(2003)「『古事記』の用字法研究 -「将」をめぐって -」東アジア日本語教育・日本文化研究 第五輯

용자법에 대한 연구로 수동(受け身), 사역(使役), 존재(存在), 접속사(接續詞), 주고받는 표현(授受表現) 등을 연구 검토해 보았는데, 본고에서는 그 일환으로 부정표현을 나타내는 「非, 不」의 용자법에 대해 검토하려고 한다. 「非, 不」과 같이 부정표현을 나타내는 자에는 이외에도 「莫 6예, 勿 8예, 無 39예, 未 21예」 등이 있는데, 본고에서는 부정표현 전체를 다루기보다는 서로 밀접한 관계를 지니고 있고 공통되는 부분이 많아 한국어나 일본어에서 받아들일 때 잘못 쓰일 가능성이 높은 「非, 不」에 한정해서 「非」자와 「不」자의 용자법을 살펴보고, 아울러 두 자의 쓰임(使い分け)에 대한 비교 검토를 통해 오오 야스마로3)(太安万侶)의 표기(表記) 의식에 대해 접근해 보기로 하겠다.

: 2 : 『코지키』에서의 「非」와 「不」

먼저 「非」의 경우부터 살펴보기로 하겠다. 『코지키』에서는 세 가지 유형으로 나눌 수 있는데, (A)(B)(C)로 분류해서 설명하기로 하겠다.

2.1. 「非」

(A) 「非＋명사(구)」
日浮重暉、雲散非烟。連柯并穗之瑞、史不絶書。(上巻)
爾詔、佐久夜毘売、一宿哉妊。是非我子。 (上巻)
是於河下、如青葉山者、見山非山。(中巻)

---

3) 일본어의 표기법은 「C. K. System」에 의한다.
김용옥(1989, 1992) 『동양학 어떻게 할 것인가』 pp.363-384 통나무

凡吾者、<u>非応為汝妻之女</u>。将行吾祖之国。(中巻)

①[4]故、<u>非今者</u>、難可謀。即興軍囲志毘臣之家、乃殺也。(下巻)

②汝命不顕名者、<u>更非臨天下之君</u>。是既汝命之功。(下巻)

  (A)의 경우는 「非」 뒤에 오는 것을 살펴보면 「烟に非ず」 「我が子に非じ」 「山に非ず」 「汝が妻と為るべき女に非ず」 「今に非ず」 「君に非ず」 등의 의미로 명사 혹은 명사구가 오는 경우이다. 이 유형이 총 16예 중 11예로 2/3이상을 차지하고 있다.

  (B) 「非＋동사(구)」

即、辞理叵見、以注明、意況易解、<u>更非注</u>。(上巻)

吾<u>非殺</u>牛。唯送田人之食耳。然猶不赦。(中巻)

③姿体痩萎、更無所恃。然<u>非顕</u>待情、不忍於悒而、(下巻)

④唯父王之仇、不可<u>非報</u>、(下巻)

  다음으로 (B)의 경우는 뒤에 동사가 오는 유형으로 예를 보면, 첫 번째 「非注」는 「~ではない」의 의미가 아닌 「注(しるべ)せず」의 의미로 동사가 온 경우이고, 나머지 예들도 「牛を殺さむとするに非ず」 「情を顕はすに非ず」 「仇のみは、報いずあるべくあらず」의 의미로 「非」 뒤에 「殺・顕・報」의 동사가 오는 경우이다. 이와 같이 「非」 뒤에는 명사성 술어와 동사성 술어가 올 수 있는데, 명사성 술어가 오는 (A)와 같은 경우가 「非」의 대표적인 용법으로 「판단부정(즉, 「~ではない」인 현대 중국어의 「不是」에 해당하는 용법)」이고, 동사성 술어가 오는 (B)와 같은 경우는 판단부정이 아니라 「(원인이나 사실을 명백히 하는) 진

---

4) (A)의 ①, ②와 (B)의 ③, ④는 2-3 가정조건 부분 참조

술부정」이라고 하겠다. 따라서, 뒤의 「不」자 부분에서 다시 거론하겠지만, 원래 진술부정은 「不」자의 주요 용법이기 때문에, 동사를 부정하는 경우는 일반적으로 「不」과 결합해서 쓴다. 따라서, 「唯意能碁呂嶋者、非所生。亦蛭子与淡嶋、不入子之例也。(上卷)」의 예와 같이 「非」 뒤에는 명사가, 「不」 뒤에는 동사가 오는 것이 각 자의 일반적인 용법이라고 할 수 있겠다.

    (C) 「非＋수사」
        爾兄辞令貢於弟、弟辞令貢於兄、相譲之間、既経多日。如此
        相譲、非一二時。(中卷)

    (C)의 예는 「非」 뒤에 수사가 와 있는 경우인데, 중국어의 용법을 보면, 「非」자는 뒤에 수사나 대명사를 가질 수 없다. 즉, 「非」 뒤에는 수사가 오지 않는다는 것이다. 이 용법과 관련해서 고대 중국어의 「非」의 용법을 간략하게 살펴보기로 한다. 관련 부분을 인용해 보면,

        "不"否定的謂語, 也可以由數詞、代詞充当, "非"沒有這种用法。
        如：

        子叔嬰齊奉君命无私, 謀國家不貳。   (≪左傳・成公16年≫)
        天祿不再。   (≪左傳・昭公25年≫)
        申不害不擅其法, 不一其憲實令則奸多。   (≪韓非子・定法≫)[5]

「"不"의 부정술어는 수사와 대명사가 올 수 있고, "非"에는 이러한

---

5) 周生亚(1998) 「否定副词 "非" 及其否定的结构形式」≪古汉语语法论集≫p.174 语文
    出版社

용법이 없다」라는 내용이다. 함께 제시한 예문을 차례대로 보면, 「貳」 「再」 「一」과 같은 수사가 와 있고, 수사 앞에는 「不」이 와 있는 것을 알 수 있다. 따라서, 「非」 뒤에 수사가 오는 경우는 잘못 쓰였다고 말할 수 있다. 그렇다면, 수사 앞에 「非」가 쓰인 (C)의 예는 과연 잘못된 용법인가? 결론부터 말하면 그렇지 않다. 왜냐하면, 이 예가 만약 「非一二」로 끝나는 문장이라면 분명히 오용의 예라고 말할 수 있겠으나, 이 예는 수사 뒤에 「時」자가 와 있다. 「非」 뒤의 수사 「一二」는 「時」자를 수식하는 것으로 「一時(ひとたび)」 「二時(ふたたび)」의 구조로 「非」는 「時」를 부정하는 것이다. 따라서, 「非一二時」는 언뜻 보기에 「非」가 수사 앞에 쓰여 오용으로 생각될 수 있겠으나, 잘못 쓰인 용법은 아니다. 따라서 다시 정리를 하면, 「非」는 수사와 직접 결합할 수 없고, 수사의 부정표현은 「不」과 결합하여 쓰는 것이 일반적인 용법이라고 할 수 있다. 잘 알고 있는 「신토불이」이란 표현이 「신토비이」가 아닌 「신토불이」라고 쓰는 이유도 여기에서 기인한 것으로 생각된다.

2.2. 「不」

『코지키』에서 「不」자는 총 171예가 보이는데, 이 중 90%가 넘는 158예가 (A)와 같은 「不」 뒤에 동사가 오는 유형이다. 이것은 「非」에서도 언급했듯이 「不＋동사」의 유형으로 진술부정을 나타내는 것이 「不」의 일반적이면서도 주된 용법이기 때문에 당연한 현상으로 생각된다.

(A) 「不+동사(구)」

　　已因訓述者、詞<u>不逮</u>心。(上巻)

　　如此之類、随本<u>不改</u>。(上巻)

　　次生淡嶋。是亦<u>不入</u>子之例。(上巻)

　　速須佐之男命、<u>不治所命之国</u>而、八拳須至于心前、啼伊佐知

　　伎也。(上巻)

　　⑤6)当今之時<u>不改</u>其失、未経幾年其旨欲滅。(上巻)

(B) 「不+형용사」

　　各言竟之後、告其妹曰、女人先言<u>不良</u>。(上巻)

　　故、是以至于今、天皇命等之御命<u>不長</u>也。(上巻)

　　汝命既得殺仇。故、吾雖兄<u>不宜</u>為上。(中巻)

　　吾疑汝命若与墨江中王同心乎。故、不相言。答白、僕者無穢

　　邪心。亦<u>不同</u>墨江中王。(下巻)

　　曾婆訶理、為吾雖有大功、既殺己君是<u>不義</u>。(下巻)

　그리고, 「不」 뒤에 형용사가 오는 (B)와 같은 유형이 10예가 보인다. 「不」은 대부분이 진술부정에 사용되나, 「不+형용사」의 유형으로 「良くあらず」「長くあらぬ」「宜(べく)あらず」「同じくあらず」「義(ことわり)ならず」와 같이 성질이나 상태를 나타내는 묘사부정에 사용되기도 한다. 예를 들면 「回也不愚(論語·爲政)」「古之王者知命之不長(左傳·文公六年)」과 같은 경우이다. 또한 (C)의 예처럼 인명 속에 쓰인 「不」의 예가 3예 보이는데, 「不」 뒤의 동사 「合」과 같이 쓰여 「あへず」의 표기에 쓰였다.

6) 2-3 가정조건 부분 참조

(C) 인명

　　日子波限建鵜草葺<u>不合</u>命(上卷)

　　天津日高日子波限建鵜葺草葺<u>不合</u>命(上卷)

　　天津日高日子波限建鵜葺草葺<u>不合</u>命(上卷)

　　이상의 용법은 고대 중국어에서 쓰인 용법과 똑같이 사용되고 있으므로 오오 야스마로의 표기의식은 엿볼 수 없다. 그런데, 다음과 같이 가정조건이라는 용법에 이르면 새로운 사실을 알 수 있다.

2.3. 가정조건

　　고대 중국어에는 부정표현으로 쓰이는 「非」에 가정조건이라는 용법도 상당수 존재하는데, 과연 『코지키』에서는 이러한 용법이 있는가? 만일 있다면 이 용법은 어떻게 쓰였는가? 또한 오오 야스마로의 표기의식을 보여주는 예는 존재하는가? 등을 검토해 볼 필요가 있다. 먼저, 고대 중국어에서의 가정조건문에 쓰인 「非」자의 용법을 살펴보기로 하자.

　　▶ 「非…不」「非…無」「非…莫」「非…則」
　　　• 五十非帛不暖, 七十非肉不飽. (孟子 盡心上)
　　　　(오십 살 된 사람은, 비단옷을 입지 않으면 따뜻하지 않고,
　　　　일흔 된 사람은 고기를 먹지 않으면 배부르지 않다)
　　　• 必欲爭天下, 非信無所與計事者. (史記 淮陰侯列傳)
　　　　(반드시 천하를 쟁취하려면 한신이 아니면 (그대와) 더불어
　　　　큰 일을 계획할 만한 사람이 없다)
　　　• 非劉豫州莫可以當曹操者. (資治通鑑 漢紀 獻帝建安十三年)

(유예주가 아니면 조조를 대적할 수 있는 사람은 없다)

• 吾**非**至於子之門, **則**殆矣. (莊子 秋水)

(내가 그대의 문하에 이르지 않으면 위험하다)

중국어의 가정조건 용법에서는 몇 가지 유형을 볼 수 있는데, 위에 유형과 그에 따른 예를 들었는데, 차례대로 보면, 「非…不」「…이 아니면 …하지 않다」「非…無」「…이 아니면 …이 없다」「非…莫」「…이 아니면 …이 없다」「非…則」「…이 아니면 …이다」의 구조로 쓰인다. 위 예에서 알 수 있는 것은, 가정조건은 복문 속에서 일어나며, 가정조건을 나타내는 종속절에 「非」가 온다는 사실이다. 종속절에 「不」이 아닌 「非」가 오는 것으로 보아 가정조건의 역할을 주로 담당하는 것은 「非」임을 알 수 있다. 이 특징 때문인지 일반적으로 「非」의 용법에서는 「非」가 가정조건에 쓰인다고 기술되어 있는 반면, 「不」의 용법에서는 가정조건에 관여한다는 기술을 찾아 볼 수 없다. 따라서, 가정조건문을 나타내기 위해서는 종속절에 「非」가 등장하는 「非…不」「非…無」「非…莫」「非…則」 등의 형식을 취하는 것이 일반적인 용법이다.

그렇다면, 『코지키』에서 「非」와 「不」이 가정조건을 나타내고 있는 용례를 살펴보도록 하자. 여기에서의 번호는 「非」의 (A)부분의 ①, ②와 (B)부분의 ③, 그리고 「不」의 (A)부분의 ⑤의 예를 말한다.

①故、**非**今者、難可謀。即興軍囲志毘臣之家、乃殺也。(下巻)

②汝命**不**顯名者、更**非**臨天下之君。是既汝命之功。(下巻)

③姿体瘦萎、更無所恃。然**非**顕待情、**不**忍於悒而、(下巻)

⑤当今之時**不**改其失、未経幾年其旨欲滅。(上巻)

①, ②, ③, ⑤의 예는 모두 가정조건의 문장이다. ①의 예는 「"故、今に非ずは、謀(はか)るべきこと難(かた)けむ"といひて、即ち軍を興して志毘臣(しびのおみ)が家を囲みて、乃ち殺しき」의 의미로 가정조건을 「非」가 담당하고 있다. 마찬가지로 나머지 예의 내용을 보면, ②의 예는 「汝命、名を顕さずは、更に天の下に臨む君に非ずあらまし。是、既に汝命の功(いさを)と為(あ)り」, 그리고 ③은 「姿体(かたち)、痩せ萎えて、更に恃(たの)む所無し。然れども、待ちつる情を顕すに非ずは、悒(いふせ)きに忍(た)へじ」, 또한 ⑤는 「今の時に当たりて其の失(あやまり)を改めずは、幾ばくの年も経ずして其の旨(むね)滅びなむと欲(す)」의 의미로 ②는 「不」과 「非」가, ③은 「非」와 「不」이, ⑤는 「不」과 「未」의 구조로 가정조건을 나타내고 있다.

먼저 ①처럼 「非」가 단독으로 쓰여 가정조건의 의미를 나타내는 경우는, 주절에 다른 부정어와 호응관계를 이루는 「非…不」「非…無」 등의 경우에 비하면 그 빈도가 적기는 하지만, 잘못된 경우는 아니다. 그리고, ②와 ③을 보면, 「不」과 「非」가 한 문장에 같이 쓰였는데, ③에서는 종속절에 「非」가 오는 고대 중국어에서 많이 보이는 용법대로 쓰였고, ②에서는 「不~非」의 형식으로 종속절에 「不」이 와서 가정조건을 나타내고 있다. ③과 같이 정확하게 쓰인 예가 있으므로 ②역시 「非~不」의 형식을 취하면 가정조건의 문장 구조가 성립되어 문제가 되지 않는데, 그렇게 쓰이지 않고 「不~非」의 표기를 취하고 있다. 이 점에 대해서는 단순히 오용으로 취급할 수 있는 경우가 있고, 다른 한편으로, 용법을 정확하게 인식하고 있으면서도 그렇게 쓴 경우 즉, 두 경우로 생각할 수 있다. 전자의 경우든 후자의 경우든 본래의 용법에서 벗어난 것은 틀림이 없으나, 어느 쪽의 가능성이 높으냐에 의해 오

오 야스마로의 표기의식을 엿 볼 수 있는 예라고 생각되기 때문에 좀
더 자세히 살펴보기로 하자.

가령 ②의 예가 「非~不」의 구조를 취한다고 하면 「非顯~不(臨天
下之)君」과 같이 되는데 이럴 경우, 「臨天下」는 「君」의 수식어일 뿐이
고, 결국 「不」 뒤에 오는 것은 명사 「君」이다. 그런데, 『코지키』에서
「不」은, 인명에 쓰인 경우도 뒤에 「合」이란 동사가 와 있고, 나머지도
뒤에 동사, 형용사가 와 「不」 뒤에 명사가 쓰인 예는 171예 중 단 하나
의 예도 없다. 다시 말해 오오 야스마로는 「不+명사」라는 형식은 쓰
이지 않는다고 인식하고 있었던 것으로 보인다. 이러한 맥락에서 생
각하면 오오 야스마로는 가정조건의 형식보다는 「不」 뒤에 명사를 두
지 않는 쪽에 중점을 두었다고 생각할 수 있다.

그런데, 일반적으로 「不」 뒤에는 명사가 오지 않는다고 하지만, 혹
자는 다음과 같은 경우를 들어 명사가 올 수 있다고 이의를 제기 할
지도 모른다.

> 晉靈公**不君**. (左傳 宣公二年)
> 君子**不器**. (論語 爲政)

그러나, 이 예들은 「君」과 「器」가 명사로 쓰인 것 같이 보이나, 순서
대로 보면, 「진영공은 임금노릇을 하지 않다」 「군자는 그릇처럼 하나
의 도만을 가지지 않는다」의 의미로 동사처럼 쓰이고 있는 경우이다.
만약 여기에서 「君」과 「器」를 명사로 본다면 「진영공은 임금이 아니
다」 「군자는 그릇이 아니다」라는 의미가 되어 의미가 상당히 축소되
거나 경우에 따라서는 문맥이 통하지 않는다. 이렇게 동사처럼 쓰이

기 위해서는 「不」 뒤에는 주로 단음절이 오기 때문에, ②에서 설명했
듯이 「臨天下之君」은 「臨天下」가 「君」을 수식하고 있는 명사구의 구
조이므로, 「不」은 쓰일 수가 없다. 따라서, 「臨天下之君」 앞에 「非」를
쓸 수밖에 없지 않았을까 하는 것이다. 또한, 『코지키』에서 「不+명사」
의 예가 한 예도 쓰이지 않았다는 점에 다시 주목한다면, ②에서 주절
에 「非」를 써야 한다는 판단이, 가정조건을 나타내기 위해 종속절에
「非」를 써야 한다는 판단보다 먼저 내려졌음을 짐작케 한다. 이 상황
에서 가정조건의 원칙에 따라 종속절에 「非」를 쓴다면, 주절에 「非」
를 이미 썼기 때문에 종속절에 「非」를 또 쓰게 되어 동시에 「非~非」
의 형식이 되어 버리는데 이러한 형식이 고대 중국어에서는 일반적이
지 않았기 때문에, 주절에 「非」를 쓰는 것에 중점을 둠으로써 부득이
종속절에 「不」을 쓴 것으로 생각된다. 만약 오오 야스마로가 지금 설
명한 이와 같은 과정을 거쳐 「不」이 아닌 「非」를 쓴 것이라면, 오오
야스마로의 표기의식은 상당하다고 할 수 있을 것이다. 다만, 고대 중
국어의 관점에서 보면, 가정조건의 종속절에 「非」가 아닌 「不」이 쓰
인 것은 명백한 오용인 것이다. 다시 말하면, 오오 야스마로는 가정조
건에 「不」자도 쓸 수 있다는 것으로 인식하고 있었던 듯하나, 그 단적
인 예가 바로 ⑤인데, ⑤를 보면 「不」이 동작이나 상태가 아직 도달하
지 않음을 나타내는 「未」와 함께 쓰여 가정조건을 나타내고 있는데,
가정조건문이 아닌 주절에는 「不」이외에도 「莫」 「無」 「弗」 등이 오는
경우가 있으므로 「未」가 쓰인 것은 문제가 되지 않으나, 종속절에 「不」
이 쓰인 「不~未」형식은 종속절에 「非」를 써서 「非~未」형식을 취하
더라도 ②의 경우와는 달리 같은 자가 겹치는 문제도 없는데도 불구
하고 「非」가 쓰이지 않았다는 점은 오오 야스마로는 가정조건의 원칙

즉, 종속절에「非」를 쓴다는 원칙에 대한 이해가 부족하지 않았나 추측된다. 앞에서 언급하였듯이 가정조건의 역할을 주로「非」가 담당하고 있는 점으로 보아「非…不」의 형식을 취하는 것이 바람직한 표기법이라고 할 수 있다.

2.4. 「不可不」과「不可非」

④唯父王之仇、**不可非**報、(下卷)

위의 예에서도 오오 야스마로의 표기의식을 엿 볼 수 있는 요소가 들어 있어 제시해 보았다.「不」과「非」가 연속적으로 쓰인「不可非」가 그것인데, 먼저 내용은「唯に父王の仇のみは、報いずあるべくあらず」의 의미로 이중부정 표현이다. 여기에 보이는「不可非」의 유형은 특별히 문제되지는 않지만, 고대 중국어에서는「不可非」라는 표현이 흔히 보이는 일반적인 표현이 아니라는 점이다. 오히려 이중부정일 경우는「不可不」을 취하는데, 이러한 사실을 고대 중국문헌에서 검토해 보면 (찾아 본 문헌은 다음과 같다),

≪論語≫≪大學≫≪小學≫≪中庸≫≪周易≫≪尙書≫≪孝經≫≪儀禮≫≪周禮≫≪禮記≫≪孟子≫≪莊子≫≪墨子≫≪管子≫≪韓非子≫≪淮南子≫≪墨子≫≪吳子≫≪荀子≫≪列子≫≪尹文子≫≪愼子≫≪老子道德經≫≪世說新語≫≪商君書≫≪論衡≫≪法言≫≪晏子春秋≫≪新語≫≪戰國策≫≪史記≫≪孫子兵法≫≪呂氏春秋≫≪鹽鐵論≫≪潛夫論≫≪國語≫≪漢書≫≪後漢書≫…≪爾雅今注≫≪春秋穀梁傳≫≪春秋公羊傳≫≪毛詩≫≪古文觀止≫≪古文眞寶≫≪擊蒙要訣≫

먼저 「不可不」은, ≪墨子:52예≫≪管子:27예≫≪韓非子:22예≫≪史記:12예≫≪國語:12예≫≪商君書:10예≫≪尹文子:8예≫≪孫子兵法:6예≫≪晏子春秋:2예≫≪新語:2예≫≪法言:1예≫와 같이 다수가 보이는 반면, 「不可非」는 ≪墨子:2예≫ 뿐이다. 이렇게 고대 중국어에서도 드물게 보이는 「不可非」의 표현을 오오 야스마로가 취하고 있는데, 이 점에 대해서는 앞에서 살펴 본『코지키』의 「非」와 「不」의 용법에서 알 수 있듯이, 동사를 부정하는 경우는 대부분 「不」이 사용되었으나, 「非」 뒤에도 동사가 위치해 진술부정을 나타내는 예도 4예 보여 「非+동사」의 구조는 문제가 되지 않는다. 다만, 고대 중국어의 이중 부정표현의 경우, 「不可不」이 「不可非」보다 일반적이라는 점 그리고, 『코지키』의 용례 분석 결과 동사를 부정하는 경우 「不」이 「非」보다 압도적으로 많이 쓰인 점, 이 두 가지 점으로 미루어 보아, 오오 야스마로는 「不可非」의 구조를 「不可非+報」의 구조보다는 「不可+非報」의 구조 쪽으로 인식한 표기가 아닐까하는 점에서 오오 야스마로의 표기 의식을 엿볼 수 있는 일례라고 생각된다.

2.5. 「非是」와 「不是」

다음은 「非是」와 「不是」의 표기인데, 「非是」와 「不是」를 거론하는 이유는, 「非」와 「不」의 쓰임에 대한 하나의 기준을 설정할 수 있고, 또 두 표기에 의해 「非」와 「不」에 대한 오오 야스마로의 표기 의식을 엿볼 수 있기 때문이다. 「非是」와 「不是」에 대한 이해를 돕기 위하여 관련된 내용을 인용해 보면 다음과 같다.

“非”否定的常常是个名词性成分，“不”否定的常常是个动词性成
分，系词 “是”是个动词，所以后来否定判断句里“不”取代“非”是
很自然的。“非”“不”第二次合流是个相当缓慢的过程。当魏晋南北朝时
期系词“是”已经比较多地出现在文献里以后，否定判断句照样用
“非”字，很少用“非是”，更难找到“不是”。这是汉语书面语言滞后性
的表现。日本学者志村良治先生已经指出了这种变化。志村先生认为
“是”的否定形式的演变过程先是“非是”，然后是“不是”，“不是”主
要用于唐代。这个结论是可信的。

夫少单……**非是**较狡不顾室家者也。 （≪三国志・魏书・高柔传≫）
不是黄金饰。 （张九龄≪和崔黄门寓直夜听蝉之作≫）[7]

밑줄 친 곳을 중심으로 내용을 살펴보면, 「…위진남북조 시기의 「是」
는 이미 비교적 많이 문헌 속에 출현했는데, 그 후에도 부정판단구는
여전히 「非」자가 쓰였고, 「非是」는 아주 적었고, 「不是」는 찾아보기가
어렵다. 이것은 중국어의 문장어가 계속 남아 있는 표현인데, 일본학
자 시무라 료오지선생은 이미 이러한 변화를 지적했다. 시무라선생은
「是」의 부정형식의 변천과정은 처음에는 「非是」이고 그런 연후에 「不
是」인데, 「不是」는 주로 당대에 쓰였다고 생각했다. …」라는 내용이다.
즉, 「~ではない」의 표기는 처음에는 「非」가, 그런 연후에는 「非是」가
쓰였고, 그리고 마지막으로 「不是」를 쓰는 변천 과정을 거쳤다는 것
과, 「不是」의 표기는 당나라 때 주로 사용되었다는 내용인데, 『코지키』
에는 「非是」나 「不是」의 표기가 단 한 예도 보이지 않는다. 당나라가
7세기 초부터이고, 『코지키』가 712년에 쓰였으므로 『코지키』가 100여

---

7) 周生亚(1998)「否定副词“非”及其否定的结构形式」≪古汉语语法论集≫ p.178
  语文出版社

년이나 나중에 쓰여진 것인데『코지키』에서는 초기의「非」표기만이 쓰였다. 다시 말하면, 오오 야스마로의 표기 의식의 하나의 경향으로써,「～ではない(～にあらず)」의 표기에 초창기 표기인「非」에 절대 우위를 두고 있음을 알 수 있다.

이상과 같이『코지키』에서「非」와「不」에 대해 살펴보았는데, 가정 조건문에서「非」위치에「不」이 쓰인 점, 또「不可非」와 같은 표기, 그리고「非」→「非是」→「不是」로 변천하는 과정에서『코지키』가 쓰인 시기에는「不是」의 표기까지도 정착되어 있음에도 불구하고「非」의 표기만이 쓰이고 있는 용법들이 과연 오오 야스마로 개인의 표기성향으로 결론지어도 무방한 것인지, 그렇지 않으면 언어 구조가 다른 중국어의 차용으로 인해 발생하기 쉬운 경향인지에 대해 알아보기 위해 고대 한국자료를 검토해 보려고 한다. 고대 한국자료를 검토하려는 이유는 다음과 같다.

문자를 갖지 못했던 고대에는 표기를 위해 한자 즉 중국어를 차용해 표기했으나, 중국어와는 구조가 다른 탓인지 상대 일본어와 고대 한국어에는 고대 중국어에는 없는 용법이 파생되는 경우가 있다. 이러한 경우, 다시 네 가지로 나누어 생각할 수 있는데, 첫째로 한일중 삼 개 국어에서 동일한 용법만이 나타나는 경우이다. 이 경우는 지극히 당연한 경우로 아무런 문제가 되지 않는다. 둘째로는 일본어에만 다른 용법이 있는 경우 즉, 한국어와 중국어가 같은 용법대로 쓰인 경우이다. 셋째로는 이와 반대로 일본어와 중국어가 같은 용법을 보이고, 한국어에만 다른 용법이 있는 경우이다. 이 두 경우는 중국어와 다른 언어구조 때문에 불가피하게 발생하는 경우로써 한일 각 언어의

자국어에서만 보이는 독자적인 용법을 밝히는 데 중요한 연구대상이
되는 경우이다. 그리고, 마지막으로 중국어에는 없는 용법임에도 불
구하고 한일 양국어에 동시에 나타나는 경우이다. 이 경우는 특히 한
일 양국어의 상관관계를 규명할 수 있는 중요한 예이므로 더 깊고 치
밀한 연구가 필요해진다. 따라서, 고대 한일어의 연구에서는 반드시
서로의 자료를 검토하는 것은 기본이면서도 빼 놓을 수 없는 중요한
과정이라 하지 않을 수 없다. 이와 같은 이유로, 고대 한국자료에서
「非」와 「不」을 검토해 보기로 하겠다.

: **3** : 고대 한국자료에서의 「非」와 「不」

고대 한국자료에서의 「非」와 「不」의 쓰임은 어떠한 양상을 보이고
있는지 살펴보기로 하겠다. 「鄕歌」와 古代金石文 두 가지를 대상으로
삼았는데, 「鄕歌」는 김완진선생의 『향가 해독법 연구』를, 그리고 古代
金石文은 한국 고대사회 연구소 사료 총서인 『역주 한국 고대 금석문』
을 대상으로 하였다.

3.1. 鄕歌

「非」
(A) 但非乎隱焉破□主(遇賊歌)-다ᄆᆫ 외오논 破家니림
(B) 手乙寶非鳴良尒(請佛住世歌)-소놀 부븨울어곰

먼저 「鄕歌」부터 살펴보면, 「非」가 2예, 「不」이 7예가 보이는데, 「非」의 경우는, (A)와 같이 「옳지 않다. 그르다」의 의미로 형용사로 쓰인 경우와 (B)와 같이 「(손을)부비다」의 「비」의 음차(온가나)표기에 쓰인 두 경우뿐이다. 「非」의 음차(온가나) 표기는 『만요우슈우(万葉集)』8)에서도 많이 보인다.

다음은, 「不」의 표기를 살펴보자. 7예가 보이는데 모두 제시해보면,

> **「不」**
> 吾肹不喩慚肹伊賜等(獻花歌)-나롤 <u>안디</u> 붓그리샤돈
> 秋察尸不冬爾屋支墮米(怨歌)-ᄀ술 <u>안돌</u>곰 ᄆᆞᆯ디매
> 吾衣身不喩仁人音叱下呂(隨喜功德歌)-내익 모마 <u>안딘</u> 사롬 이샤리
> <u>不冬</u>喜好尸置乎理叱過(隨喜功德歌)-<u>안돌</u> 깃글 두오릿과
> 佛影<u>不冬</u>應爲賜下呂(請佛住世歌)-佛影 <u>안돌</u> 應ᄒᆞ샤리
> 他道<u>不冬</u>斜良只行齊(常隨佛學歌)-녀ᄂᆞ 길 <u>안돌</u> 빗겨 녀져
> <u>不冬</u>萎玉內乎留叱等耶(恒順衆生歌)-<u>안돌</u> 이보ᄂᆞ오롯ᄃᆞ야

와 같이 「不」은 「不喩」의 형태로 「안디」의 표기에 2예, 「不冬」의 형태로 「안돌」의 표기에 5예가 쓰이고 있다. 즉, 훈독에만 쓰였다. 「不喩」든 「不冬」이든 세 번째 예인 隨喜功德歌의 「不喩仁」만이 명사 「사롬」에 선행하고 있고, 나머지는 모두 「不」이 용언(동사, 형용사) 앞에서 부사어 구실을 하고 있음을 알 수 있다.

---

8) 『만요우슈우』의 「つまごひに」의 온가나 「ひ」의 표기 得保都必等　麻通良佐用比米　<u>都麻胡非爾</u>　比例布利之用利　於返流夜麻能奈 (卷5の871首)

3.2. 古代金石文

다음은, 한국 고대금석문을 살펴보면, 금석문에서도 「非」가 7예,
「不」이 39예로 여느 자료와 마찬가지로 「非」의 예보다 「不」의 예가
월등히 많다. 이러한 수치의 경향은 「不」이 「非」보다 쓰임이 다양하
거나 제한성에 있어 비교적 자유롭다는 의미로 해석할 수도 있다. 금
석문은 마모된 부분이 더러 있어 전후 문맥을 파악하기 어려운 난점을
가지고 있으나, 자료가 많지 않은 점과 고대 일본어와 시대상 견줄 수
있는 자료라는 점에서 중요한 자료가 아닐 수 없다.

먼저 「非」자는 총 7예가 보이는데 「非」의 전후가 심한 마모로 문맥
을 알 수 없는 (A)와 같은 판독불가가 3예, 그리고 (B)의 예처럼 인명
표기에 쓰인 예가 3예, 그리고 나머지 1예가 (C)의 예인데 마을 이름
에 쓰인 경우이다. 따라서 금석문에서의 「非」는 부정표현의 용법과는
무관하게 쓰였다고 하겠다.

「非」
(A) 판독불가
　　非宦技□□□□□□9)(高句麗牟頭婁墓誌, 長壽王代)
　　?□指□空幽則水 ? ? □□□劫初立[耳个造非?(北漢山　眞興王
　　巡狩碑)
　　癸亥向涉是達非里□?廣□?因諭邊堺矣　　　(磨雲嶺 眞興王巡狩碑)

---

9) 제시된 예문에 네모로 되어 있는 부분은 판독문의 결자이고, 물음표는 자
　형은 있으나 추정하기 어려운 자라는 표시이다.

(B) 인명

喙部非知(黃草嶺 眞興王巡狩碑)

喙部非尸知(磨雲嶺 眞興王巡狩碑)

沙喙□凌智小舍婦非德刀(蔚州 川前里書石, 「川前里書石」癸亥銘)

(C) 지명 : 마을이름

非今皆里村(丹陽 赤城碑)

다음으로, 「不」의 쓰임을 살펴보자. 「不」은 총 39예가 보이는데 「非」에서와 마찬가지로 (A)의 예처럼 마모가 심해 문맥 파악이 불가능한 예가 10예, 그리고 「不」 뒤에 동사가 오는 (B)와 같은 예가 28예, 마지막으로 (C)의 예와 같이 「不」이 수사와 결합하는 예가 1예 보인다. 금석문에서는 부정표현으로 「不+동사」의 형식만이 28예 쓰인 것으로 보아, 「非」와 「不」 중에서 부정을 담당하는 것은 「不」에 국한되어 있다고 생각된다. 그리고, 중국어 용법에 「非」와 「不」의 쓰임을 특징짓는 용법 중의 하나가 수사와의 결합여부인데, 1예에 불과하지만 「不+수사」의 형태를 확인할 수 있는 예가 보인다.

「不」

(A) 판독불가

□□□中□□□伐城不得發村舍(中原高句麗拓境碑)

□不□□月不□明肇□(高句麗牟頭婁墓誌)

古□心□忍北不□□(大和十三年銘石佛像)

(B) 「不+동사」

廿年庚戌東夫餘舊是鄒牟王屬民中叛不貢(高句麗廣開土王陵碑)

上有仙人<u>不</u>知老(百濟武寧王陵銅鏡)

是以帝王建號莫<u>不</u>修己以安百姓.(磨雲嶺 眞興王巡狩碑)

公乃聚<u>不</u>成圖以開八陳(金仁問碑)

壽拱二年歲次丙戌茅茨<u>不</u>剪僅庇經傳(淸州 雲泉洞寺蹟碑)

(C)「不＋수사」

寶舟超登彼岸法門<u>不</u>二,如理唯一(斷石山 神仙寺 造像銘記)

이상과 같이 「향가」와 금석문에 보이는 용법은 고대 중국어의 용법과 똑같이 쓰이고 있기 때문에 『코지키』에서와 마찬가지로 문제가 되지 않는다. 그러면, 가정조건문의 경우는 어떠한가 검토해 보기로 하자.

3.3. 가정조건 「不…則」

다음은 2-3에서 설명했던 가정조건에 관한 예인데, 금석문에서도 3예가 보인다.

⑥ 世道乖眞盲化**不**敷,**則**耶爲交競. (黃草嶺 眞興王巡狩碑)

⑦ 夫純風**不**扇,**則**世道乖眞盲化**不**敷,**則**耶爲交競(磨雲嶺 眞興王巡狩碑)

앞에서도 언급했듯이 가정조건문은 종속절에 「非」가 오는 「非…不」「非…無」「非…莫」「非…則」 등의 형식으로 쓰이는 것이 일반적이다. 제시되어 있는 금석문의 예를 차례로 살펴보면, ⑥의 내용은 「세상의 도리가 진실에서 어긋나고, 그윽한 덕화(德化)가 <u>펴지지</u> 아니하면 사악함이 서로 다툰다」, 그리고 ⑦의 내용은 「무릇 순풍(純風)이 <u>일지</u>

않으면 世道가 참됨에 어긋나고, 그윽한 德化가 펴지지 않으면 사악한 것이 서로 경쟁하도다」라는 내용으로 이 「不」뒤에 「敷·扇」이 와서 동사의 가정조건을 나타내고 있다. 그런데, 가정조건을 나타내는 종속절에는 「非」가 오는 것이 본래의 용법임에도 불구하고, 「不…則」의 형태를 취해 「非」 대신 「不」이 쓰이고 있다. 『코지키』의 가정조건에서도 종속절에 「非」 대신 「不」이 쓰인 예가 있었는데, 한국 고대금석문에서도 같은 현상을 볼 수 있다. 그런데 한국 금석문에서는 「非」의 경우 용례가 적어 단정적으로 말할 수는 없지만, 「非」에 대해서 부정의식이 없었고, 오로지 「不」만이 부정 역할을 담당하고 있었기 때문에, 가정조건의 형식 「非…則」이 있다 하더라도 「非」가 쓰일 수 없었다고 볼 수 있다. 그리고 『코지키』의 가정조건문에서는 본래의 용법대로 쓰인「非…不」형식을 비롯해 「非」단독, 그리고 「不…非」「不…未」의 형식이 보인 반면, 한국 고대금석문에서는 「不…則」형식만이 보이는 점(3예 모두 진흥왕 순수비에만 쓰이고 있다)으로 볼 때, 한국 고대자료에서의 부정은 「不」이 담당했지 「非」가 아니었기 때문에 「非」에는 가정조건의 형식에 대한 인식이 아예 없었다고 판단된다. 따라서 가정조건 종속절에 「非」가 쓰이지 않은 「不…則」의 형태는 오히려 당연할 수밖에 없었다고 할 수 있으며, 『코지키』에서는 본래의 용법대로 쓰인 예가 존재하며 이미 앞에서 밝힌 오오 야스마로의 가정조건에 대한 이해 부족으로 인한 표기로 보는 것이 타당하다고 생각한다. 물론, 결과적으로는 중국어 본래의 용법에 입각해서 본다면, 한일 양쪽의 가정조건의 용법은 모두 본래의 용법에서 벗어난 오용으로 「향가」에서 「敎」가 존경[10]으로 쓰이거나, 『코지키』 등 일본 상대자료에서 「賜·

---

10) 汝於多支行齊敎因隱(怨歌)

給」이 「たまはる」처럼 쓰인 것과는 달리 각 언어의 고유의 용법으로 까지는 발전하지 못 했다고 할 수 있다.

:**4**: 나가는 말

이상과 같이 『코지키』에서 「非」와 「不」의 쓰임에 대해 살펴보면서 몇 가지 유형의 문제 제기를 통해 오오 야스마로의 표기의식에 대한 접근을 시도해 보았다. 내용을 정리해 보면 다음과 같다.

「非」와 「不」이 관여하는 부정문은 크게 판단부정, 진술부정, 묘사부정 세 가지를 들 수 있는데, 「非」는 명사성 술어와 동사성 술어에 선행할 수 있으나 주된 용법은 명사성 술어 앞에 쓰여 판단부정을 나타내는 것이다. 반면 「不」은 「非」에 비해 선행할 수 있는 범위가 넓다. 다시 말해 동사성 술어 앞에 와서 진술부정을 나타내기도 하고, 형용사성 술어 앞에 와서 묘사부정을 나타내기도 한다. 그리고 이 두 자의 쓰임의 차이의 가장 큰 특징으로 꼽을 수 있는 것이 수사나 대명사와의 결합여부인데, 「不」은 결합이 가능하나, 「非」는 결합할 수 없다. 그리고, 가정조건은 종속절에 「非」가 와서 가정조건을 나타내는 것이 원칙이나, 한일 양쪽 자료에서는 모두 본래의 용법과는 차이를 보였다. 이 점에 대해서는, 한국 자료에서는 「非」가 부정으로 인식되지 않고 있기 때문에 「非」를 쓸 수 없었던 부득이한 이유가 있다고 생각되는 반면, 『코지키』에서는 원칙에 맞게 쓰인 용례가 있어 「非」의 가정조건의 용법을 인식하고 있음을 확인할 수 있었다. 그럼에도 불구하고 본래의 용법에 벗어나게 쓰인 경우가 있는데, 이것은 가정조건보다「不」이 명사에 선행하지 않는 것에 비중을 두고 있는 오오 야스마로의 표기의식을 드러낸 것이라 할 수 있다. 또한, 고대 중국어에서도 그다지 일반적으로 쓰이지 않는「不可非」와 같은 표기의 용례가 보이는 것과,「是」의 부정이「非」,「非是」,「不是」세 가지로 쓰일 수 있는데도 초기의 표기인「非」만을 쓰고 있는 것에서도 오오 야스마로의 표기 의식을 엿 볼 수 있다.

상대 일본어와 고대 한국어의 표기는 한자에 의존할 수밖에 없었으나, 구조가 다른 언어의 표기를 받아들였기 때문에, 그 언어가 본래 가지고 있는 용법을 적용시킬 경우, 잘 들어맞는 경우와 도저히 표현할 수 없는 경우가 있을 수 있는데, 후자의 경우에 용자법 연구의 초점이 맞춰진다. 이러한 경우 용법이 변형되거나 중국어에 없는 용법이 나타나기도 하는데, 본 논문에서 다룬 부정표현과 상대 일본어의 용자법이라는 큰 틀에서 이루어진 선행연구의 결과들과 비교해 본다면, 부정표현의「非」와「不」은 본래의 용법에서 크게 벗어나지 않은 범위에서 쓰였다고 할 수 있다.

참고文献

김완진(1980)『향가해독법연구』서울대학교출판부
김원중편(1989、1994)『허사사전』현암사
한국고대사회연구소(1992)『역주 한국고대금석문 Ⅰ』가락국사적개발연구원
한국고대사회연구소(1992)『역주 한국고대금석문 Ⅱ』가락국사적개발연구원
허벽(1997)『중국고대어법』신아사
倉野憲司外(1958)『日本古典文学大系1 古事記・祝詞』岩波書店

上代語辞典編修委員会(1983) 『時代別国語大辞典(上代編)』 三省堂

藤堂明保編(1980) 『漢和大辞典』 学習研究社

藤井茂利(1996) 『古代日本語の表記法研究』 近代文芸社

山口佳紀(1995) 『古事記の表記と訓読』 有精堂

─────外(1997) 『新編日本古典文学全集1 古事記』 小学館

李 臨定(1993) 『中国語文法概論』 光生館

Basil Hall Chamberlain, trans.(1982、1993) 『THE KOJIKI -Records of Ancient
        Matters-』 the Charles E. Tuttle Company, Inc. Tokyo.

James R. Ware, trans.(1980) 『The sayings of Confucius』 文致出版社, 台北

马 忠 著(1983) 『古代汉语语法』 山东教育出版社

周生亚(1998) 「否定副词"非"及其否定的结构形式」 ≪古汉语语法论集≫
        pp.171-187, 语文出版社

第2部

『日本書紀』의
용자법 연구

일본 고대문헌의 용자법 연구

助辞 '于' の用法について
—『日本書紀』を中心に—

:1: 序論

　助辞[1]は、漢語[2]表現において文法関係および文法範囲に影響を与える
重要な手段である。また、比較的紛らわしい問題はほとんど起こらない実字
に比べ、分析の角度により相互間の関係が異なってくる助辞は様々な問題
を抱えている。しかも、中国での国語研究の方面でも品詞や語彙解釈など
多方面において未だに曖昧で不明確な点が残っているため、助辞をめぐった
議論は絶えない。このように中国語の中でさえ難しいというなら、漢字を借用
して表記した上代日本語においてまして当然であろう。その助辞の一つに「于」
があるが、日本の上代文献の中で最も漢文(古代中国語)に近く書かれたと
言われている『日本書紀』[3]を対象にしてその「于」を検討することにする。これ
は筆者が行っている上代日本文献においての助辞の使い方を明らかにする

---

1) 漢文に用いられる文の終末の也・焉・哉・乎・歟、格を示す前置の於・于、代名詞
　的な後置の之 ・者、接続を示す而・以、動詞の相を示す令・使・被などをいう。
2) 漢語は古代中国語をさす。
3) テキストは岩波書店の『日本古典文学体系 日本書紀』を用いた。

一連の研究作業の一つである。

　本稿の目的は、「于」字についての用字法を古代中国語での用字法と比
較しながら、「于」の意味論的な用法の分析と『日本書紀』に於ける特徴を明
らかにするところにある。

　ところで、「于」に関する論文は、例えば、藤原照等氏の「古事記の助
字「於」と「于」(1963)」、小山登久氏の「公家日記に見える「於」の字の用法
について―平安時代の資料を対象に―(1975)」と「上代資料に見える「於」字
について―措辞の類型から見た文体の考察(1979)」などしかないのが現状
である。ということは、先行研究は部分的には行われたかもしれないが、本
格的にはまだ研究されていないということのようである。例えば「之」「為」「者」
などに関する論文はあるのに、どうして「于」の研究は微弱であろうか。おそら
くこれは日本人の学者たちが特に問題意識を持たなかったからであると思わ
れる。否、漢文と古代中国語という両方の差にあまり注意を払っていなかった
ためであろう。日本人の観点による日本語資料(上代文献をさす)だけを対
象にした場合は、取り扱う価値に気が付かなかったと思われる。ところが、漢
文ではなく中国語の立場から考えると、文法・年代・比率・用法などにお
いて相違点が現れる。即ち、中国語の観点を基にしてその用法を考える
と、問題の余地が見えてくるのである(これまで古代韓国語との関連性を持つ
助辞については、しばしば取り扱われてきたが、未だ中国語との比較研究ま
では及んでいないようである)。

：2： 本論

　『日本書紀』に「時天皇謂皇后曰、聞悪事之言坐婦人乎。(巻5・神功
皇后)」のような文がある。内容は「時に天皇、皇后に謂りて曰はく、聞き悪き
事言ひ坐す婦人か。」で、「のたまひます」の表記に「言坐」が当てられてい
る。「言ふ」の尊敬語「宣ふ」の表記に「言」が使われているが、尊敬の度を
加えるために尊敬の意を表す補助動詞「～ます」に「坐」を用いている。これ
は、一般的に『日本書紀』が、漢文体(＝中国の文章)に近づけて書かれ
たと言われているなかで、変体漢文の要素を完全に排除するには及んでいな
かったことを言っている。このことはよく知られていることであって、特に会話文
などにはよくある『日本書紀』の特徴の一つであるが、これは元々語順や言
語構造が異なる中国の文字を借用して表記した上代日本語ではやむを得ず
起こる現象であると思われる。このような古代中国語の用法とは関係のないこ
とをも視野に入れて検討してみることにする。

　『日本書紀』に於いて「于」は、計745回使われているが、その意味論的
な用法を大雑把にいうと、「場所・496例」、「時間(于時を含めて)・96例」、
「動作行為と関係のある・89例」、「音仮名(人名を含めて)・62例」、「比
較の対象・2例」に分けられる。それでは、この順に述べていくことにする。
ただし、「1. 場所」から「3. 動作行為と関係のある」までは中国語にもある同じ
用法なので簡単に言及することにする。

2.1. 場所

　場所を表す「于」には、その使われた意味によって「場所・起点・終点」の三

つに分類することができる。

　ある動作の行われる「場所」としてはその例が一番多い。計287例あるが、いくつか例をあげてみると次のようである。

　　・廿九年春二月己丑朔癸巳、半夜厩戸豊聡耳皇子命、薨于斑鳩宮。
　　　/巻22,推古　29年2月
　　・先是、衣通郎姫居于藤原宮。/巻13,允恭　5年7月
　　・時皇后聞忍熊王起師以待之、命武内宿禰、懐皇子、横出南海、泊
　　　于紀伊水門。/巻9,神功　摂政元年2月
　　・是以、天皇宴于後宮之日、始喚髪長媛、因以、坐於宴席。/巻10,
　　　応神　9年4月

　例の順番に内容に触れてみると、「斑鳩宮に薨りましぬ。」「藤原宮に居りき。」「紀伊水門に泊らしむ。」「後宮に宴きこしめす」のように、その動作の行われる「場所」として用いられている。このように、場所「于」の前に使われた主な動詞には「薨・葬・崩・蔵・居・留・泊・宴」などがある。次は古代中国語の例である。

　　・射其左, 越于車下;射其右, 薨于車中. (左伝 成公二年)

　ある動作の行われる「起点」としては計6例ある。

　　・亦其卒怖走、尿漏于褌。乃脱甲而逃之。/巻5,崇神　10年9月

　その他の5例は「其獲罪于天乎(巻11,仁徳)」「正起于高麗(巻27,天智)」「各出于異腹(巻29,天武)」「如鼓音聞于東方(巻29,天武)」「有鳴声如鼓、

聞于東方(巻29,天武)」である。

・公懼, 隊于車, 傷足, 喪屨. (左伝 圧8)

　ある動作の行われる「終点」としては「場所」について計203例ある。、いくつか例をあげてみると次のようである。

・於是、天皇乃幸于神浅茅原、而会八十万神、以卜問之。/巻5, 崇神 7年2月
・所求童女者、詣于難波為比売語曾社神。/巻6,垂仁　2年是歳
・戊子、皇后欲撃熊鷲、而自橿日宮遷于松峡宮。/巻9,神功　摂政前紀

　例の順番に内容に触れてみると、「神浅茅原に幸(いでま)して」「難波に詣(いた)りて」「松峡に遷(うつ)りたまふ。」で、その終点を表すのに主に「至・達・詣・遣・赴・入・送・往・臨・幸・遷・使」などの動詞が使われた。

・盤庚遷于殷. (尚書 盤庚上)

2.2. 時間

　時間を表す「于」には、「場所」を表す「于」と同じように「時間・発生の時間・終わる時間」の三つに分類することができる。

　ある動作の行われる「時間(発生と終着の時間以外をさす)」としては6例あるが、

・況吾立為天子、二年于今矣。/巻15,顕宗　2年3月
・唯吹負留謂、立名于一時、欲寧艱難。/巻28,天武　上　元年6月

例の順番に内容に触れてみると、「今に二年」「名を一時に立(た)て」である。

・再考宋祖生于丁亥, 而建国于庚申. (南村輟耕録)

ある動作の「発生の時間」を表す「于」の用法を見てみると、

・凡水手曰鹿子、蓋始起于是時也。/巻10,応神　13年9月
・其倭直等貢采女、蓋始于此時歟。/巻12,履中　即位前紀

「是の時に起(おこ)れりといふ。」「此の時に始(はじま)るか。」のように、動詞「起」と結びついている例が5例、「始于此時」のように「始」の動詞と関係あるのが3例で計8例ある。

・德始于春, 長于夏; 刑始于秋, 流于冬. (管子)
・西北民族君主之称, 起于漢以后. (木蘭詩　北朝楽府民歌　注釈)

ある動作の「終わる時間」は33例ある。

・三月己丑朔己酉、詔曰、自今以後、至于三年、悉除課役、以息百姓之苦。/巻11,仁徳　4年2月
・自於此日、初連雨水。至于九日、損壊宅屋、傷害田苗。/巻25,孝徳　白雉3年9月

「三年に至(いた)るまでに、」「九日に至(いた)りて、」のようである。「于」の後ろには時間詞がきて、「于」の前に来る動詞には「逮・至・及・当・伝・迄」が用いられている。

・自朝<u>至于日中昃</u>不遑暇食. (尚書)

2.3. 動作行為と関係のある対象

動作行為と関係のある対象としては大ざっぱに四つに分けることができる。

一番目は、動作行為の「主体者」を表す例であるが、ただ1例だけである。

・請戒戎旅、征伐新羅、以取任那、附百済。<u>寧非益有于新羅乎</u>。/ 巻22,推古　31年7月

推古天皇(三十一年七月―是歳)の新羅征討の画策の部分であるが、この年に、新羅は任那を征討し、任那は新羅に帰順した。そこで、天皇は新羅を討とうとして、大臣に謀り、群卿に諮問された。この時、中臣連国は、もともと我が国の内官家であった任那を新羅人は攻め取った。どうか軍隊の準備をして新羅を征討し、任那を奪回して百済に帰属させてください。新羅に属しては、任那に利益はない、と答えた。つまり、主体者の「新羅」は「任那」を占領している、言い換えれば「任那」は「新羅」によって占領されている、「寧非益(任那)有于新羅乎。」という構造である。そこで、動作行為と関係のある対象である新羅は「主体者」になるわけである。

・憂心悄悄、慍于群小. (詩経)

　二番目は、動作行為の「受け手(中国語では「接受者」という)」を表す「于」
の用法である。

　　　・是道路之間獲白鹿。乃還之献于天皇。/巻11,仁徳　53年
　　　・天皇分明欲知其状、乃令小墾田采女、賜酒于玉田宿禰。/巻13,允
　　　　恭　5年7月

　この用法は動作行為を受けることを表す「受取人」「接受者」などの意として
使われる用法で計28例がある。「天皇に献る」「酒を玉田宿禰に賜ふ」のよう
に、「于」の前に来る動詞は主に「献・進・納・譲、施、賜・託、貢、
寄、行(貨賂)、授、奉」などである。

　　　・景公有愛女, 請嫁于晏子. (晏子春秋)

　三番目は、動作行為と関係があって、「…に向かって(向)」の意味として
の「于」の用法である。

　　　・時夜夢、天照大神訓于天皇曰、朕今遣頭八咫烏。/巻3,神武　即位
　　　　前紀戊午年6月
　　　・時市乾鹿文、奏于天皇曰、無愁熊襲之不服。/巻7,景行　12年12月

　これは、計41例ある。例の内容に触れてみると、「天皇に訓へまつりて」
「天皇に奏して」のように、たいてい「話す・語る」などと関係のある語の「言・

訓・奏・啓・祷・詔」などが主に使われる。上の二番目と三番目の用法
は動作行為を受けるという観点からは同じものとして取り扱うことができるが、
用いられる動詞の性質の面で差があるので別項目として分類した。

　・先民有言: "<u>詢于芻蕘</u>".言博問也. (荀子 大略)
　・乃惟時昭文王、迪見昌<u>聞于上帝</u>. (尚書)

　最後である四番目の用法は、「動作の及ぼす関係」を表すものとして計19
例がある。

　・於是、犬上君祖倉見別与吉師祖五十狹茅宿禰、共<u>隷于麛坂王</u>。/
　　巻9,神功 摂政前紀
　・一本、以樟氷皇女<u>列于第三</u>、以手白香皇女<u>列于第四</u>、為異焉。/
　　巻15,仁賢 元年2月

「麛坂王に隷(つ)きぬ」「第三に列(つら)ね、…第四に列(つら)ね」のよう
に、「犬上君祖倉見別」と「吉師祖五十狹茅宿禰」とは「麛坂王」に従属の
関係にあり、「樟氷皇女」と「手白香皇女」とはそれぞれ「第三」と「第四」の順
序に配列されている関係を表している。

　・<u>自絶于天</u>, 結怨于民. (尚書)

　以上、第1章から第3章までは殆ど古代中国語の用法通り使われているの
で、簡単にその用法をまとめるに止めた。本稿での『日本書紀』の中の「于」に
ついての特徴については「2.5 比較の対象」から詳しく述べていくことにする。

2.4. 音仮名

古代中国語とは直接に関係のない用法としては音仮名の用法がある。人名表記をも含めれば、音仮名としては62例が見られる。『日本書紀』の中では、訓注・歌謡・本文の細注・本文にわけてその例を挙げることにする。

- 可美、此云<u>于</u>麻時。/巻1,神代上　第一段
- 対曰、意富加羅国王之子、名都怒我阿羅斯等。亦名曰<u>于</u>斯岐阿利叱智干岐。/巻6, 垂仁 元年11月
- 時天皇歌曰、菟芸泥赴、揶摩之呂謎能、許久波茂知、<u>于</u>智辞於朋泥、佐和佐和珥、儺餓伊幣斉虚曾、<u>于</u>知和多須、椰餓波曳儺須、企以利摩韋区例。/巻11,仁徳 30年11月
- 新羅王佐利遅遣久遅布礼、一本云、<u>久礼爾師知于</u>奈師磨里。/巻17, 継体 23年4月
- 丁亥、高麗遣大使<u>後部主簿阿于</u>、副使前部大兄徳富朝貢。/巻29, 天武 下 5年10月

音仮名の例はそれぞれ、「うまし」「うしきありしちかんき」「うちしおほね、…うちわたす」「くれにしちうなしまり」「こうほうしゅぼあう」の「う」の音の表記に使われている。「于」とは『韻鏡』では「于」母の代表字であって、喉音次清3等音の声母であり(藤堂明保氏の推定音は[ɥ]である)、『広韻』では「羽倶切」で遇摂虞韻平声3等韻(推定音は[ɪu])である。ここで一つ面白いことは、最後の例は高麗の人名である。つまり、古代韓国の人名の表記として使われた例は見られるが、古代日本人の人名としては使われていないのが特徴である。

2.5. 比較の対象

　この章からが「于」における『日本書紀』の特徴を伺うことができるが、まず、次の例を見ながら説明することにする。

・亦問之、長与少孰尤焉。大山守命対言、<u>不逮于長子</u>。/巻10,応神 31年8月
・朕猶以之傷惻。民豈復思至此。然遷都未久。<u>還似于賓</u>。/巻25,孝徳 大化2年2月

　一番目の例は、応神天皇の問いに対する大山守命の答えであるが、「亦問ひたまはく、長と少とは、孰か尤しきとのたまふ。大山守命、対へて言したまはく、長子に逮(し)かず。」の意で、つまり、「長」は「少」より優れているという比較の表現である。二番目の例は、孝徳天皇の時、鐘匱の制の設置後、訴えを取り上げ、雑役を止めることを宣したことであるが、「朕も猶之を以て傷惻む。民も豈復此に至ると思ひけむや。然るに都を遷して未だ久しからず。還りて賓に似(に)たり。」の意で、正確に言うと比喩に当たるが、広義では比較の範疇に入れることができる。このように、『日本書紀』で「于」が比較の対象の前に使われている例はこの２カ所である。ところで、古代中国語では比較の対象を表す例4)はどうなっているのかを見てみよう。

・青, 取之於藍而青<u>於藍</u>; 冰, 水为之而寒<u>於水</u>. (荀子 劝学)
・老臣窃以为媪之爱燕后, 贤<u>於长安君</u>. (战国策 触龙说赵太后)
・其闻道也, <u>固先乎吾</u>. (师说)

---

4) 郭锡良 唐作藩外 编(1981,1988)『古代汉语 上册』p.331.

・天吏逸德, <u>烈于猛火</u>. (尚书)

古代中国の文献では、比較の用法は、一般的に「於」と「乎」を用いて表す。「于」が用いられる場合は非常にまれである。そして、一般的に形容詞の後ろに置かれて比較を表す。つまり、「形容詞＋於＋比較の対象」のような形式が一般である。意味は現代漢語の「比」に相当するが、文の中での位置は同じでなく、「比」とその目的語は形容詞の前に置かれ、修飾語の役割を行う。例えば、「青於藍」と「寒於水」を現代漢語で表すならば「比藍青」と「比水寒」になるということである。特に、「於」の比較の用法は、例えば、「<u>党的利益高於一切</u>」のように、現代漢語でも文語体の中で時々使用されている。

このように、古代中国語では、比較を表す場合には「于」を使うことは滅多にないのに、『日本書紀』においては「于」の例が見られ、しかも、前に形容詞ではなく、動詞の使われた点にその違いがある。[5]

2.6. 「于」の有無

この章ではある文において「于」のあるなしによって意味の差があるのか、ないのかについて検討してみよう。

(A)「登・帰・返于」
　　・仍践大虚、<u>登于御諸山</u>。/巻5,崇神 10年9月
　　・是歳、任那人蘇那曷叱智請之、欲<u>帰于国</u>。/巻6,垂仁 元年11月

---

5) この問題については「于」と「於」の使い分けについての次回の論文で詳しく述べる予定である。

　　　・仍以赤織絹給阿羅斯等、<u>返于本土</u>。/巻6,垂仁 2年是歳

　　あげられている例は、「仍りて大虚を践みて、御諸山に登ります」「是歳、
任那人蘇那曷叱智請さく、「国に帰りなむ」とまうす」「仍りて赤織の絹を以て
阿羅斯等に給ひて、本土に返しつかはす」という内容で「場所」の「終点」で
あると言って大きな差し支えはないだろう。
　　それでは、次のような例はどう見ればよいのであろうか。

　　(B)「登于/登」
　　　　・仍践大虚、<u>登于御諸山</u>。爰倭迹々姫命仰見、而悔之急居。
　　　　・<u>自登御諸山向東</u>、而八廻弄槍、八廻撃刀。
　　　　・<u>自登御諸山之嶺</u>、縄絇四方、遂食粟雀。

　　三例共に「御諸山に登ります」「自ら御諸山に登りて東に向きて」「自ら御諸
山の嶺に登りて」即ち、「御諸山に登る」という意で、まったく同じである。それ
なのに、第一の例には「于」があり、第二例と第三例には「于」がない。という
ことは、第一例の「于」は単なる書き間違いであろうか。それとも「于」は何らか
の差を表す役割から用いられた字であろうか。筆者は後者であると思う。こ
の「于」の有無は本論文で大きなポイントになるので詳しく見ていくことにする。
例の理解と説明の便宜をはかるために、前後の文脈を述べることにする。
　　(B)の第一例は、巻5の崇神天皇(十年九月)の三輪山の伝説の話である
が、倭迹々日百襲姫命は大物主神の妻になるが、姫命は、その神が夜に
だけ来るので神の顔がよく分からないからもうちょっと留まってほしいというと、
神はそうであれば明るい内に来るけど、私の姿に驚くなと言った。ところが、
姫命は小蛇の姿で現れた神の本来の姿を見て叫んだ。ここで、神は自分に

恥をかかせたといい、姫命にも同じく恥をかかせると言って、大虚を践んで、御諸山に登る。その様子を姫命は仰ぎ見て、後悔し、どすんとしりもちをついて死んだ、という内容である。

　第二例と第三例は、巻5の崇神天皇(十七年十月～六十年七月)が二皇子の夢から判断して嗣子を決定する話であるが、天皇の二人の皇子、勅豊城命と活目尊二子への慈愛はまったく同じであった。そこで、嗣子を定めることを悩んだあげく、二人の皇子に夢を見させ、その夢を占い、嗣子を決定することにした。ここに、二人の皇子は天皇の命に従い、夢を見た。第二例のは、兄豊城命の夢の内容として「自ら御諸山に登りて、東の方を向かって、八回槍を突き出し、八回の刀を撃ち振りました」という意味であり、第三例は、弟活目尊の夢の内容として「自ら御諸山の嶺に登りて、縄を四方に引き渡し、粟を食む雀を追い払いました」という意味である。即ち、第二と第三の例は、御諸山に登ってその上で東の方を向かう、また、御諸山の嶺に登って、その嶺の上に縄を引き渡す、の意味で、すでに御諸山に登り終え、それから次の動作を行っている。反面、第一の例は、神が御諸山に登る様子を姫命が仰ぎ見ていて、登ったというより、まだ登っている過程と言えよう。つまり、「于」のあった方は、まだ到達していない、あるいはまだ完成していないニュアンスを表している。

　(A)の例に戻って述べると、第一例は(B)の説明の中で行われた。第二例は、巻6垂仁天皇(元年十一月～二年是歳)の任那と新羅の抗争の話であるが、「この年に、任那の人蘇那曷叱智が、国に帰ることにいたしましょう、と申した」即ち、これから国に帰りたいという希望を述べている表現で、到達や完成の観点から見ると、まだ国に到達していない。そして、第三例は、「赤織の絹を阿羅斯等に与え、本土に返された」即ち、絹を与えて本

土に返させたという意で、絹は与えたことは分かるが、本土に到着したかどう
かは分からない。従って、どちらかといえば、行為が完成していないと言えよ
う。

　このように、「于」の有無は確かに相違があり、また「于」を入れた理由は、
結果がまだ分からないことを表すために「于」を用いたと考えられる。このことは
やはり古代中国語の文献の中の用法によって説明できると考えられる。そこ
で、中国の古典『左伝』の例を見てみると、

　　(C) 初, 公孫无知虐[6]于雍廩. 九年春, 雍廩殺无知. (左傳 歴)

　　(C)は、「公孫无知は雍廩を虐待して殺した。九年春、雍廩は无知を殺し
た」という内容である。しかし、これは実際公孫无知が雍廩を殺そうとした
が、結局失敗して、逆に公孫无知は雍廩に殺されたと解釈しなければ意味
が通じないのである。つまり、

　　　　有可能"于"字的存在和雍廩的生存有关系。可以译成"公孙无知试
　　　　图虐害雍廩(然而失败了)"。这时候，"于"字表示动词的动作行为不
　　　　彻底、不完整。[7]

　といっているように、「"于"字があることと雍廩の生存とは関係のある可
能性がある。公孫無知は雍廩を虐待して殺そうとしたが、失敗した。この時
の"于"字は動詞の動作行為が徹底していない、あるいは完成していない
ことを表す」というわけである。言い換えれば、「于」のない「虐雍廩」の場合

---

　6) ≪左传≫里的"虐"本来是"虐待而杀死"的意思。
　7) 郭锡良主编(1998) 『古汉语语法论集』 语文出版社 p.125.

は、動作行為が徹底しており、結果的に成功したということである。

　このように、中国語の例では「于」の入った場合、動作行為の不徹底、あるいは動作行為の失敗を表している。そして、『日本書紀』での「于」の入った場合でも、動作行為が過程中にあり、まだ到達してない、あるいは結果にまだ至らないことを表している。つまり、両国語の意味領域には若干の差はあるものの、「于」の有無は、動作行為の「未完成・完成」あるいは「未到達・到達」を表すために用いられたと考えられる。

2.7. その他

　この章では、以上の分析に属することのできないいくつかの例について簡単に検討してみることにする。

　　①于時、天照大神喜之曰、是物者、則顕見蒼生、可食而活之也。/巻
　　　1,神代上 第五段
　　②且以為、飛鳥寺不可関于司治。/巻29,天武 下 9年2月
　　③八月、天皇遣大将軍大伴連狭手彦、領兵数万、伐于高麗。/巻19,
　　　欽明 23年7月
　　④然磐金等、未及于還、即年、/巻22,推古 31年是歳
　　⑤然重皇后之言、亦敦友于之義、而忍之勿罪。/巻11,仁徳 40年2月

　①の「于時」という「熟語」のような例のことであるが、『日本書紀』では49回も見られるが、すべての例が文頭に使われている。「于時」は、古代中国語では、文頭だけでなく、文中8)にも使われるので、『日本書紀』での「于時」

---

8) 畏天者, 保其国, 詩云, 畏天之威, 于時保之。(孟子 梁惠王下)

の位置は限定されているのが特徴であると言えよう。

　②は古代中国語の「于」の用法にはない例である。「司治」は「司が治める」即ち、「主語＋動詞」の構造であるが、こういう構造9)には「於」を使い、一般的に「于」は使わないので、誤用である。

　③は、訓読の問題、つまり、「高麗を伐たしむ」のように「于」を「を」と読んでいるが、一般的には「于」は「に」と読まれるので「于」を「を」と読んでいることの妥当性、言い換えると、今の訓読を保持するのならば、「伐于高麗」より「伐高麗」の方が正しい表記ではないかということである。ただし、この問題はもっと詳しい検討を要するので、これ以上述べないことにする。そして、古代中国語での「于」は元々主に具体的な事物や場所、時間を表すのに使われたが、時代が下るにつれ、抽象的な事物を表す名詞や形容詞などにも使われるようになり意味拡大が行われたが、④に「還」が来ているのはそれと関係のある例である。

　⑤の「友于」は、『論語』の「為政篇」にある「友于兄弟」10)の「兄弟」が省略されているもので、動作の及ぼす関係を表しながら、熟語として使われたのであり、2例が見られる。

　最後に、一言付け加えれば、『日本書紀』の中の「于」には感嘆を表す用法(于嗟徂兮、命之衰矣＜十八史略＞)や「于」そのものが「ここに」(黄鳥于飛、集于潅木、其鳴喈喈＜『詩経』＞)という意味として使われた例は見えない。11)

---

9)　季康子問：「仲由可使従政也与？」子曰：「由也果，於従政乎何有?」(論語 雍也)
10)　或謂孔子曰：「子奚不為政?」子曰：「書云：『孝乎惟孝，友于兄弟，施於有政。』是亦為政，奚其為為政?」(論語 為政)
11)　このことについては論文審査委員から指摘があったことをここに記しておく。括弧の中の例はその指摘にあった例である。

:3: 結論

　『日本書紀』に於いて「于」は、計745回使われているが、その意味論的な用法を大ざっぱにいうと、「場所・496例」、「時間(于時を含めて)・96例」、「動作行為と関係のある・89例」、「比較の対象・2例」、「音仮名(人名を含めて)・62例」がそれぞれ用いられている。『日本書紀』に於ける「于」の特徴をまとめると次のようである。

　　①たいてい古代中国語の用法をそのまま使っているが、動詞12)としての例はない。
　　②「于時」はすべてが文頭に位置し、文中に来る例はない。つまり、中国語の用法より縮小されている。
　　③一般的に比較の場合は「形容詞＋於＋比較の対象」の形式を取るが、「動詞＋于＋比較の対象」の形式が見られ、中国語の用法との差が見られた。
　　④「于＋主語＋動詞」の構造は、普通「于」ではなく「於」の方が用いられるので誤用とも思われる。
　　⑤「于」の有無は、「于」の前の動詞の動作に「未完成と完成」或いは「未到達と到達」の差をつけるために用いられたが、『日本書紀』の場合にもこういう用法が同じく見られた。

　以上のような結果を得たが、これはやはり「於」との比較をしなければその結論の鮮明さが弱くなってしまう可能性の高い問題を抱えている。古代中国語の文献では奈良時代に当たる唐の時代にはすでに「于」より「於」の方が圧倒的に使われるようになっていたが、未だ『日本書紀』では「于」の字が健在

12)「于」は元々甲骨文の中で動詞として使われた字である。

しているのである。いずれにせよ、これからは「於」と「于」との使い分けを明ら
かにし、そして古代韓国語の資料との比較をも行っていく予定である。

参考文献

藤堂明保外(1985)『新訂中国語概論』大修館書店

鈴木直治(1994)『中国古代語法の研究』汲古書院

藤井茂利(1996)『古代日本語の表記法研究』近代文芸社

김원중편(1989、1994)『허사사전』현암사 서울

허벽(1997)『중국고대어법』신아사 서울

郭錫良·唐作藩外編(1981,1988)『古代汉语 上册』北京出版社

郭錫良(1998)「介词"于"的起源和发展」pp.88-103『古汉语语法论集』 语文出版社

杉田泰史(1998)「介词"于"的未完成用法」pp.123-130『古汉语语法论集』语文出版社

中国社会科学院语言研究所古代汉语研究室编(1999)『古代汉语虚词词典』商务印书馆

일본 고대문헌의 용자법 연구

상대 일본 문헌에 보이는
어조사 ‘於’에 대한 고찰
—『日本書紀』를 중심으로—

:1: 들어가는 말

『日本書紀』景行紀 12년 12월조(條)의 기사를 보면 다음과 같은 예가 있다.

 (A) 天皇則惡其不孝之甚、而誅市乾鹿文。仍以弟市鹿文、賜**於** 火国造。(卷7 景行紀 12年12月)

景行(케이코오[1])천황이 九州(큐우슈우)의 熊襲(쿠마소)를 평정할 때, 景行천황이 熊襲梟帥(쿠마소타케루)를 죽이기 위해 그의 두 딸 市乾鹿文(이찌후가야)와 市鹿文(이찌카야)에게 비싼 선물을 주어 행궁(行宮)으로 불러들이고 市乾鹿文를 총애했다. 그러자, 市乾鹿文는

---

1) 일본어 우리말 적기는 ‘C.K.System’에 따른다.
  김용옥(1992)『東洋學 어떻게 할 것인가』통나무 서울, p.365

독한 술을 가지고 자기 아버지에게 가서 마시게 하여 잠이 들자, 수행하고 있던 병사가 그를 죽였다. 이 때 천황이 그녀의 불효가 너무나 지나치다고 생각하여 그녀를 죽이고 동생인 市鹿文를 火国造(히노쿠니노미야쯔코)로 삼았다는 내용이다. 그런데, 이 예에서 문제가 되는 것은 어조사 '於'의 용법이다. 여기에서 '於'는 '자격'을 나타내는 '~として'의 용법으로 쓰이고 있는데, 상대 일본어의 '~に'에는 이와 같은 용법이 있다. 『万葉集』권17에 大伴家持(오오토모노야카모찌)가 天平18년(746년) 8월에 지은 3953번 가요를 보면,

    (B) 鴈我祢波　都可比爾許牟等　佐和久良武　秋風左無美　曾乃
        可波能倍爾(雁がねは使ひに来むと騒くらむ秋風寒みその川の上
        に)

'雁は使いに(として)来ようと鳴き騒いでいることであろう。秋風が寒いので、その川の岸で'[2]와 같이 '都可比爾'의 '爾'는 분명히 자격의 의미로 쓰이고 있음을 볼 수 있다. 또한, 『万葉集』권15-3676번 가요에도 같은 용법으로 쓰이고 있음을 확인할 수 있다.

    (C) 安麻等夫也　可里乎都可比爾　衣弖之可母　奈良能弥夜故爾
        許登都弖夜良武(天飛ぶや雁を使に得てしかも奈良の都に言告げ
        遣らむ)

그런데, 『日本書紀』에서 'に'의 표기로 쓰인 '於'가 과연 고대 중국어

---

  2) 高木市之助外(1962)『万葉集四(日本古典文学大系)』岩波書店 東京. p.194
     '大意'를 필자가 수정함.

(古代漢語)의 용법에도 존재하는가 하는 것이 문제가 된다. 漢字의 나라 중국에서 '於'를 자격의 의미로도 사용했는가?

本稿에서는 이러한 사실 등을 포함하여 『日本書紀』내의 '於'에 대하여 살펴보기로 한다. 안희정(2004)[3])에서는 순한문체로 알려진 『日本書紀』내의 어조사(助辭, 介詞) '于'에 대하여 의미론적인 용법의 분석과 특징을 중심으로 개괄적인 분석을 시도하였는데, 이것은 필자가 고대 한문이라는 기존의 연구 관점에서 벗어나 고대 중국어적인 관점에서 분석한 것이다. 이러한 고대 중국어적인 관점에서 고대 중국어에서 유의어 관계에 있는 어조사 '于'와 '於'의 비교 연구를 통하여 『日本書紀』자료의 성격을 규명하기 위한 전 단계로 본고에서는 '於'를 다루고 있다.

본 논문의 목적은 『日本書紀』에 보이는 '於'의 의미론적인 용법의 분석과 특징을 밝히는 데 있다.

: 2 : 선행연구 및 '于'의 용법과 동일한 '於'의 용법

지금까지 어조사 '於'에 대한 연구를 간략히 살펴보면 다음과 같다. 築島裕(쯔키시마 히로시)[4])는 헤이안시대(平安時代)의 한문훈독어에 대한 연구에서 '於'의 훈독은 'にして'이며, 'において'라고는 읽지 않는다는 점을 밝혔고, 西宮一民(니시미야 카즈타미)[5])는 『古事記』에서

---

3) 안희정(2004)「助辭'于'の用字法について『日本書紀』を中心に」『日本語文学』第23輯. pp.51-66
4) 東京大学出版会(1962)「古今集仮名序と漢文訓読」1『平安時代の漢文訓読語につきての研究』東京大学出版 東京.

의 '於'는 '於'의 사용 유무에 따라 의미가 달라지므로 의도적으로 '於'를 사용하기도 하였다는 점을 강조하였고, 内田賢徳(우찌다 마사노리)[6]는 '於'의 어순에 따라 순한문체와 일본식 한문체 즉, '和化漢文'으로 나타나기도 하는데, 이것은 漢譯佛典이 『古事記』에 영향을 미쳤다고 하였다. 단, 고대 중국어에서도 어순의 관점에서는 동사가 뒤에 오는 예가 많지만, 단지 의미의 중점이 어디에 있는가에 따라 어순에 변화가 있다고 하였다. 또한, 西条勉(사이죠오 쯔토무)[7]는 『古事記』에 사용된 '於'의 구문을 다섯가지로 나누어 분석을 하였으며, 小山登久(오야마 노리히사)[8]는 문체적인 측면에서 상대자료를 대상으로 '於'를 분석하였다.

이상과 같이 『古事記』에 대해서는 어조사 '於'에 대하여 어느정도 연구가 이루어졌으며, 특히 훈독을 비롯하여 문체적인 측면에서의 '於'에 대한 연구가 있지만, 아직까지 『日本書紀』에 쓰인 어조사 '於'에 대해서는 본격적인 연구가 미진한 상황이라고 할 수 있다. 더군다나, 『古事記』의 경우에도 '於' 자체에 대한 의미론적 용법에 따른 분석은 그다지 이루어지지 않고 있다. 따라서, '於'가 과연 고대 중국어에서 쓰인 용법을 그대로 수용하고 있는지 아니면, 일본으로 수용되는 과정에서 어떠한 변화를 겪었는지를 의미론적인 용법의 관점에서

---

5) 編者古事記学会(1995) 「古事記の訓読」『古事記の言葉 古事記研究大系 10』 高科書店 東京. pp.1-20

6) 같은 책 「古事記の文」pp.47-67

7) 西条勉(1998) 「「於-」の構文とその表記史的位相」『古事記の文字法』 笠間書院 東京. pp.235-270

8) 小山登久(1979) 「上代資料に見える「於」字について一措辞の類型から見た文体の考察1」『ノートルダム清心女子大学紀要国語国文学編』 第三巻第一号・1979年3月.

분석을 시도함으로써 『日本書紀』 자료의 성격을 이해하는 데 의의가
있을 것으로 생각된다.9)

‘于’에서와 마찬가지로 日本古典文学大系本의 『日本書紀』10)를
대상으로 어조사 ‘於’를 분석해 본 결과, ‘於’는 총 1947회가 쓰였는데
‘於’는 ‘于’의 분석에서와 마찬가지로 크게 장소, 시간, 동작 행위와 관
련이 있는 것, 비교 대상, 그리고 음차(音仮名)에 의한 것 등으로 분
류할 수 있다. 장소를 나타내는 ‘於’를 세분하면, 다음과 같이 세 부류
로 나눌 수 있다. 첫째,

(1) 因**於**海中、造八重蒼柴[柴、此云府璽。]11)籬、踏船枻[船枻、此云浮那能倍。]
而避之。(巻2 神代下 [第9段] 正文)
(2) 伊奘諾尊・伊奘冉尊、立**於**天浮橋之上、共計曰、(巻1 神代
上 [第3段] 正文)

와 같이 ‘於’는 목적어와 함께 동사 앞에 쓰여 부사성 수식어(状语)를
만들거나, 또는 동사 뒤에 쓰여 보어를 만들어 동작이 이루어지(고
있)거나 어떤 상황이 발생하고 있는 장소를 나타낸다. 이것은 마치 현
대 중국어의 ‘在’의 용법과 같은 것이다.12) 이와 같은 용법으로 쓰인
예는 총 1947회의 약 37%에 해당하는 715회나 쓰여 ‘於’의 대표적인

9) 『日本書紀』자료의 성격을 이해하는 데는 다음에 발표할 ‘于’와 ‘於’
의 비교 논문에서 더욱 자세히 드러날 것이다.
10) 坂本太郎外(1965~1967) 『日本書紀(日本古典文学大系)』 岩波書店
東京.
11) 이와 같이 글꼴을 작게 한 부분은 세주(細注) 부분을 나타낸다. 이
하 같다.
12) 襃**於**道病死，上閔借之。(≪漢書·王襃傳≫)

용법이라고 할 수 있다. 둘째,

    (3) 遂乃立標而合戰。於是、百済以鋒刺堕高麗勇士**於**馬斬首。
       (巻19 欽明紀 14年10月)

와 같이 동작이 이루어지기 시작하는 곳(从,由)[13]을 나타내며 9예가
보이며, 셋째, 341회로 두 번째로 많이 쓰인

    (4) 秋七月甲戌朔己卯、遺蘇我大臣稲目宿禰等**於**備前児嶋郡置
       屯倉。(巻19 欽明紀 17年7月)

와 같이 동작이 도달하는 곳(到)[14]을 이끌어 낸다.

   이상과 같이 '於'는 장소를 나타내는 대상을 이끌어내는 용법이『日
本書紀』전체예의 약55%인 1065예나 쓰이고 있어, '于'가 총 745예 중
496예로 약 67%나 쓰이고 있는 것처럼 '於'를 설명하는데 가장 중요
한 용법임을 알 수 있다.

   이와 마찬가지로 시간을 나타내는 '於'도 세 가지로 분류할 수 있다.

    (5) 秋七月、倭国今来郡言、**於**五年春、川原民直宮、 [宮名。]登楼
       騁望。乃見良駒。(巻19 欽明紀 7年7月)
    (6) 然新羅人遮之於道而奪焉。其二国之怨、始起**於**是時也。
       (巻6 垂仁紀 2年是歳)
    (7) 自天皇即位、至于是歳新羅国背誕、苞苴不入、**於**今八年。
       (巻14 雄略紀 8年2月)

---

13) 千里之行，始**於**足下。(≪老子·第六十四章≫)
14) 夫子至**於**是邦也，必聞其政。(≪論語·學而≫)

(8) 以難波屯倉与每郡鑺丁、給既宅媛。以示**於**後、式観乎昔。
   (巻18 安閑紀 元年10月)

즉, (5)는 '5년 봄에 川原民直宮(카와라노타미노아타이미야)가 누(樓)에 올라 멀리 바라보다가 좋은 말을 발견했다'로 동작이 이루어지거나 상황이 일어나고 있는 시간(在)15)을 나타내며, (6)은 '임나(任那)와 신라(新羅) 사이의 원한은 이 때부터 시작되었다'와 같이 동작이 발생하기 시작하는 때(從)를 나타내며, 각각 20예와 8예가 쓰였다. (7)과 (8)은 어떤 동작이 도달하는 시간(到,至)16)을 나타내는데, 총 31예가 보인다. 특히 (8)은 도달뿐만이 아니라, 도달되는 시간까지 계속되는 의미도 지니고 있다. 따라서, 시간과 관계되는 것은 총 59예로, 약 3%를 차지하고 있다.

다음으로 동작행위와 관련이 있는 '於'에는 네가지로 구분할 수 있다. 첫째, 동작행위의 주체자를 이끌어내는 것으로 한마디로 수동형의 주체자17)를 말한다. 즉,

(9) 六月、高麗大使謂副使等曰、磯城嶋天皇時、汝等違吾所議、
   被欺**於**他、妄分国調、輒与微者。(巻20 敏達紀 元年6月)

와 같다. 이러한 예로는 총 9예 보인다. 그런데, 주체자로 쓰인 '於'의 예 중에서 다음 예를 보기로 하자.

---

15) 子**於**是日哭，則不歌。(≪論語·述而≫)
16) 主之威盖震海內，功彰万里之外，聲名光輝傳**於**千世。(≪史記·范雎蔡澤列傳≫)
17) 郤克傷**於**矢，流血及屨。(≪左傳·成公二年≫)

(9-1) 汝若無遣使来告、殆取蟲**於**天下。(卷17 継体 元年正月)

이 예에 대하여 大系本[18]은 '汝若し使を遣して来り告すこと無からましか
ば、殆に天下に蟲はれなまし'[19]로 읽으면서 두주(頭注)에 원문 '取蟲'
에 대하여 '取'를 수동의 조동사로 설명하고 있다. 小學館本[20]도 大
系本과 마찬가지로 '受身の助字'로 보고 있다. 그렇다면, 고대 중국어
의 '取'가 조동사로도 쓰였다는 것인데 과연 그러한 용법이 있는가 검
토해 보아야 한다. 본고에서는 지면관계상 고대 중국어의 수동문을
나타내는 방법에 대하여 안희정(2004)[21]에 의해 간단히 요약하면, 첫
째, 어조사 '於'에 의하거나, 둘째, 조동사 '爲(爲~所~), 見, 被' 등에
의하여 표현하는 것이 일반적인데, 그 예를 보이면 다음과 같다.

(9-2) 郤克傷**於**矢,流血及屨。(≪左傳, 成公之戰≫)/通者常制人,
窮者常制**於**人。(≪筍子, 榮辱≫)/兩身爲宋國笑。(≪韓非
子, 五蠹≫)/嬴聞如姬父爲人所殺。(≪史記, 魏公子列傳
≫)/吾長見笑**於**大方之家。(≪莊子, 秋水≫)/信而見疑,忠
而被誇,能無怨乎?(≪史記, 屈原賈生列傳≫)

이와 같이 고대 중국어에서 '取'가 조동사로 쓰인 예는 존재하지 않는
것이 일반적이다. 그렇다면, 『日本書紀』의 (9-1)의 예에 쓰인 '取'는
무엇인가? 王海菜(왕하이차이 1996)[22]에 의하면, '取'는 '단지 ~일뿐

---

18) 이하 日本古典文學大系의 『日本書紀』를 '大系本'으로 부르기로 한다.
19) 前揭書 하권 p.20
20) 小島憲之外(1994~1998), 『日本書紀(新編日本古典文学全集)』小学館 東京.
   이하 '小學館本'으로 부르기로 한다. 2권 p.289
21) 安熙貞(2004) 『古代日本語の用字法研究』 J&C 서울. pp.15-135
22) 王海菜等編(1996) 『古汉语虚词词典』 北京大学出版社 北京. p.259

이다, 단지 ~에 불과하다, 단지 ~뿐, 겨우 ~뿐(只是, 仅仅)'과 같은
의미를 지닌 부사로 쓰이고 있음을 알 수가 있다. 즉, (9-1)은 이미
'於'에 의하여 '蚩'가 수동의 의미로 쓰인 것이고, '取'는 부사로 동사
'蚩'를 한정하는 강조의 용법으로 쓰인 것이다. 따라서, 두 주석서의
두주만이 아니라 훈독문도 수정을 해야 할 것이다. 둘째, 주체자와 정
반대가 되는 것으로서 동작 행위를 오히려 받는 피주체자23)를 나타
내는데, 가장 대표적인 것으로는 누군가에게서 물건과 같은 구체적인
사물을 받는 즉, '주다(給)'에 해당되는 동사와 함께 쓰인 것(10. 使倭
子連[連、未詳何姓人。]奉八咫鏡**於**大伴大連、而祈請曰...<卷14　雄略紀
9年5月>; 11. 冬十月己巳朔壬申、大伴室屋大連、率臣連等、奉璽
於皇太子。<卷15　清寧紀　即位前紀10月>), 또 하나는 (12. 天豊財
重日足姫天皇、初適**於**橘豊日天皇之孫高向王、而生漢皇子。
<卷26　齊明紀　即位前紀>)와 같이 주체자가 피주체자에게 시집을 간
다와 같은 예들을 들 수가 있는데, 모두 96예가 쓰였다. 셋째, 주로 말
하는 행위와 관련된 동사와 같이 쓰이거나 요구하거나 하는 의미로
쓰여 동작이 미치는 서로 관련된 대상을 이끌어내는 용법24)(向：　13.
物部大連、方欲発向難波館、宣勅**於**百済客。<卷17　継体紀　6年
12月>; 14. 于時、霖也。素戔嗚尊、結束青草、以爲笠蓑、而乞宿
於衆神。<卷1　神代上>)으로, 140예가 쓰여 약 7.2%를 점하고 있다.
넷째, 동작과 관련이 있는 대상을 나타내는 용법(対于)25)으로 37예가

用于谓语前，表示动作或数量仅限于某个范围，义即"只是"、"仅仅"。
예)楊子取爲我，拔一毛而利天下，不爲也。(≪孟子·盡心上≫)

23) 己所不欲，勿施**於**人。(≪論語·顏淵≫); 請勾踐女女**於**王，大夫女女**於**
大夫，士女女**於**士。(≪國語·越語上≫)

24) 叶公問孔子**於**子路，子路不對。(≪論語·述而≫)對：回答。; 六年，借
兵**於**楚伐魏。(≪史記·趙世家≫)

있는데 예를 들면 다음과 같다.

(15) 爰天皇愛兄媛篤温清之情、則謂之曰、爾不視二親、既経多
年。還欲定省、**於**理灼然。(巻10 応神紀 22年3月)

(16) 自天皇即位、至于是歳新羅国背誕、苞苴不入、於今八年。
而大懼中国之心、脩好**於**高麗。(巻14 雄略紀 8年2月)

그 밖에 '于'와 같은 용법으로는 비교대상(跟, 同)[26]을 나타내는 것
(17. 時有八十万神。皆不得目勝相問。故特勅天鈿女曰、汝是目
勝**於**人者。<巻2 神代下>; 18. 八年春正月、太子妃春日皇女、晨
朝晏出、有異**於**常。<巻17 継体紀 8年正月>)이 26에 보인다. 한편,
고대 중국어와는 무관한 음차(音仮名)로 쓰인 예(19. 太子歌曰、於
弥能姑能、耶賦能之魔柯枳、始陀騰余瀰、那為我与鼇拠魔、耶
黎夢之魔柯枳。<巻16 武烈紀 即位前紀>)가 총 66에 있다. (19)의
예와 같이 가요내에 쓰인 예로는 총 55예가 있으며, 세주(細注)로 기
록된 훈주(訓注)의 예가 '大日霊貴、此云於保比屢咩能武智。<巻1
神代上 第五段>/靄、此云於箇美。<巻1 神代上 第五段>/大己
貴、此云於褒婀娜武智。<巻1 神代上 第八段>/碩田、此云於保
岐陀。<巻7 景行紀 十二年十月>/使主、此云於瀰。<巻15 顕宗
紀 即位前紀>/伐本截末、此云謨登岐利須衛於茲波羅比。<巻15

---

25) 且忠言逆耳利**於**行，毒藥苦口利**於**病。(≪史記·留侯世家≫); 不義而富
且貴，**於**我如浮云。(≪論語·述而≫)

26) 周公旦者，周武王弟也。自文王在時，旦爲子孝，篤仁，异**於**群子。(≪史
記·魯周公世家≫)
; 蛮夷習俗雖殊**於**礼義之國，然其欲避害就利，愛親戚，畏死亡，一也。
(≪漢書·趙充國傳≫)

顕宗紀 即位前紀>/言於母亦兄、於吾亦兄、此云於慕尼慕是、阿
例尼慕是。<卷15 仁賢紀 六年九月>/老、此云於喩。<卷25 孝徳
紀 白稚五年二月>/倭文、此云之頭於利。<卷29 天武紀 十三年十
二月>'와 같이 9예, 같은 세주에 보이는 인명 'おろげ'[27])의 표기로 '乃
遣佐伯造御室、[更名、於閻碑]喚馬子宿禰所供善信等尼。(卷20 敏達
紀 14年3月)'와 같이 1예가 있으며, 나머지 1예는 지명표기로 '狐嚙断
於友郡役丁所執葛末而去。(卷26 斉明紀 5年是歳)'와 같이 'おう郡'
에 대한 표기로 쓰였는데, 이 곳은 出雲國 동부 즉, 현재 松江市를
중심으로 하는 지역이다. 또한 '於'에는 '于'에서는 볼 수 없는 신의 이
름(神名)을 나타내는 (20. 答曰、於天事代於虚事代玉籤入彦厳之
事代神(あめにことしろそらにことしろたまくしいりびこいつのことしろのかみ)有
之也。<卷9 仲哀紀 9年3月>)와 같은 예를 볼 수가 있다. 그런데, 이
두 예는 음차가 아니라, 훈차(訓假名)의 예로써 이 두 예가 전부인데,
'于'에서는 볼 수 없는 용법이다.

: 3 : '於' 고유의 용법

그런데, 고대 중국어에서 '於'는 '于' 보다 뒤에 생긴 새로운 어조사
인데, 洪成玉(홍청위 1998)[28])에 의하면,

(21) "于"和"於"，在先秦是两个略有区别的介词。≪尚书≫≪诗

---

27) 'おろげ'의 'ろ'와 'げ'는 둘 다 을류이다.
28) 洪成玉主編(1998)『古代汉语教程』中华书局 北京. pp.421-423

经≫中多用"于"，很少用"於"。≪左传≫中"于"、"於"并存，而且两者的使用频率大致相当。战国时期的著作，如≪孟子≫≪庄子≫等，基本上用"於"，很少用"于"，而且用"于"时一般都是引用≪尚书≫≪诗经≫中的原文。汉字简化以后，两者一律都写成"于"。

와 같이 '於'가 '于'를 압도하게 되는데, 이러한 과정속에서 '於'는 기존 '于'의 용법만이 아니라, 그 이외에도 여러 가지 용법을 새롭게 만들어 가게 된다.29) 그 용법으로는 첫째, 동작을 행하거나 혹은 상황이 발생하는 범위를 나타내는 용법(在~方面, 在~中)30)으로 '~면에서, ~점에서, ~중에서'의 의미를 나타내고, 둘째, 함께 어떤 동작을 행하는 대상(跟, 同:~와 함께)31)을 이끌어내거나, 셋째, 동작이 이루어지거나 어떤 상황이 출현하는 원인(因为, 由于 : ~때문에)32)을 이끄는 용법, 넷째, '于時'와 같이 숙어처럼 쓰인 '於是'33)가 있다. 그 예를 들면 다음과 같다.

(22) 別表、讚流通礼拝功德云、是法**於**諸法中、最為殊勝。(卷19 欽明紀 13年10月)

(23) 秋七月、飯豊皇女、於角刺宮、与夫初交。謂人曰、一知女道。又安可異。終不願交**於**男。(卷15 清寧 3年7月)

---

29) 본 장에서는 '于'에는 없고, '於'에만 있는 용법을 '於'고유의 용법이라고 부르기로 한다.
30) 君子食無求飽, 居無求安, 敏**於**事而慎**於**肓。(≪論語·學而≫); 子曰: "足食, 足兵, 民信之矣。"子貢曰: "必不得已而去之, **於**斯三者何先?"(≪論語·顏淵≫)
31) 陳穆公請修好**於**諸侯, 以無忘齊桓之德。(≪左傳·僖公十九年≫)
32) 始得名**於**文章, 終得罪**於**文章。(≪白氏長慶集·与元九書≫)
33) **於是**恩例俸賜, 常均於族人, 并置義田宅云。(≪小學·嘉言第五十四≫)

(24) 属此之時、天皇与大連、卒患**於**瘡。(巻20 敏達紀 14年3月)
(25) **於是**、素戔嗚尊請曰、吾今奉教、将就根国。故欲暫向高天
原、与姉相見而、後永退矣。(巻1 神代上[第5段] 一書第11
[第6段]正文)

(22)는 '이 法은 모든 법 중에서 가장 뛰어난 것이다', 즉, 모든 법 중에
서라고 하는 범위를 나타내는데, 이와 같은 용법으로는 총 25예가 있
다. (23)은 飯豊皇女(이이도요노히메미코)처음으로 잠자리를 같이 했
는데, 이 때 飯豊皇女가 어쨌든 여자의 길을 알았지만, 아무 것도 변
한 것이 없다, 이제 더 이상 남자와는 잠자리를 하지 않겠다고 말한
대목인데, 이 예에서 '於'가 함께 어떤 동작을 행하는 대상을 이끌어내
고 있다는 사실은 바로 '与夫初交'의 '与'에 의해서도 알 수가 있다.
이러한 용법의 예는 4예가 보인다. (24)는 敏達天皇(비다쯔천황)이
임나(任那)를 재건하려고 坂田耳子王(사카타노미미코노오오키미)를
사신으로 지명하였는데, 이 때에 이르러 천황과 物部弓削守屋大連
(모노노베노유게노모리야노오오무라지)가 갑자기 두창(痘瘡)에 걸려
사신을 보내지 못했다는 내용으로, '두창 때문에, 두창으로 인하여' 병
들었다는 원인을 나타내는 '於'의 용법을 볼 수 있다. 그런데, 이 부분
에 대한 두 주석서의 훈독문을 보면, '患於瘡'에 대하여 똑같이 'かさや
みたまふ'로 읽고 있는데, 이 부분은 원인을 나타내는 '於'를 사용하고
있으므로 'に'를 추가하여 'かさにやみたまふ'로 읽어야 원문의 의미를
그대로 살릴 수 있다고 할 수 있다. 이와같이 원인을 나타내는 '於'에
는 4예가 있다. (25)는 숙어(成语)로 쓰인 '於是(ここに)'의 용법으로 총
391예로 약 20.1%를 차지하고 있다. 한편, 다음과 같은 예도 보인다.

(26) 天皇、**於玆**、執矛祈之曰、必遇其佳人、道路見瑞。（卷6 垂
仁　34年3月)/詔曰、麻呂等、少而閑雅寡欲。遂至**於此**、蔬
食持戒。（卷30 持統　3年正月)

‘於是’와 같은 용법으로 쓰였는데, ‘玆’(7예)나 ‘此’(1예)가 사용된 것
이다.[34]

마지막으로, ‘於’의 초기 용법인 동사[35]로 쓰인 예가 『日本書紀』에
서도 보인다. ‘(~에 그대로)있다, 머물다’의 의미로 총 7예가 보이는데,

(27) [或本云、億計天皇之宮、有二所焉。一宮**於**川村、二宮**於**縮見高野。其殿柱至今未朽。]
（卷15 仁賢　元年正月)/夫君**於**天地之間、而宰万民者、不可
独制。（卷25 孝徳　大化2年3月)

특히 ‘夫君於天地之間, 而宰万民者’의 경우, 어조사 ‘而’에 의하여
‘於’가 동사임을 분명히 알 수 있다. 그런데, 이 부분에 대한 두 주석서
는 ‘夫れ天地の間に君として万民を宰むることは’와 같이 ‘於’를 조사 ‘に’
로 읽고 있는데, 예를 들면 ‘夫れ君は天地の間にをりて’와 같이 수정을
해야 할 것이다. 또한 小學館本의 현대어역 ‘そもそも天地の間に君主と
して万民を治めることは’도 ‘そもそも君主は天地の間にいて’와 같이 고쳐야
할 것이다.

한편, 고대 중국어에는 있으나, 『日本書紀』에는 존재하지 않는 용
법이 있다.

---

34) ‘於焉’의 예도 하나 보인다.
35) 君子無終食之間違仁, 造次必**於**是, 顚沛必**於**是。（≪論語·里仁≫）

(28) **於**諸侯之約,大王當王關中,關中民咸知之.(史記, 淮陰侯列傳)

(29) 吾欲取荊,**於**將軍度用幾何人而足?(資治通鑑,秦紀二,始皇帝二十
一年)

(30) 齊使管仲平戎**於**周(史記,齊太公世家)

(28)은 동작행위의 근거를 나타내는 용법으로써, '按照諸侯之间的约
定' 즉, '제후 사이의 약정에 의하면'의 의미로 '於'가 쓰인 것이며,
(29)는 의견이나 자문의 대상을 이끌어내는 용법으로써, '依将军您估
计需要用多少人才够?' 즉, '장군 당신의 판단에 의하면 몇 사람을 쓰
면 좋겠소?'의 의미로 자문 대상의 '於'가 쓰인 것이다. (30)은 동작의
이익을 받는 대상을 제시하는 용법으로, '齐国派遣管仲为周王平定
戎' 즉, '제나라는 주나라 왕실을 위하여 管仲으로 하여금 오랑캐를
평정하게 하였다'라는 의미로 쓰인 것이다.

:4: 고대 중국어 용법과의 비교 및 오용

이 장에서는 고대 중국어에는 없지만, 『日本書紀』에 보이는 용법
에 대하여 살펴보기로 한다. 다음 예를 보도록 하자.

(31) 二年秋七月壬辰朔、遣近江臣滿**於**東山道使、觀蝦夷国境。
遣宍人臣膽**於**東海道使、觀東方浜海諸国境。遣阿倍臣**於**
北陸道使、觀越等諸国境。(卷21 崇峻紀 2年7月)

(31)에서 '於'는 자격의 뜻으로 쓰이고 있다. 즉, '東山道/東海道/北陸

道의 사신(자격)으로서 보내어'라는 뜻으로 두 주석서 모두 자격으로 읽고 있는데, 문제는 고대 중국어에서 '於'자가 자격의 뜻으로 쓰인 예가 있는가 하는 것이다. 이미 '들어가는 말'의 (1)의 설명에서도 '於'가 자격의 의미로 쓰이고 있음을 언급했는데, 이와 같이 자격의 의미로 쓰인 것은 (1)을 포함해서 여기에 제시된 3예와 함께 총 4예가 보인다. 앞서 2장과 3장에서 고대 중국어 '於'의 용법에 대하여 모두 제시하였는데, 고대 중국어의 '於'는 이와 같이 자격의 의미로는 쓰이지 않는다. 따라서, 자격의 의미로 쓰인 『日本書紀』내의 '於'는 명백하게 오용이며, 그 이유는 '들어가는 말'에서 언급한 바와 같이 상대 일본어 'に'의 용법에 자격의 용법이 존재함으로 인해서 일어난 혼동의 결과라고 할 수 있다.

(32) 由是、天皇恨欲捨**於**国位、令造宮於山碕。(巻25 孝德紀 白雉4年)

(32)의 '捨於国位'에서의 '於' 또한 오용으로 보인다. 이 부분은 '捨'가 타동사이므로 목적어가 바로 오기 때문에 원칙적으로 '於'가 없어야 할 것인데 '於'를 쓰고 있다. 아마도 그 이유는 천황이 천황의 지위를 버린다는 말을 부드럽게 표현하기 위한 것으로도 추정할 수 있는데, 고대 중국어의 입장에서 보면 존재하지 않는 용법이기 때문에 잘못된 용법인 것은 분명하다. '于'의 논문에서 언급한 완성과 미완성의 개념에 의한 설명에 따르면, 아직 천황의 지위를 버린 것이 아닌 즉, 미완성('欲捨')이기 때문에 '於'를 사용한 것으로 볼 수가 있는데, 문제는 1947예 중에서 이와 같이 미완성의 의미로 쓰인 것은 이 예 단 하나라

는 점에서 단정지어 말하기는 곤란하다는 점을 부인할 수 없다. '于'
에만 완성과 미완성의 구별이 있는데, 그 잔영이 이와 같이 '於'에도
나타난 것인지 앞으로 좀 더 면밀한 검토를 해 보아야 할 것이다.

: 5 : '於'의 훈독문과 현대어역의 문제

이 장에서는 2장과 3장에서 검토한 결과를 가지고 '於'에 대한 두
주석서에 보이는 훈독문이나 현대어역 등의 문제에 대하여 간단히 살
펴보고자 한다. 물론 이러한 문제는 기존의 모든 주석서를 검토해야
하는 것이 선행되어야 하나, 본 논문에서는 그러한 본격적인 검토는
앞으로의 장기적인 과제로 남기고, 여기에서 문제로 삼고 있는 주제
와 관련된 검토의 한 시도로써만 간단히 언급하고자 한다.

(33) 二年春正月癸巳朔己酉、立中蒂姫命為皇后。甚寵也。初
中蒂姫命、生眉輪王**於**大草香皇子。(卷13 安康紀 2年正月)

이 부분의 훈독문은 大系本(初め中蒂姫命、眉輪王を大草香皇子
に生れませり。)과　小學館本(初め中蒂姫命、眉輪王を草香皇子に生
む；初め中蒂姫命は、大草香皇子との間に眉輪王を生んだ。)　모두
'於'에 대하여 'に'로 읽고 있는데, 이것은 'と'로 고치는 것이 더 타당하
다(물론 현대어역에서는 'との間に'로 되어 있어 어느 정도 의미를 살
리고 있다). 그 이유는 여기에서의 '於'는 어떤 동작을 함께 행하는 대
상을 나타내기 때문이다. 따라서, 2장의 (23)을 포함한 4에 모두 'に'가

아니라 'と'로 고치는 것이 좋다. 물론 '於'에 대하여 'に'로 읽는 것이 일반적인 훈독법이기는 하나, (23)과는 달리 (33)의 경우는 어색한 훈독이 되어 버리기 때문에 좀 더 신중한 접근을 해야 할 것이다.

(34) 冬十月庚戌朔甲子、天皇勅大伴大連金村曰、朕納四妻、至今無嗣。万歲之後、朕名絶矣。大伴伯父、今作何計。毎念**於**茲、憂慮何已。(卷18 安閑紀 元年10月)

(34)에 대하여 두 주석서는 '於'를 'を'로 읽고 있다. 즉, 大系本은 '毎(つね)に茲(これ)を念ひ'로 小學館本은 '茲を念ふ毎(ごと)に'로 훈독하고 있는데, 그렇다면, '念'자를 타동사로 판단한다는 것을 의미한다. '念'자는 자동사, 타동사36), 명사, 수사로 쓰이는데, 일반적으로 타동사로 쓰일 경우에는 어조사가 개입되지 않는다. 그런데도 불구하고 베타군이 아니라 알파군에 속하는 권18에서 이와같이 어조사가 개입되어 있다는 것은 무엇을 말하는가? 이 예문은 다음 두 가지로 분석해 볼 수 있다. 첫째, '毎念, 於茲憂慮/何已。: 생각할 때마다, 이것 때문에 근심하고 걱정하는 것이 어찌 그치겠는가'와 같은 구조와, 둘째, '毎念於茲、憂慮何已。: 이것 때문에 생각할 때마다, 근심하고 걱정하는 것이 어찌 그치겠는가'와 같은 구조이다. 즉, (34)는 원인을 나타내는 '於'가 쓰인 것이다. 따라서, 어떤 구조이든간에 두 주석서처럼 '於'를 'を'로 읽는 것은 문제가 있다고 본다. '이것을 생각할 때마다'가 아니라 마땅히 'に'로 읽어서 '원인'을 나타내는 것으로 보아야 할 것이다.

---

36) 타동사의 경우는 바로 목적어가 옴. 『史記』의 경우 '念+어조사(介詞)+목적어'의 예는 없음.

(35) 是時、韓子宿禰、從後而射大磐宿禰鞍几後橋。大磐宿禰愕
然反視、<u>射堕</u>韓子宿禰。<u>於</u>中流而死。（巻14 雄略紀 9年5月）

'於' 바로 앞을 두 주석서 모두 끊어 읽고 있는데(大系本:大磐宿
禰、愕然きて反りて視て、韓子宿禰を射堕しつ。中流にして死ぬ。；小
學館本:大磐宿禰、愕然き反り視て、韓子宿禰を射堕す。中流にして
死ぬ。), 이 부분은 붙여서 읽어야 할 것이다. '韓子宿禰(카라코노스
쿠네)'를 강 중류에서 또는 강 안으로 쏘아 떨어뜨려 그는 죽었다'로
보아야 한다. 그 이유는 '射堕～於～而死'로 동사 '射堕'와 '死'가 '而'
로 연결되어 있으며, '於～而死'의 경우 '於'는 동사가 아니라 어조사
이기 때문에 '而死'에 직접 연결되지 않기 때문이다. 또한 현대일본어
역 '韓子宿禰を射落した。韓子宿禰は川の中で死んだ。'도 고쳐야 할
것이다.

(36) 是以、韓子宿禰等、並轡而往。乃至於河、大磐宿禰、飲馬
於河。（巻14 雄略紀 9年5月）

小學館本에서는 '馬に河に飲ふ(훈독문은 大系本도 같다)'로 읽고
현대어역에서 '馬に河の水を飲ませた'라고 했는데 '河で馬に水を飲ませ
た'로 바꾸어야 한다.

(37) 其情不可知。如何久居一処、無以制変。乃徙営**於**別処。
（巻3 神武紀 即位前紀戊午年10月）

이 부분의 일본어 훈독문은 小學館本의 '乃ち徙(うつ)りて別処(こと

ころ)に営(いほり)したまふ’가 大系本의 ‘乃ち徙(す)てて別処(ことところ)に
営(いほり)す’ 보다 타당하다. 그 이유는 ‘徙’자를 전자는 옮기다(うつる)
의 의미로 보고, 후자는 버리다(棄てる)로 훈을 달고 있는데, ‘徙’자는
유의어 ‘移’자가 옆으로 길게 뻗어가는 의미를, ‘遷’자가 껍질을 남기
고 안에 있는 것이 다른 곳으로 가버리는 의미를 나타내는데 반해,
‘徙’자는 글자 그대로 발(止)과 발(止)로 가다(彳)로, 한 지점에서 다
른 지점으로 발을 질질끌면서 옮겨가는 의미를 나타내는 글자로, ‘버
리다’의 의미가 없기 때문이다.

(38) 爰日本武尊、則従上総転、入陸奥国。時大鏡懸於王船、従
海路廻**於**葦浦。(巻7 景行紀 40年)

‘廻’는 목적어를 바로 취하기 때문에 ‘於’가 없어야 하는데, 여기에
서 굳이 사용한 이유가 무엇일까? 완성과 미완성이라는 관점으로 설
명되지 않기 때문에 ‘돌아서 葦浦(아시노우라)를 지나’가 아니라 아마
도 ‘아시노우라에서 돌아 玉浦(타마노우라)를 가로질러’라는 의미를
나타내기 위하여 ‘於’자를 사용한 것같다. 만일 그렇다면, 동작이 이루
어지는 장소 ‘に’를 나타내기 위한 일본어적인 용법이라고 할 수 있다.

: 6 : 나가는 말

이상과 같이 『日本書紀』에 보이는 ‘於’의 용법에 대하여 개괄적인
분석을 시도해 보았다. 『日本書紀』에 쓰인 ‘於’ 1947예의 결과를 정

리하면 다음과 같다.

1) 장소로 쓰인 예는 총 1065회로 전체의 약 55%를 차지하는데, 이것을 세분하면 동작이나 상황이 발생하는 장소가 715회(약 37%)로 가장 많고, 동작이 이루어지기 시작하는 장소가 9회, 그리고 동작이 도달하는 장소가 341회로 두 번째로 많다.

2) 시간을 이끌어내는 예는 총 59회로 약 3%를 점하며, 세분하면 동작이나 상황이 발생하는 시간이 20회, 동작이 발생하기 시작하는 때가 8회, 그리고 동작이 도달하는 시간이 31회이다.

3) 동작행위와 관련된 예는 총 282회로 약 14.5%를 보이며, 이것을 네 가지로 나누면 각각 동작행위의 주체자 9회, 동작행위를 받는 피주체자 96회, 동작이 미치는 서로 관련된 대상 140회, 동작과 관련이 있는 대상 37회이다.

4) 비교대상을 나타내는 예가 26회, 고대 중국어의 용법과는 무관한 음차가 66회(가요 55회, 훈주 9회, 인명 1회, 지명 1회) 보인다.

이상 1)~4)는 '于'에도 보이는 용법이다.

5) 훈차 2회, 동작이나 상황의 발생 범위 25회, 함께 동작을 행하는 대상 4회, 원인 4회, 그리고 동사 7회가 보인다. 한편, 숙어 '於是'는 총 391예로 약 20.1%를 차지하고 있으며, '於是'와 비슷한 '於茲(7회)'나 '於此/於焉(각각 1회)'이 보인다.

6) 『日本書紀』에는 동작행위의 근거 · 의견이나 자문의 대상 · 동작의 이익을 받는 대상을 나타내는 용법이 없다.

7) 오용(5회)으로 쓰인 예가 보이는데, 이것은 전체 '於'의 0.25%에 불과하다.

본고에서는 '들어가는 말'에서도 밝혔듯이 어조사 '于'와 '於'의 비교 연구를 위한 선행 연구로써 개괄적인 분석만을 시도하였다. 다음 논문에서는 이 두 어조사의 비교 연구를 통해『日本書紀』의 성격을 한층 더 명확히 밝혀내는 데 초점을 맞추어 가도록 하겠다.

参考文献

김용옥(1992)『東洋學 어떻게 할 것인가』통나무 서울. p.365

안희정(2004)「助辭'于'の用字法について『日本書紀』を中心に」『日本語文學』第 23輯. pp.51-66

김원중편(1994)『허사사전』현암사 서울. pp.470-485

安熙貞(2004)『古代日本語の用字法研究』J&C 서울. pp.15-135

小山登久(1979)「上代資料に見える「於」字について―措辞の類型から見た文体の考 察1」『ノートルダム清心女子大学紀要国語国文学編』 第三巻第一号・ 1979年3月.

古事記学会編(1995)『古事記の言葉』高科書店 東京. pp.8-10, p.36, pp.84-86

古事記学会編(1995)「古事記の訓読」『古事記の言葉 古事記研究大系10』 高科 書店 東京. pp.1-20

古事記学会編(1995)「古事記の文」『古事記の言葉 古事記研究大系10』 高科書 店東京. pp.47-67

小島憲之外(1994~1998)『日本書紀(新編日本古典文学全集)』小学館 東京.

西条勉(1998)「「於-」の構文とその表記史的位相」『古事記の文字法』笠間書院 東京. pp.235-270

坂本太郎外(1965~1967)『日本書紀(日本古典文学大系)』岩波書店 東京.

佐藤喜代治(1977)『日本文法要論』朝倉書店 東京. p.60

鈴木直治(1994)『中国古代語法の研究』汲古書院 東京. pp14-18, 43-49

高木市之助外(1962)『万葉集四(日本古典文学大系)』岩波書店 東京. p.194.

東京大学出版会(1962)「古今集仮名序と漢文訓読」1『平安時代の漢文訓読語につ きての研究』東京大学出版 東京.

山口佳紀(1995)『古事記の表記と訓読』有精堂 東京. p.124
豊福健二外訳(1992)『中国古典読法通論』(朋友学術叢書) 朋友書店 京都. p.53
　　　　pp.97-101
洪成玉主編(1998)『古代汉语教程』中华书局 北京. pp.419-423
王海菜等編(1996)『古汉语虚词词典』北京:北京大学出版社. p.439-443

일본 고대문헌의 용자법 연구

第5章

어조사 '于'와 '於'에 대한 비교 연구
—『日本書紀』를 중심으로—

:1: 들어가는 말

　　본고에 앞서 필자는 「助辞 '于'の用法について」(安熙貞 2004 日本語文學 第23輯)에서 어조사 '于'의 의미론적인 용법의 분석과 특징을 중심으로 개괄적인 연구를 하였고, 「상대 일본 문헌에 보이는 어조사 '於'에 대한 고찰」(안희정 2005 일본문화학보 第26輯)에서는 어조사 '於'에 대하여 '于'와 같은 연구를 행한 바가 있다. 이와같이 두 편의 논문을 쓴 이유는 본고의 연구를 본격적으로 행하기 위해서이었다.

　　'于'와 '於'는 고대 중국어에서 서로 대체 관계에 있는 어조사로써 이 두 자의 出現과 消長은 현대 중국어에서 '在'(在zài:他在家／他在家写文章／在北京学习)로 이어지는 일련의 시대별 변천과정 속에 있다. 그럼에도 불구하고 지금까지 우리는 『日本書紀』자료의 성격을 논할 때 시대별 변천과정에 많은 관심을 기울이지 않고 권별 편재(偏在)에 따른 특징만을 논한 感이 적지 않았다. 이에 필자는 '于'와 '於'의 변천과정을 통하여 『日本書紀』자료의 성격에 대하여 살펴보기로 한 것이다.

본고의 목적은 고대 한문이라는 기존의 연구 관점뿐만 아니라, 고대 중국어적인 관점에서 필자가 『日本書紀』에 나타난 어조사 '于'와 '於'에 대하여 의미론적인 용법의 분석과 특징을 밝힌 것을, α群과 β群이라는 서기구분론(書紀區分論)을 도입하여 두 자의 비교 분석을 통하여 『日本書紀』자료의 성격을 한층 더 명확히 밝히는 데 있다.

선행 연구에 대해서는 필자의 앞선 두 논문에 자세히 언급하였으므로 여기에서는 생략하기로 한다.

: 2 : 『日本書紀』의 '于'와 '於'의 용법1)

본 장에서는 뒷 장에서 논할 내용에 대한 이해와 記述의 편의를 위하여 이미 발표했던 두 논문의 개괄적인 분석을 간단히 비교 정리하기로 한다.

'于'와 '於'의 의미론적 용법 중에서 장소용법은 동작이나 상황이 발생하고 있는 장소(발생), 동작이 이루어지기 시작하는 장소(기점), 동작이 도달하는 장소(종점)로 세분할 수 있다. 간단히 도표로 정리해 보면 다음과 같다.

---

1) 텍스트는 『日本古典文学大系 日本書紀』(岩波書店)를 사용했다. '于'의 總例는 745회, '於'의 總例는 1947회가 보였다. 이 총 횟수 및 항목별 분류 결과 등 모든 수치는 필자의 분석 결과에 따른 것이다.

<도표 1>

장소	발생	기점	종점	합계
于	287(38%)	6(1.0%)	203(27%)	496(66%)
於	715(37%)	9(0.5%)	341(18%)	1065(55.5%)

(1) 共引以自南門入、立于庭中。(卷22 推古紀 18年10月)
(2) 秋七月辛卯朔甲午、到筑紫後国御木、居於高田行宮。(卷7 景行
紀 18年7月)

시간용법도 '于'와 마찬가지로, 동작이나 상황이 발생하고 있는 시간
(발생), 동작이 이루어지기 시작하는 시간(기점), 동작이 도달하는 시간
(종점)으로 세분할 수 있다. 간단히 도표로 정리해보면 다음과 같다.

<도표 2>

시간	발생	기점	종점(계속)	합계
于	6(1.0%)	8(1.0%)	33(5.0%)	97(7.0%)
於	20(1.0%)	8(0.5%)	31(2.0%)	59(3.5%)

(3) 其有四佐官、始起于此時也。(卷29 天武紀 2年12月)
(4) 蓋兵器祭神祇、始興於是時也。(卷6 垂仁紀 27年8月)

다음으로는 동작행위와 관련이 있는 용법으로 주체자, 피주체자,
유관대상, 관계로 세분할 수 있는데 다음과 같다.

<도표 3>

동작행위와 관련있는 것	주체자	피주체자	유관대상	관계	합계
于	1(0.13%)	28(4.0%)	41(6.0%)	19(3.0%)	89(13.13%)
於	9(0.5%)	96(5.0%)	140(7.0%)	37(2.0%)	282(14.5%)

⑸ 於是、天皇将討新羅。謀及大臣、詢于群卿。(卷22 推古紀 31年 是歳)

⑹ 然此神侫媚於大己貴神、比及三年、尚不報聞。(卷2 神代下 [第9 段] 正文)

주체자 용법의 경우는 피동과 밀접한 관계가 있는데, 고대 중국어에서 피동은 '爲・所・見・被' 등이 주로 담당한다. 그런데 이렇게 '于/於'의 일부 용법인 동작행위와 관련된 용법이 피동의 의미를 나타내는 경우는 원래 피동의 성격을 띠고, 또 같이 쓰인 동사가 피동의 의미를 나타내어 피동문을 형성하는 '爲・所・見・被'와는 달리, '于/於'의 경우는 함께 쓰인 동사가 피동의 의미를 갖는 동사라기보다 '于/於'에 의해 피동의 의미가 나타난다고 하겠다.

그 밖의 용법으로 비교 대상은 '于'가 2예[2], '於'가 26예[3]가 보였고, 이미 정착이 되어 숙어처럼 쓰인 용법으로는 '于時'가 49예, '於是'가 395예 보였다.[4]

이상, '于'와 '於'의 용법을 빈도율로 살펴보면, 장소용법 전체에서는 '于'가 66%, '於'가 55.5%, 시간용법 전체에서는 '于'가 7%, '於'가 3.5%정도 쓰여 기본적인 용법면에서는 '于'가 우위를 점한다. 그런데, 좀 더 자세히 보면, 장소 및 시간용법 내의 세 용법 중 발생과 기점의 비율은 대등한데 반해 장소종점의 비율은 '于'가 27%, '於'가 18%를

---

2) 亦問之、長与少孰尤焉。大山守命対言、不逮于長子。(卷10 応神紀 31年8月)

3) 八年春正月、太子妃春日皇女、晨朝晏出、有異於常。(卷17 継体紀 8年正月)

4) 주로 '于時, 於是, 於是乎, 於是焉' 등이 많이 보여, '于'는 주로 '時'와, '於'는 주로 '是'와 결합의 緊密性이 높음을 알 수 있다. 반대로 결합하는 경우는 '于是'가 9예, '於時'는 1예도 보이지 않았다.

보이고, 시간종점의 비율은 '于'가 5%, '於'가 2%를 보여 '于'가 우위를 점하는 요인은 특히 종점용법과 밀접한 관련이 있음을 알 수 있다. 한편, 동작행위와 관련이 있는 용법에서는 근소한 차이이기는 하나 '于'보다는 '於'가 많이 쓰였고, 비교대상 용법에서는 '於'가 '于'의 열 배이상 쓰여 '於'가 우위를 점한다. 이 점은 '於'가 '于'를 대치하는 字로써 새로이 출현한 사실과 연관이 있다고 할 수 있다.

: 3 : '于/於'의 出現과 消長

'于'는 갑골문 속에서 그 모습을 보이는 상당히 이른 시기부터 사용된 字이다. 일반적으로 어조사(介词, preposition)로 인식하고 있는 '于'는 초기에 동사로부터 출발한 字이다. 먼저 동사로 쓰인 경우 여러 유형5)이 있는데, 그 중 한 유형을 보면 다음과 같다.

　　(1) 壬寅卜, 王于商。(合33124) 对比: 辛卯卜, 王入商。(合33125)

(1)의 경우 '王于商'은 '왕이 商邑에 갔다'라는 의미로 '于'가 '往'의 의미로 쓰였다. 이 예문과 같이 문 중에 동사가 따로 없는 점, 게다가 '于商'과 '入商'은 서로 댓구를 이루어 '于'가 '往'의 의미로 쓰이고 있

---

5) 郭锡良主编(1998)『古汉语语法论集』语文出版社出版 pp.90-91는 동사를 6가지 유형으로 분류하였다.
　1. [名词+于+处所名词] 2.[自+处所名词+于+处所名词] 3.[先+于+处所名词] 4.[使/令/呼+名词+于+处所名词] 5.[过+于+处所名词+无灾] 6.[步/往+于+处所名词/动词"田"]

다는 점에서 '于'는 분명히 동사로 쓰인 것을 알 수 있다. 다음은 어조사로 쓰인 용법6)이다.

    (2) 辛酉卜, 売贞:今二月王入于商? (合7774)
    (3) 乙酉卜, 売贞:王于八月入? (合5167)

  (2)의 경우는 '于'의 앞에 동사가 오고, (3)의 경우는 '于'의 뒤에 동사가 옴으로써 '于'가 동사가 아니라 어조사임을 분명히 해주고 있다. 또한 漢語文에서는 일반적으로 술어동사(谓语动词, predicate verb)를 생략하지 않으므로 갑골문 속에서 보이는 '于'字文(于字句)은 동사 뒤 혹은 동사 앞에 온다7). 따라서, '于'의 동사 용법과 어조사 용법은 동사의 유무가 하나의 기준이 됨을 알 수 있다.

  그런데, (1)의 경우를 보면, '于'는 '往'의 의미로 '于'가 동사로 쓰였는데, '往'을 쓰면 되는 곳에 굳이 어조사로 보이는 '于'를 사용한 이유는 무엇일까? 그 이유는 다음과 같이 추정하고 있다. '于'와 '往'은 모두 장소A로부터 장소B에 도달하는 행위를 나타내는데, '往'은 장소A를 떠나 장소B로 가고자 하는 의향을 나타내는 반면, '于'는 장소A로부터 장소B에 도달하는 진행과정을 나타낸다. 그리고, '往'은 일반적으로 목적어을 취하지 않기 때문에 도달한 지점에 대한 설명이 필요없는 반면, '于'는 반드시 목적어를 취해야 하기 때문에 도달 지점을

---

6) 郭锡良主编(1998) pp.92-94는 어조사를 4가지 유형으로 분류하였다.
  1. [动词/动宾+于+处所名词] 2.[于+时间词+动词//动词+于+时间词] 3.[祭祀动词(+祷告事情)+于+祭祀对象//于+祭祀对象+祭祀动词(+祷告事情)] 4.[受事名词+动词+于+名词]
7) '于'의 위치는 동사 앞에 오는 형식보다 동사 뒤에 오는 것이 더 일반적이다.

나타내는 점이 다르다.8) 이와 같이 '往'와 '于'는 문법상 그리고 의미
상 차이를 보이기 때문에 '于'의 동사 용법이 요구되었던 것이라고 생
각한다.

甲骨文時代는 '于'가 동사와 어조사로 쓰인 용법이 두루 보였는데,
'於'의 경우는 아직 그 용례가 전혀 보이지 않는다. 西周金文時代에
도 '于'에 동사 용법이 여전히 쓰이고 있었는데, 어조사 용법은 구체적
인 사물이나 지점을 나타내는 명사뿐만 아니라 새로이 추상적인 사물
을 나타내는 명사나 형용사가 '于' 뒤에 쓰이면서 용법이 확대되어 갔
다.9) 春秋戰國時代에는 여러 先秦문헌에서 동사의 용법이 현저히
적어졌으며, 가장 두드러진 변화로는 춘추시대에 비로소 '於'가 출현
했다는 점이다. 先秦典籍 속에서 '于'를 記述할 때 變體字로써 '於'
'乎'諸'와 같은 字들이 사용되는 등 어조사 '于'에 뚜렷한 변화가 보였
기 때문에 어조사 '于'의 전성기라고도 한다. 이 시기에는 '于'와 '於'
가 混用되다가 『左傳』에 이르러 두 字의 비율이 비슷해지며, 戰國시
대 이후에는 '於'의 비율이 점점 많아져 '于'를 대체하게 되었다. 漢代
以後에는 '在'자가 허사화가 이루어지면서 '於'와 더불어 '于'자의 주
된 용법을 대체해 갔다. 이와 같은 어휘교체 과정은 唐宋시대에는 이
미 기본적으로 완성됨에 따라, '于'는 거의 消亡되기 시작한다. 그러
나, 그 이후로 '于'는 주로 문장체에서 고어의 잔영을 보존하기 위해
쓰임으로써 완전히 사라지지는 않았다.10)

---

8) 郭錫良主編(1998) p.90 참조
9) 郭錫良主編(1998) p.95 참조. 추상명사로 쓰인 예:日古文王, 初璪和于政. /
   형용사로 쓰인 예:永终于吉.
10) 郭錫良 唐作藩外 編(1981,1988)『古代汉语　上册』北京出版社 p.330 참조
   洪成玉 主編(1990,1998)『古代汉语教程』中华书局出版社 p.421 참조
   何乐士(2000)『古汉语语法研究论文集』商务印书馆出版　pp.61-62　pp.137-138

　이와 같은 변화에 대해 특히 춘추전국시대의 여러 문헌에 쓰인 '于'
와 '於'의 구체적인 통계를 제시하면서 변천과정을 설명한 부분을 살
펴보면 다음과 같다.11)

> ·'早期 有于' 无於':≪易≫[于, 於 : 78次, 0次]≪春秋≫[于, 於 : 95次,
> 0次]
> ·于>於:≪尚书≫[于, 於 : 382次, 6次] (98:2)12)≪诗经≫[于, 於 : 285
> 次, 14次](95:5)
> ·于≒於:≪左传≫[于, 於 : 1474次, 1764次] (45:55)
> ·于<於:≪庄子≫[于, 於 : 2次, 917次](0.2:99.8)≪韩非子≫[于, 於 :
> 14次, 1385次](1:99)

　위에 의하면, 시간이 흐름에 따라 '于'에서 점차 '於'로 바뀌어 가는
데, 특히 『左傳』을 경계로 '於'의 우세가 시작되었고, 그 이후로는 거
의 '於'가 쓰이면서 '于'를 대체해 갔다는 사실을 알 수 있다.
　이와 같이 '于/於'는 시대별로 많은 변화를 보이기 때문에, 시대별
변천 과정을 다루지 않고, 단순히 문법적인 면과 의미적인 면에 초점
을 두는 연구는 '于/於'에 대한 이해가 결여될 가능성이 있기 때문에
바람직한 방법이라고 하기는 어렵다.13)

──────────

참조
郭锡良 主编(1998) pp.89-102 참조
11) 何乐士(2000) pp.61-62
12) 괄호 안은 百分比.
13) 필자는 이 점을 『日本書紀』의 '于'와 '於'를 분석할 때 중요시하였다.

:**4**: '於'의 新興項目및 기타 用法

이 장에서는 고대 중국어의 어조사 '於'에 새롭게 나타난 용법과 『日本書紀』에서는 보이지만, 고대 중국어 용법에 존재하지 않는 기타 용법들에 대하여 살펴보기로 하겠다. 여기에서 말하는 '신흥 용법'의 의미는 '于'에서는 나타나지 않았던 용법을 의미한다. 즉, '於'에서 새롭게 발생한 용법인데, 고대 중국어 예문을 간단히 제시하면 다음과 같다.

> (1) 君子食无求飽, 居无求安, 敏於事而愼於言。≪論語·學而≫
> 이 예는 '~방면에서, ~중에서'라는 의미로 쓰인 '발생 범위'(在……方面, 在……中) 용법이다.
> (2) 始得名於文章, 終得罪於文章。≪白氏長慶集·与元九書≫
> 이 예는 '~ 때문에'라는 의미로 쓰인 '발생 원인'(因为, 由于) 용법이다.
> (3) 陣穆公請修好於諸侯, 以无忘齊桓之德。≪左傳·僖公十九年≫
> 이 예는 '~와(함께)'라는 의미로 쓰인 '협동 시행 방면'(跟, 同) 용법이다.

이러한 '於'의 신흥 용법은 『日本書紀』에서도 그대로 반영이 되고 있는데, 그 예를 제시하면서 구체적으로 살펴보기로 하겠다.
첫째, 다음 예는 孝德紀 大化2年8月條 기사인데,

> (4) 粤以、始於今之御寓天皇、及臣連等、所有品部、宜悉皆罷、為国家民。(巻25 孝德紀)

전후 문맥을 간단히 살펴보면, 臣·連·伴造·國造가 品部를 나
누어 각 지방에 섞여 살게 하자, 마침내 부자가 姓을 바꾸고, 형제가
宗을 달리하고, 부부가 서로 이름을 달리하고, 일가(一家)가 다섯, 여
섯으로 나누어지는 등 분쟁이 일고 소송이 빗발치면서 혼란이 극심해
지자, 品部를 폐지하고 실행을 재촉하는 대목이다. 예문의 의미는 현
천황부터 臣·連까지 私有하고 있는 品部를 모두 폐지하고, 公民으로
하라는 내용으로 '始於今之御寓天皇、及臣連等'의 '於'는 '始, 及'자
와 함께 발생범위를 나타내는 용법으로 쓰였다.

이와 같은 발생범위의 용법으로는 총 25회가 쓰였고, 앞 뒤에 범위
를 명확히 알 수 있는 '中, 內, 始~及'과 같은 字들이 등장하는 것이
특징이다. 이 용법은 권 2, 11, 14, 15, 17, 18, 19, 20, 22, 24, 25, 27,
30에 걸쳐 여러 권에 두루 보인다.

둘째, 다음 예는 仁德紀 卽位前紀에 나오는 내용이다.

(5) 海人苦於屢還、乃棄鮮魚而哭。(卷11 仁德紀)

大雀命(오오사자키노미코토)14)와 菟道稚郎子(우지노와키이라쯔
코)가 서로 帝位를 양보하고 있을때, 한 어부(海人)가 물고기를 헌상
(獻上)했는데, 두 皇子는 양보하면서 물고기를 서로에게 돌려보내는
사이에 물고기는 썩어 버렸다. 이에 어부가 재차 다른 물고기를 헌상
했으나 전과 마찬가지여서 물고기는 또 썩었다. 이에 어부는 물고기
때문에 여러 번 돌아가는 것이 고통스럽게 생각되어 물고기를 버리고
울었다는 내용이다. 여기에서 '苦於屢還' 즉, '물고기 때문에 여러 번

---

14) 일본어 우리말 적기는 'C.K.System'에 따른다. 김용옥(1992) 『東洋學 어
떻게 할 것인가』 통나무 서울. p.365

돌아가는 일'이 '苦'의 원인이 되고 있다. 또한 뒤에 이어지는 문장 '故諺曰、有海人耶、因己物以泣、其是之縁也。'를 보면, '於'가 발생원인 용법으로 쓰이고 있음을 확신할 수 있다. 이 故事는 현재도 사용하는 속담 '海女なれや己が物からねなく'[15]의 유래이기도 하다.

이와 같이 발생원인의 용법으로 쓰인 예는 앞의 예 '苦於屢還(卷11 仁德紀 即位前紀)'를 포함하여 '毎念於茲(卷18 安閑紀 元年10月)' '卒患於瘡(卷20 敏達紀 14年3月)' '依於内乱(卷21 崇峻紀 5年11月)'에 1예씩 보여 총 4회가 쓰였다.

셋째, 다음 예는 雄略紀 2年7月條에 나오는 기사로, 천황의 부름을 받은 백제의 池津媛(이케쓰히메)가 부름을 거역하고 石川楯(이시카와노타테)와 密通을 하자 천황이 진노(震怒)하여 두 사람을 화형(火刑)에 처하는 내용이다.

　(6)　二年秋七月、百済池津媛、違天皇将幸、婬於石川楯。(卷14 雄
　　　略紀)

'婬於石川楯'는 石川楯와 밀통했다는 의미로 '於'는 어떤 동작을 함께 행하는 대상을 이끌어내고 있는 협동시행 방면의 용법으로 쓰였다. 이와 같이 쓰인 예로는 앞의 예 '婬於石川楯(卷14 雄略紀 2年7月)'를 포함하여 '生眉輪王於大草香皇子(卷13 安康紀 2年正月)' '終不願交於男(卷15 清寧紀 3年7月)' '曾善於軽皇子(卷24 皇極紀 3年正月)'에 1예씩 보여 총 4회가 쓰였다.

---

15) 보통 사람은 갖고 싶은 것을 갖지 못해 우는 데 반해, 어부는 자신이 가지고 있는 물건을 상대방이 받아 주지 않아서 운다 즉, 자신의 물건이 원인이 되어 우는 사람을 빗대는 표현.

넷째, 다음은 기타 용법으로 '자격'으로 쓰인 경우이다. 이것은 고대 중국어 용법에 없는 용법이므로 '일본어적인 용법'이라고 명명할 수 도 있으나, 고대 중국어 용법에서 벗어난 용법이기 때문에 여기에서 는 '오용'의 범주에 넣고 있다.

    (7) 天皇則悪其不孝之甚、而誅市乾鹿文。仍以弟市鹿文、賜於火国
         造。(巻7 景行紀 12年12月)

    (8) 二年秋七月壬辰朔、遣近江臣満於東山道使、観蝦夷国境。遣宍
         人臣鴈於東海道使、観東方浜海諸国境。遣阿倍臣於北陸道使、
         観越等諸国境。(巻21 崇峻紀 2年7月)

(7)은 景行紀 12年12月에 나오는 대목으로, 景行(케이코오)천황이 熊襲(쿠마소)를 평정할 때, 熊襲梟帥(쿠마소타케루)를 죽이기 위해 그의 두 딸 市乾鹿文(이찌후카야)와 市鹿文(이찌카야)를 이용하는 데, 언니인 市乾鹿文의 불효가 너무 지나쳐서 그녀를 죽이고 동생인 市鹿文를 火国造(히노쿠니노미야쯔코)로 삼았다는 내용이다. 여기 에서 '於'는 '弟市鹿文を以ちて'로 자격을 나타내는 '〜として'의 용법으 로 쓰이고 있다. (8)은 崇峻紀 2年7月에 나오는 대목으로, 이 예 또한 자격의 뜻으로 쓰이고 있다. 즉, 東山道(야마노미찌), 東海道(우미쯔 미찌), 北陸道(쿠루가노미찌)의 사신(자격)으로서 보내어라는 뜻으로 마찬가지로 자격을 나타내고 있다. 기존의 한문적인 시각으로 분석하 면 여기에서의 '於'는 자격을 나타내는 '於'로 설명을 그쳤을 것이다. 그러나 이 용법은 중국어 용법에서는 존재하지 않는다. 따라서 엄밀 하게 말하면 오용[16]이라고 할 수 있다. 이 용법은 위에 제시한 두 예 에서 총 4회 보이나, 두 번째 예는 댓구 형식의 문장이 반복되는 곳에

쓰이고 있으므로 한 유형이라는 관점에서 한 예로 보아도 무방할 것이다. 특히 다음 예는 문 구조상 불필요한 '於'가 쓰인 경우이다.

> (9) 由是、天皇恨欲捨於国位、令造宮於山碕。(巻25 孝德紀 白雉4
> 年是歳)

이 예는 孝德紀 是歳에 나오는 내용인데, '捨於国位'에서의 '於' 또한 오용으로 보인다. 왜냐하면, 이 부분은 '捨'가 타동사이므로 목적어가 바로 오기 때문에 원칙적으로 '於'가 없어야 하는데 '於'가 쓰이고 있기 때문이다.[17] 굳이 그 이유를 찾는다면, 아마도 천황이 천황의 지위를 버린다는 말을 부드럽게 표현하기 위한 것으로도 추정할 수 있으나, 고대 중국어의 입장에서 보면 '자격'과 마찬가지로 존재하지 않는 용법이기 때문에 오용이라고 할 수 있다.

다섯째, 다음은 동사로 쓰인 '於'의 예이다.[18]

---

16) 여기에서의 오용이라는 의미는 중국어 용법에는 존재하지 않는 용법이 일본어에서 나타났을 경우, 중국어 용법을 기준으로 한다는 전제하에서의 표현이다. 필자의 기존 다른 논문 속에서는 이와 같은 오용의 표현을 일본어적인 용법이라고 명명하기도 했다. 이 두 표현은 代替 가능하다.

17) 『古事記』의 경우라면 자료의 성격상 '於'의 有無가 반드시 자동사와 타동사를 구별하는 데 결정적인 역할을 하지 않는다. "ところで、西条は、⑦に関する小松の解釈を認めた上で、次のように論を展開した。すなわち、右に述べた二とおりの理解の仕方を一つに絞るためには、訓注を加えるまでもなく、[二柱神立於天浮橋而]というように、本文に「於」の一字を導入すれば済むはずなのに、それをしなかったのは、本文の書き手と施注者とが異なり、施注者は本文に手を加える立場になかったからだというのである。しかし、西条の言うように、「於」の一字を入れれば、「二柱ノ神、天ノ浮橋二立チテ」という理解が、 唯一のものとして保証されるのだろうか。右のように本文があったとすると、「二柱ノ神ヲ天ノ浮橋二立テテ」という別解の生ずる余地があることを見逃してはならない。" 山口佳紀(1995)『古事記の表記と訓読』有精堂 p.246 참조

18) '於'의 동사용법은 물론 신흥용법은 아니다. 다만, 『日本書紀』에서 '于'에는

(10) 弘計天皇之宮、有二所焉。一宮於小郊、二宮於池野。又或本云、
宮於甕栗。(卷15 顯宗 元年正月)

(11) 億計天皇之宮、有二所焉。一宮於川村、二宮於縮見高野。(卷
15 仁賢 元年正月)

(12) 夫婦之道、古今達則也。然於吾而不便。(卷7 景行 4年2月)

(13) 夫君於天地之間、而宰万民者、不可独制。(卷25 孝德 大化2年
3月)

(10)은 '一の宮は小郊に、二の宮は池野にありといふ'의 의미이고, (11)
은 '一の宮は川村に、二の宮は縮見の高野にあり'의 의미로 'A+於+B'
의 형식으로 'A는 B에 있다'이다. 즉, 'A+在+B'의 의미로 '在'가 쓰여
야 할 곳에 '於'가 동사로 쓰이고 있다. 다섯 예가 동일한 형식으로 댓
구를 이루고 있기 때문에 유형면에서 본다면 크게 1예로 볼 수 있다.
(12)의 '於' 전후 내용을 보면, '然るを吾にして不便ず'로 읽어 '부부의
도는 나에게 있어서'의 의미로 동사로 쓰이고 있다. 만약 '而'가 없다
면 '吾に不便ず'가 되어 '便'이 술어가 되겠으나, 뒤에 있는 '而'의 존재
로 인해 '於'가 동사인 것은 더욱 분명하다. (13)도 '於'가 동사로 쓰인
경우인데, (12)와 마찬가지로 뒤의 '而'에 의해 동사임을 분명히 알 수
있다. 양 주석서의 훈독문 '夫れ天地の間に君として'처럼 훈독한다면
'於'는 자격을 나타내는 어조사로 볼 수도 있는데, 그렇게 되기 위해서
는 자격의 대상인 '君'이 '於' 뒤에 와야 한다. 따라서, 어조사의 의미
로 훈독되어 있는 주석서의 훈독문과 현대어역은 동사의 의미로 바꾸
는 것이 바람직하다고 하겠다.

동사용법의 예가 없는데 반해, '於'에는 동사용법이 보이기 때문에 기술의
편의상 여기에서 다룬다.

앞 장에서 '于'가 동사로 쓰인 사실을 언급하였는데, '於' 또한 위와
같이 동사로 쓰인다. 그렇다면, 이 두 어조사가 동사로 쓰였을 때, 어
떤 차이가 있었을까? 그것은 다음과 같이 설명할 수 있다. '於'가 동사
로 쓰이는 경우는 어조사의 의미의 연장선상에 있는 'おいてす、ゐる、
をる'와 같은 의미를 나타내기 때문에 구체적인 행위(往く、至る)를 나
타내는 '于'에 비해 개사로써의 순수성이 더 높다고 할 수 있다. 따라
서, '於'가 동사로 쓰인다고 하더라도 '于'처럼 '往' 혹은 '至'와 같이 분
명한 동작성을 지닌 것과는 달리 '於'는 동작성의 의미가 약하기 때문
에 동사라는 인식이 상당히 낮았을 것이라고 생각된다.[19]

이상과 같이 '於'의 신흥용법과 기타용법을 살펴 보았는데, 이미 1
장에서 언급한 용법까지 모두 합하면 『日本書紀』내에서의 두 어조사
의 모든 용법을 분석한 것이다. 그런데, 이상과 같은 분석 결과는 개
괄적인 분석으로 『日本書紀』자료의 성격을 직접 말해 주지는 않는
다. 필자가 '于'와 '於'의 용자법에 대하여 여러 용법들을 검토한 결과,
권에 따라 두드러진 차이를 보이고 있다는 사실을 알 수 있었다. 따라
서, 여기에는 이미 잘 알려진 바와 같이, 서기구분론(書紀區分論)이
나 α群, β群과 같은 개념을 도입하여 『日本書紀』자료의 성격을 분석
해 들어가야만 하는 필요성이 대두되는데, 본고에서는 『日本書紀』가
요(歌謠)에 쓰인 만요오가나(万葉仮名)의 한자음의 분석을 통해 자
료의 성격을 밝혀 낸 森博達(모리 히로미찌)의 α群, β群[20]의 개념을

19) 豊福健二外 訳 (1992) 朋友学術叢書『中国古典読法通論』朋友書店 pp.183-184
　　참조 "その上、古代漢語の「於」は、現代漢語の「在」「到」などよりも、いっそう介詞と
　　しての純粋性を持っている。だから、しばしば「在於」や「到於」のように連用されるので
　　ある。「在」やr到」は古代漢語では動詞であって、介詞ではないので、このような動詞
　　と介詞との連用は全く理にかなったものである。"
20) 森　博達著(1991)『古代の音韻と日本書紀の成立』大修館書店 まえがき

도입하여『日本書紀』자료의 성격을 검토해 보기로 하겠다.

: 5 : α群과 β群 권별 통계에 따른 '于/於'

이 장에서는 '于/於'를 통해 순한문체인『日本書紀』가 고대 중국어
용법과 견주어 어떠한 양상을 띠고 있는지 규명하기 위하여 앞서 말
한 바와 같이 'α群, β群'의 개념을 도입하여 살펴보기로 하겠다.

먼저 지금까지 검토한 '于/於'의 용법을 항목별, 권별로 분류해서
도표21)로 제시하면 다음과 같다.

α群の仮名は単一の字音体系(唐代北方音)に基づいてて、直接中国原音によって仮
名が表記されている。

β群では倭音(日本の漢字音)に基づく仮名が多用されていて、複数の字音体系に基
づく仮名が混在している。

이 α群、β群의 二群分類는 森博達가 쓰기 시작한 용어로 그의 분류내용은
다음과 같다.

[α群-券14〜券21, 券24〜券27, 券30] [β群-券1〜券13, 券22〜券23, 券28〜券
29]

21) 논문 내의 각 종 분석 및 도표는 모두 필자의 분석 결과이다. '於'의 경우
1939예 이외에 'ここに'의 의미로 쓰인 於茲(6회), 於此(1회), 於焉(1회)이 있
다. 이 예는 엄격히 말하면 於是와 같은 항목에 넣어 분석해야 하지만, 표
에 넣지 않은 이유는 於是와 같이 숙어로 쓰인 예가 아니기 때문에 편의상
별도로 항목을 두지 않았다.

<도표 4> '于'의 권별 현황(진하게 나타낸 곳은 α群)

于	장소			시간				동작행위와 관계있음				비교대상	음차	계
	발생	기점	종점	발생	기점	종점	于時	주체자	피주체자	유관대상	관계			
1	7		6				16						6	35
2	5		4				7		1				2	19
3	3		5			1	2			1			11	23
4	7		1				1							9
5	3		5						1	4			2	17
6	19		10			1			2		2		1	35
7	9		6			2	1			3			2	23
8	9					2								11
9	11		15			4	3		2	2	2		8	47
10	9		10	1					2	1		1	2	26
11	11	1	10			2			5	4	3		11	47
12	8		3	1					1		2			15
13	12		6	1		2	1		2	5				29
14	**6**		**4**			**1**	**1**				**1**		**3**	**16**
15	**8**		**2**	**1**						**1**	**3**		**1**	**16**
16	**1**													**1**
17	**8**		**7**							**1**	**1**		**2**	**19**
18	**4**		**2**							**1**				**7**
19	**5**		**8**			**3**	**1**			**3**	**1**			**21**
20	**8**		**1**							**1**				**10**
21	**3**									**1**				**4**
22	20		12		2	4		1	3	5	3		1	52
23	7		9							2			2	20
24	**7**						**6**							**13**
25	**12**		**11**			**3**	**3**			**1**		**1**	**1**	**32**
26	**13**		**7**			**1**	**1**		**1**		**1**		**5**	**29**
27	**11**	**1**	**6**	**1**		**1**	**6**						**1**	**27**
28	12		14	1	1					1				28
29	38	4	35	2	2	5				4	4	2	1	97
30	**11**		**3**			**1**			**2**					**17**
계	287	6	203	6	8	33	49	1	28	41	19	2	62	745

<도표 5> '於'의 권별 현황(진하게 나타낸 곳은 α群)

於	장소			시간			於是	동작행위와 관계있음				비교대상	음자	훈자	발생범위	발생원인	행동시행	자격	오용	동사	계
	발생	기점	종점	발생	기점	종점		주체자	피주체자	유관대상	관계										
1	33		32	3		3	19	6	6	6		3	3									102
2	30		17	4			23	2	4	4	1		4									82
3	23	3	2	3		1	4															40
4	5		6				1			1												14
5	11		2			1	9		1			2	3									28
6	20		8	2	2	1	17			1										1		50
7	27	2	10			1	23	1	2	3		1							1		1	70
8	5						6															13
9	28	1	7			1	26	1	1	1	1	1	1									67
10	10		7	1		2	13	1	1		1	1							1			39
11	18					2	23	4	4	5		1	3									72
12	13		5			1	9			2	2	2		13		1						33
13	13		6			1	15	2	2	2			4									46
14	38	1	14	1		1	33	10	10	17	1	7	2			1	2	1	1			125
15	19	1	3	3		1	14	5	5	10	9	2	8			2	1				5	77
16	6		2				4						6									19
17	12	1	3	1		3	14	1	1	1	2	1	3		2	1		1				44
18	1	1	2																			16
19	23	2	21	2		2	20	4	4	9		1										87
20	25		18	3		1	8	1	8	5		1	2		3	1	3		3			75
21	23		14			2	8		8	3	3	1	1									56
22	43		20			23	23	1	1	9	4	4	3		1							108
23	14		6			2	11		1	2												36
24	53	1	16	4		2	13	2	5	26	6	2	2		7							111
25	50	1	28	4		2	9	1	9	9	6	1	2		2						1	154
26	31		9		1	2	7	1	5	4	1	1	4		7	1	1					64
27	25	1	21	1		1	10		7	5	1	1	1			1	1					76
28	17		14	1		1	17		7	5	1	1	3			1	1					51
29	60	1	30	1		2			8	2	3	2							1			110
30	39		8	1		6	17		9	5	1		1		2							74
계	715	9	340	20	8	31	385	9	96	140	37	26	66	3	25	4	4	4	1	7		1,939

<도표 6>

	論語	孟子	荀子	墨子	庄子	管子
于	8	40	19	43	2	102
於	200	588	610	725	917	1469
于, 於 百分率	4:96	6:94	4:96	6:94	0.2:99.8	6:94

	孝經	國語	韓非子	戰國策	呂氏春秋	禮記
于	2	174	14	5	61	277
於	38	987	1385	1909	1151	1046
于, 於 百分率	5:95	15:85	1:99	0.3:99.7	5:95	20:80

앞에서 언급한 고대 중국어 용법의 변천 과정에 의하면 『左傳』을 경계로 '於'가 '于'를 역전하면서 그 이후에는 '於'가 압도적으로 우세해져 갔다. 그런데, 훨씬 이후의 문헌인 『日本書紀』에서는 '于'가 745회나 쓰여 '于/於'를 합한 비율로 보면 30% 가까이 점하고 있는데, 이점에 대해 필자는 의문을 갖지 않을 수 없다. 이에 『日本書紀』이전 시대인 중국 문헌에서 '于/於'의 비율을 정리한 내용[22]을 인용하면 다음과 같다.

위 표에서 알 수 있듯이 '于'와 '於'의 비율은 『禮記』『國語』를 제외하고는 '于'가 10% 이내의 범위를 벗어나지 않고 있으며, 심지어 『戰國策』에서는 0.3%:99.7%로 '于'가 거의 쓰이지 않아 '于'의 쇠퇴를 분명히 말해 주고 있다. 그런데 『日本書紀』에서는 '于:於=745:1947'로 '于:於=30%:70%'의 비율을 보여 '于'가 상당히 건재하고 있음을 보여

---

22) 何乐士(2000)「论≪左传≫前八公与后四公的语法差异」『古汉语语法研究论文集』
  商务印刷馆出版 p.62

주고 있다. 이것은 『日本書紀』가 고대 중국어의 매우 이른 시기의 양
상을 보여준다고 보아야 할 것인가? 이 점에 대해 필자는 결론부터
말하면, α群, β群 분류를 통한 분석[23]을 통하여 그렇지만은 않다는
사실을 밝혀 내었다.

'于:於'의 전체 개수를 비교해 보면, '于:於=745:1947'로 30%:70%의
비율을 보이는데, α群에서만 '于:於'를 비교해 보면, '于:於=212:974'로
17.5%:82.5%의 비율을 보여 고대 중국어에 가까운 양상을 보인다.[24]
β群에서는 '于:於=533:960'으로 35%:65%의 비율을 보여 『日本書紀』
의 전체 개수로 보는 비율을 넘어서는 경향을 보였다. 그렇다면 β群
은 무엇을 의미하는가? 이 점에 대해서 필자가 추정해 볼 수 있는 것
으로는 『日本書紀』시대에 이미 '于'에서 '於'로 변화가 거의 완성된
단계이기는 하나, 당시의 일본인들은 중국의 고대 문헌을 주로 다루
었고, 또한 중국에서도 고대 문헌을 인용하는 경우나 방언 등 일부 조
건하에 한해서 '于'가 답습되고 있었기 때문에 '于'에 대한 거부감이

---

23) (1)于: 745개. 권별 총 개수 많은 순서, 진하게 나타낸 것은 α群.
　　 卷29>卷22>卷9, 卷11>卷1, 卷6>**卷25**>卷13, **卷26**>卷28>
　　 卷27>卷10>卷3, 卷7>**卷19**>卷23>卷2, **卷17**>卷5, **卷30**>
　　 卷14, 卷15>卷12>**卷24**>卷8>**卷20**>卷4>**卷18**>**卷21**>卷16
　 (2)于: α群-총13권 합계 212개 / β群-총17권 합계 533개.
　　 (α群 현황: 1～10위중 2권/11～20위중 4권/21～30위중 7권)
　　 (β群 현황: 1～10위중 8권/11～20위중 6권/21～30위중 3권)
　 (3)於: 1947개. 권별 총 개수 많은 순서, 진하게 나타낸 것은 α群.
　　 卷25>**卷14**>**卷24**>卷29>卷22>卷1>**卷19**>卷2>**卷27**>卷15, **卷20, 卷30**>
　　 卷11>卷7>卷9>**卷26**>**卷21**>卷28>卷6>卷13>
　　 卷17>卷3>卷10>卷23>卷12>卷5>**卷16**>**卷18**>卷4>卷8
　 (4)於: α群-총13권 합계 977개 / β群-총17권 합계 970개.
　　 (α群 현황: 1～10위중 8권/13～20위중 2권/21～30위중 3권)
　　 (β群 현황: 1～10위중 4권/13～20위중 6권/21～30위중 7권)
24) 비교적 『日本書紀』와 시기적으로 가까운 『世說新語』(5C중엽)의 경우, '于:於
　 =52:297'로 15%:85%의 비율을 보인다.

없어 쓰지 않을 이유가 없었다고 생각된다. 한편, 같은 '于'를 보더라도 'α:β=212:533'으로 α群내에서의 '于'는 낮은 비율을 보였다. 이러한 차이를 보이기 때문에『日本書紀』를 α群, β群으로 분류하지 않고 일괄적으로 분석해 들어가면 분석 결과에 착오가 생길 여지가 충분히 있기 때문에, 당대의 중국인이 개입했다고 하는 α群과 그렇지 않은 β群의 분류 분석은『日本書紀』의 특징을 밝혀낼 수 있는 중요한 요소임이 재차 입증되는 셈이다.

한편, 위와 같이 '于'와 '於'를 α群, β群으로 분류해서 분석은 하였으나, 개수에 따른 비율만을 가지고 논했기 때문에 설득력이 부족할 수가 있다. 이에 앞에 제시된 두 자의 현황을 여러 각도로 재조명하여 특징을 분석해 보도록 하겠다.

첫째, '於'의 신흥 용법의 관점에서 보면, '발생 범위, 발생 원인, 협동 시행 방면'의 용법은 β群에서는 권2-1회, 권11-2회, 권13-1회, 권22-1회(4권에서 총5회)가 전부인 반면, α群에서는 권14-2회, 권15-3회, 권17-2회, 권18-2회, 권19-1회, 권20-4회, 권21-1회, 권24-3회, 권25-7회, 권27-1회, 권30-2회(11권에서 총28회)로 α群에서 돋보이고 있다(5:28로 15.2%:84.8%이나, 권 수에 따른 비율로 보면 이보다 더 차이가 난다).

둘째, 비교대상 용법의 관점에서 보면, 비교 용법은 원래 '於'가 주로 쓰이고, '于'는 잘 쓰이지 않는다.『日本書紀』내에서 '於'가 26회, '于'가 2회가 보여 무려 열 배 이상 차이가 나는데, 더 세분화하면 같은 '於' 내에서는 α群에 16회, β群에 10회, 같은 '于'[25] 내에서는 α群

---

25) '于'에서는 내용에서도 '비교'보다는 '비유'에 가깝고, 술어도 형용사가 아니라 동사가 사용되는 등 정통 비교 용법과는 다소 차이가 있다.

에 1회, β群에1회가 보여 마찬가지로 α群에 多用되었음을 알 수가
있다.

셋째, 항목 수26) 분포도 관점에서 보면 다음과 같다.27)

〈도표 7〉

	于	於
16항목		**25**
15항목		
14항목		
13항목		
12항목		**17, 19, 20, 24**
11항목		**14, 15, 18, 27**
10항목	29	07, **26**
09항목	22	02, 11, 13, **21**, 22, **30**
08항목	09, 11	09, 10, 29
07항목	10, 13, **25, 26, 27**	01, 03, 06, 12
06항목	03, 05, 06, 07, **14, 15, 19**	05, 23
05항목	02, 12, **17**, 28	04, **16**, 28
04항목	01, 23, **30**	08
03항목	04, **18, 20**	
02항목	08, **21, 24**	
01항목	**16**	

표에서 알 수 있듯이, '于'의 경우는 상위권(10-8항목)에서는 'α:β'
가 '0권:4권'의 비율로 β群이 많고, 중위권(7-4항목)에서는 'α:β'가 '8
권:11'권의 비율로 二群 모두 해당되는 권이 많으나 β群이 다소 많으

---

26) 항목이란 현황표에 보이는 '장소 발생, 장소 기점, 장소 종점~'등과 같은
    항목을 의미하는 것으로, '于'의 경우는 13항목, '於'의 경우는 20항목이다.
27) 도표 내의 숫자는 『日本書紀』의 권 수를 의미하고, 진한 이탤릭체는 α群을
    표시한 것이다.

며, 하위권(3-1항목)에서는 'α:β'가 '5권:2권'의 비율로 α群이 우세했다. 한편, '於'의 경우는 상위권(16-11항목)에서는 'α:β'가 '9권:0권'의 비율로 아예 α群만이 속해 있었으며, 중위권(10-8항목)에서는 'α:β'가 '8권:3권'의 비율로 여전히 α群이 많았고, 하위권(7-4항목)에서는 'α:β'가 '1권:9권'의 비율로 β群이 주류를 이루었다. 이와 같이 '于'의 경우 '於'에 비하면 항목 수도 비교적 단순하고, 쓰임 또한 β群에 주로 분포되어 있었다. 그에 비해 '於'의 경우는 권16을 제외하고는 α群이 모두 9항목 이상인 상위권에 분포되어 있는 등 '於'의 신흥 용법을 포함한 다양한 용법들이 α群에서 활발하게 사용되고 있음을 알 수 있다.

넷째, 각 항목 자체 내에서의 '于'와 '於'의 비율이다.[28]

<도표 8>

	장소발생	장소기점	장소종점	시간발생	시간기점	시간종점	주체자	피주체자
于	190/97	5/1	152/51	3/2	8/0	23/10	1/0	23/5
於	370/345	3/6	182/159	1/19	3/5	13/18	3/6	32/64

	비교대상	발생범위	발생원인	유관대상	관계
于	1/1			33/8	13/6
於	10/16	3/22	1/3	46/94	15/22

	협동시행방면	자격	오용	동사	음차	훈차
于					49/13	
於	1/3	1/3	0/1	1/7	34/32	2/0

표에서 α群과 β群의 사용 빈도를 보면, '于'의 경우는 모든 항목이

---

28) 도표 내의 숫자는 β/α의 개수를 나타낸다. 음차와 훈차는 α群과 β群의 개념과 무관하다.

'β/α=多/少'의 등식이 성립한다. 반면, '於'의 경우는 장소발생, 장소 종점의 두 항목을 제외하고는 '于'와는 정반대인 'β/α=少/多'의 등식이 성립한다. 그렇다면 '于'와 같은 경향을 보이는 '於'의 두 항목은 예외로 돌려야 하는가? 결론부터 말하면 그렇지 않다. α群은 총 13권, β群은 총 17권으로 β群이 무려 4권이 더 많다. 따라서 권 수를 감안하여 α群, β群의 각 권의 평균치를 내 보면, 장소발생의 370/345는 21.7%/26.5%이고, 장소종점의 180/159는 10.5%/12.2%로 '於'의 'β/α=少/多'의 등식이 성립하여, '於'는 α群에서 많이 보이는 'β/α=少/多'의 일관성에 벗어나지 않고 있음을 알 수 있다.

: 6 : 나가는 말

'于'는 갑골문 및 금석문에 보일 정도로 상당히 이른 시기에 출현한 자이고, 갑골문에 '於'는 없다. 그 후 '於'가 출현하기 시작하였고,『左傳』을 경계로 하여 '於'가 우위를 점하다가 결국 古書의 인용문 정도를 제외하고는 '於'가 '于'를 거의 대체하게 되었는데, 특히 본고에서 다룬『日本書紀』가 성립된 시기인 당대(唐代)에도 '於'가 주류를 이루었다는 사실은 중국 학자들에 의해 밝혀졌다. 그렇다면, 이러한 당시 중국에서의 용자법이『日本書紀』에는 어떻게 수용되었는지를 밝히는 것은『日本書紀』자료의 성격을 이해하는 데 대단히 유용할 것으로 판단된다.

따라서, 이와같은 관점에서『日本書紀』내의 '于'와 '於'의 의미론적인 용법을 분석 비교해 본 결과, '於'는 '于'의 용법을 거의 이어 받아 동일한 용법으로 쓰였으나, '於'에는 비교대상의 용례가 상대적으로 강세를 보였고, 또한 발생범위, 원인, 협동시행방면 등 신흥용법이 출현하였다. 이와 같이 '於'는 폭 넓은 용법으로 발전을 하였으나, 장소 용법와 시간 용법과 같은 전통 용법에서는 '于'가 '於'보다 강세를 보였다는 사실을 알 수 있었다.

한편, 『日本書紀』자료의 성격을 알 수 있는 '於'의 신흥 용법 수, 그리고 '于'와 '於'의 총 개수·항목 수·항목 자체 내에서의 비율 등을 다양한 각도로 검토해 본 결과, '于'는 중국인의 개입이 없는 β群에 많이 분포되어 있고, '於'는 중국인의 개입이 있는 α群에 많이 분포되어 있다는 사실을 재차 확인할 수 있었다. 따라서, 『日本書紀』는 '于'와 '於'의 의미적인 용법의 분석 결과에 의하면, α群의 경우 고대 중국어 용법의 변천 과정의 시대성을 정통적으로 계승한 正格 한문체임이 분명하고, β群의 경우는 상대적으로 변천 과정의 시대성을 제대로 반영하고 있지 않은 복고적인 한문체라고 말할 수 있다.

앞으로도 용자법을 비롯하여 구의 구성이나 문장의 성분 등의 분석을 고려한 여러 측면에서 고대 중국어학적인 관점을 깊이 있게 검토하여 『日本書紀』자료의 성격을 보다 더 명확히 밝히는 데 지속적으로 연구해 나가고자 한다.

参考文献

김원중편(1989、1994)『허사사전』현암사　서울

안희정(2005)「상대 일본 문헌에 보이는 어조사 '於'에 대한 고찰」일본문화학보 第
　　　　26輯

安熙貞(2004)「助辞 '于'の用法について」日本語文学 第23輯

神野志隆光編(1996)『古事記日本書紀必携』学灯社

豊福健二　外訳(1992) 朋友学術叢書『中国古典読法通論』朋友書店

森博達(1991)『古代の音韻と日本書紀の成立』大修館書店

山口佳紀(1995)『古事記の表記と訓読』有精堂

郭錫良 唐作藩外 編(1981,1988)『古代汉语　上册』北京出版社

郭錫良主編(1998)『古汉语语法论集』语文出版社出版

何乐士(2000)『古汉语语法研究论文集』商务印书馆出版

何乐士(2000)「论≪左传≫前八公与后四公的语法差异」『古汉语语法研究论文集』商
　　　　务印刷馆出版

洪成玉 主編(1990,1998)『古代汉语教程』中华书局出版社

赵大明(1998)「"于(於)"系处所介词的历史演变」『古汉语语法论集』语文出版社出版

第6章

『日本書紀』'在'小考

:1: 들어가는 말

'在'字는 주로 존재문에 대한 연구, 혼동되기 쉬운 '有'字와의 비교 연구, 존재와 소유에 대한 연구들이 진행되어 왔다. 기존의 연구들을 간단히 살펴보면, 沖森卓也(1976)는 '有·在'字와 일본 고유어(和語) 표기와의 대응 차원에서 용자법의 특질을 연구한 것으로, 상대문헌 万葉集, 續紀宣命, 古事記, 風土記를 대상으로 삼아 'ケリ·タリ·リ·ナリ' 의 조동사 용법을 살펴보았고, 자료별로 '有·在'의 특질을 검토하여 正用과 誤用을 밝혀 낸 논문이다. 그런데 두 字의 비교에서 차이를 보이는 설명이 오로지 '有·在'의 어순에 국한되어 있는 점, 그리고 正·誤用을 논하면서 그 기준이 되어야 할 중국어 용법에 대한 설명 이 되어 있지 않은 점과 정격한문체인 日本書紀가 대상에서 제외되 어 있는 점은 이 논문이 지닌 또 다른 한계라고 할 수 있다. 是沢範三 (1994)는 国立国語研究所에서 刊行한『分類語彙表』에 의한 의미 분류 1의 하위분류 다섯 가지의 개념 카테고리라는 점에서 日本書紀 에 보이는 '有'字 우위 경향에 대해 한 요인으로, 존재대상의 범위가

'在'字보다 광범위하기 때문이라는 점을 밝힌 논문이다. 이 논문은 연구의 초점을 존재대상에만 국한시키고 있는 점과 두 字를 비교하면서 '有'의 誤用例만 제시하고 '在'의 誤用例는 제시하고 있지 않은 점으로 인해 두 字의 특징이 명백히 드러나지 않았고, 日本書紀를 대상으로 하면서 중국어적인 설명이 병행되지 않아서 이 논문에서 내린 결론이 한어 용법에 어느 정도 일치하는지의 여부를 알기에는 제약이 있다고 생각된다.

필자는 한어 용법과의 비교 연구를 한다면, 중국어 용법과의 비교가 병행되어야 한다고 일관되게 생각한다.

따라서, 본 논문에서는 왜 중국어적인 관점을 중시해야 하는지에 대하여 日本書紀 내의 수식구조에 나타난 '在'字의 사용 실태를 중심으로 살펴보고자 한다1).

:2: 『日本書紀』의 '在'의 전반적인 분석

日本書紀에서 '在'는 총 196예가 보이는데, 본고에서는 훈독의 문제 및 수식구조의 문제를 중심으로 검토해나갈 갈 것이기 때문에, '在'의 전반적인 경향에 대해서는 간략하게 각 용법별로 예를 제시하는 것으로 대신하고자 한다.2)

---

1) 본고에서는 중국어적인 관점이 마치 한문 즉 古代漢文이라는 관점과 별반 차이가 없는 것으로 비칠 수도 있는데, 그것은 중국어적인 관점에 대해서 필자가 이미 여러 편의 논문에서 자세히 다룬 바가 있고, 또한 '在'에 대한 중국어적인 관점에서의 분석도 이미 행한 바가 있어 본고에서는 再論하지 않았기 때문이다. 이 점에 대해서는 중국어적인 관점에서 논한 필자의 논문 '文の構造からみた「賜・給」とその諸問題', '어조사 '于'와 '於'에 대한 비교 연구' 등을 참조하기 바란다.

1. 존재

- 初皇后随母<u>在</u>家、独遊苑中。(卷13,允恭紀)
- 今太子既薨之。我雖異国、心<u>在</u>断金。(卷22,推古紀)

와 같이 주로 '대상+在+장소'의 유형으로 174예가 보여 대부분이 存在 용법으로 쓰이고 있다. 흔히 '在'를 存在詞라고 일컫는 이유가 충분히 입증되는 셈이다.

2. 생존

- 故天稚彦親属妻子皆謂、吾君猶<u>在</u>、則攀牽衣帯、且喜且慟。(卷2, 神代下)
- 天皇聞弟君不<u>在</u>、遣日鷹吉士堅磐固安銭、使共復命。(卷14, 雄略紀)

와 같이 '생존하다(生存, 在世)' 즉, '살고 있다, 이 세상에 있다'의 의미를 나타내며, 주로 '대상+在'의 유형으로 3예가 보였다.

3. ~에 의하다

- 若欲長存本土、永御旧民、其謨<u>在</u>茲。(卷19, 欽明紀)
- 夫建任那国、唯<u>在</u>大王。(卷19, 欽明紀)

와 같이 '~에 의하다(由于, 取決于)' 즉, '在 앞에 오는 사물이나 사건

---

2) 중국어 용법을 기준으로 분류한 것이다. 각 용법의 예를 文構造的인 각도에서 보면, 예를 들면 존재용법으로는 장소가 없는 단독존재의 유형, 추상대상, 추상장소의 유형, 수식구조로 쓰인 유형 등 하위분류를 할 수 있다. 그러나 본고에서는 중국어와 비교하여 차이를 보이는 것을 중심으로 論해 나갈 것이기 때문에 굳이 하위분류를 하지 않고 크게 분류하였다. 安熙貞(2004 139-141) 참고.

이 뒤에 오는 장소나 대상에 달려 있다, 또는 대상에 의해 결정된다'
는 의미를 나타내며, '사물/사건+在+장소/대상'의 유형으로 2예가 보
였다.

  4. 머물다
    • 武内宿禰、常有望天下之情。今聞、在筑紫而密謀之曰、(卷
      10, 応神紀)
    • 使人遠来辛苦。退在館裏。後更相見。(卷26, 斉明紀)

와 같이 '머물다(停留, 逗留)' 즉, '어느 장소에 일정한 기간을 보내다,
체재하다'의 의미를 나타내며, 주로 '대상+在+장소'의 유형으로 2예가
보였다.

  5. 전치사
    • 老翁問曰、何故在此愁乎。(卷2,神代下)
    • 在昔道臣、爰及室屋、助帝而罰。(卷17,継体紀)

와 같이 '전치사(介词)'[3]로 쓰여 '~에, ~에서'의 뜻을 나타내며, 주
로 '대상+在+장소+동사'의 유형으로 8예가 보였다[4].

  6. 숙어
    • 速発軍旅、述王所在於高向臣国押曰、速可向山求捉彼王。

---

3) 汉语大词典编辑委员会(1988 1089-1090) 表示动作、行为进行的外所、时间、
   范围或事物存在的位置、有时表示与事物的性质、状态有关的方面。
4) '停留'용법과 '介词'용법은 구분이 혼동되기 쉬운데, 두 용법은 장소가 滞在
   가 가능한 곳(停留)과 통과하는 곳(介词)의 차이 및 시간의 길이(长:停留/
   短:介词)의 차이로 구분한다.

(卷24, 皇極紀)

- 二年春正月甲子朔、賀正礼畢、即宣改新之詔曰、其一曰、
  罷昔<u>在</u>天皇等所立子代之民·処々屯倉、及別臣連伴造国造村
  首所有部曲之民、処々田荘。(卷25, 孝德紀)

와 같이 '숙어(固定化)'로 쓰여 '사람이나 사물이 존재하는 장소, 어디
에나·곳곳에'의 의미를 나타내며, 6예가 보였다.

 7. 보조동사적 용법(中國語法에 없는 용법)
  - 天下将乱。非希世之雄、不能済也。能安之者、其<u>在</u>連乎。
    (卷16, 武烈紀)

와 같이 '～는 (이)다'의 뜻을 나타내는 보조동사적인 용법5)으로 중국
어에는 존재하지 않는 용법이다. 단 1예만이 보였다.

  이와 같이 '在'의 전반적인 용법에 대해 살펴보았는데, 본고에서는
서론에서 언급한 바와 같이 위 용법 중 문제가 되는 구조, 즉 수식구
조를 중심으로 살펴보기로 하겠다.

---

5) '在'의 보조동사적 용법은 정격한문체인 日本書紀에서는 단 1예 밖에 보이
   지 않지만 古事記와 風土記에서는 아래와 같이 다수 보인다.
   我之女者、自本<u>在</u>八稚女。(上卷)
   汝者雖<u>有</u>手弱女人、与伊牟迦布神自伊至布以音面勝神。(上卷)
   天日鉾命軍<u>在</u>八千。(播磨)

:3: '浮渚在(之)平処'의 在에 대하여

卷2에 'ウキジマリたひら'의 표현에 '在'가 쓰인 예가 3예 보이는데, 이 '在'를 어떻게 훈독해야 할 것인가에 대하여 살펴보고자 한다.

3예를 모두 제시하면 다음과 같다.

> ①既而皇孫遊行之状也者、則自穂日二上天浮橋、<u>立於浮渚在</u><u>平処</u>、<u>立於浮渚在平処</u>、此云羽企爾磨梨陀毘邏而陀陀志。而膂宍之空国、自頓丘覓国行去、頓丘、此云毘陀烏。覓国、此云矩弐磨儀。行去、此云騰褒屢。到於吾田長屋笠狭之碕矣。(卷2,神代下)
> ②而膂宍胸副国、自頓丘覓国行去、<u>立於浮渚在平地</u>、乃召国主事勝国勝長狭而訪之。(卷2,神代下)
> ③遊行降来、到於日向襲之高千穂穂日二上峯天浮橋、而<u>立於</u><u>浮渚在之平地</u>、膂宍空国、自頓丘覓国行去、到於吾田長屋笠狭之御碕。(卷2,神代下)

3예에 공통으로 보이는 기본 유형은 '浮渚在'로 'ウキジマ(が)あり'로 '浮渚'는 'ウキジマ', '在'는 'アリ'로, 상대 일본어에는 모음 중복 회피현상에 의해 'ukizima+ari→ukizimari'가 되어 '존재'를 나타낸다고 생각된다. 그런데 이 예들은 문맥으로 보면, (ウキジマ에 있는)+たひら 즉, '浮渚在'가 '平処'를 수식하는 구조로 되어 있다. 즉, 수식구조인 '浮渚在'를 주석서에서는 단지 'ウキジマリ'로 읽고 있는데, 수식구조인 이상 다른 훈독법은 존재하지 않는 것인지 검토해 볼 필요가 있다.

먼저 'ウキジマリ'의 의미에 대한 사전과 주석서의 설명은 다음과 같다.

- 『日本国語大辞典 第一巻』(1979 1207): 語義未詳。‘浮渚在り’の約、‘浮き締り’の意、などの諸説がある。
- 大系本6)『日本書紀 上』(1967 141) 頭註17: →補註2-14 浮渚在りの意。浮渚があって、平らな処にお立ちになっての意。
- 小学館本7)『日本書紀 ①』(1994 121) 頭註8: 浮島があり、その平地に立たれて、の意。

이상과 같이 살펴본 결과, 공통적인 것은 ‘ウキジマリ’는 모두 ‘ウキジマがあり’ 즉 ‘アリ’의 연용형으로 보고 있다는 점이다. 필자는 ‘浮渚在平処’를 분석할 때 ‘ウキジマリ’를 의식하지 않고 의미에 이끌려 ‘ウキジマリにある平地’의 수식구조로 보았는데, 그렇게 보았을 때 문맥에도 문제가 없었다. 그런데 여기에는 커다란 맹점이 있는 것을 바로 발견하였다. 예①에 있는 훈주(訓注)를 보면, ‘羽企爾磨梨(ウキジマリ)’라고 분명히 제시되어 있기 때문이다. 일반적으로 훈주의 존재 이유는 자칫 잘못 읽을 소지가 있을 수 있는 경우 달아주는 것이고, 또한 『古事記』에서도 ‘ウキジマリ’를 音借로 표기한 ‘宇岐士摩理’8)가 보이는 점으로 보아, ‘ウキジマリ’의 훈독은 명백하다고 할 수 있다.

이와 같이 ‘ウキジマリ’가 맞다면 ‘ウキジマリ’는 분명 연용형이기 때문에 수식구조의 문장에 쓰인 경우 모순이 될 수 있다. 물론, 동사의 연용형이 뒤에 오는 명사를 수식하지 못하는 것은 아니다. 그러나 수식할 수 있다는 것은 동사의 연용형이 명사화된 것을 의미하기 때문에

---

6) ‘大系本’은 日本古典文学大系『日本書紀上,下』(岩波書店)를 말한다.
7) ‘小學館本’은 新編日本古典文学全集『日本書紀①②③』(小学館)을 말한다.
8) 倉野憲司外(1958 129) ‘宇岐士摩理’: 故爾詔天津日子番能迩迩芸命而、離天之石位、押分天之八重多那此二字以音。雲而、伊都能知和岐知和岐弖、自伊以下十字以音。於天浮橋、宇岐士摩理、蘇理多多斯弖、自宇以下十一字亦以音。天降坐于竺紫日向之高千穂之久士布流多気。

주석서의 설명처럼 동사의 연용형으로 해석하는 것은 문제가 있다. 동사의 연용형의 명사화는 뒤에 오는 명사(구)를 직접 수식하거나 'ノ'를 중간에 삽입함으로써 그 기능을 나타내는 것이 상대 일본어부터 현대 일본어에 이르기까지의 보편적인 일본어의 어법인 것이다.

예①과 ②는 'ウキジマリ'로 훈독한다고 하여도 동사 연용형의 명사형이 뒤에 오는 명사를 수식할 수 있기 때문에 문제가 없지만, 그러나 예③은 그 성격이 다르다. 예①, ②, ③을 구조면에서 보면, 'ウキジマリ'와 'たひら'사이의 '之'의 有無에 차이가 있다. 예③의 경우를 보면 '浮渚在之平処'로 앞의 두 예와 달리 '之'가 들어 있고, '之'가 있는데도 불구하고 앞의 예들과 동일하게 'ウキジマリ'로 읽고 있다. 다시 말해 '之'의 有無에 차이가 있는데도 'ウキジマリ'로 읽고 있는 것은 문제가 있다고 생각한다. 이 예③은 'ウキジマがあるたひら'의 의미이고, '之'가 존재한다는 점, 그리고 현대어역에서도 'ウキジマノたひらなところ'로 수식으로 인식하고 있다는 점 등으로 보아 수식구조로 보아야 할 것이다. 그렇다면 'ウキジマリ'는 수식구조에 쓰이려면 'ウキジマリ'가 아니라 연체형의 'ウキジマル'의 형태이거나 'ノ'가 개입되는 형태이어야 한다.

『万葉集』에서 수식구조를 나타내기 위하여 동사의 연용형 뒤에 'ノ'가 개입되어 쓰인 예를 살펴보면,

- 黄葉乃　散之乱爾 (黄葉の散りの乱ひに　巻2 135, 柿本人麻呂)[9]
- 布可多衣　安里能許等其等　伎曾倍騰毛 (布肩衣有りのことごと服襲へども　巻5 892, 山上憶良)
- 妹門　出入乃河之　瀬速見 (妹が門出入の川の瀬をはやみ　巻7

1191)
- 未通女等之　放髪乎　木綿山　(少女らが放の髪を木綿の山　巻7 1244)
- 秋芽之　落乃乱爾 (秋萩の散りのまがひに　巻8 1550, 湯原王)
- 毛美知葉能　知里能麻河比波 (黄葉の散りの乱ひは　巻15 3700, 阿倍継麻呂)
- 気能己里能　由伎爾安倍旦流　安之比奇乃　夜麻多知波奈乎 (消残りの雪に合へ照るあしひきの山橘を　巻20 4471, 大伴家持)

와 같다. 따라서 '浮渚在之'는 'ノ'가 개입된 'ウキジマリノ'로도 훈독하는 것도 고려해 보아야 할 것이다. 그런데 그렇게 읽지 않고 있는 이유는 무엇인가? 아마도 훈주에 'ウキジマリ'만 존재하고, 그 이상 언급되어 있지도 않고, 또한 'ウキジマリ'는 語義未詳으로 되어 있는 등 다른 근거가 없기 때문이라고 생각된다.

　이상을 정리해보면, 예③의 경우는 'ウキジマリ' 이외의 형태가 문헌에 보이지 않으나 문장 구조로 볼 때, '之'가 있는 경우를 수식구조로 본다면 연체형인 'ウキジマル'나 연체격(連體格)을 나타내는 격조사 'ノ'가 삽입된 'ウキジマリノ'로 훈독하는 방법도 고려할 수 있다고 생각한다. 물론, 'ウキジマリ'가 연용형이면서 명사형으로 たひら를 수식하지 못하는 것은 아니나, '之'의 유무에 의한 차이에 따라 'ウキジマル'나 'ウキジマリノ'로 훈독하는 법도 배제하지 못한다고 생각한다. 따라서 '之'가 있는 예③은 존재를 나타낸다는 점에서는 예①·②와 동일하나, '之'의 쓰임으로 보아 문장구조로는 수식구조를 나타내기 위한 것이기 때문에 'ウキジマル' 또는 'ウキジマリノ'로 훈독해야 한다는 가능성을 제기한다.

: 4 : '在'와 수식구조

日本書紀에서 '在'를 분석해 보면, 중국어 용법에 보이지 않는 용법으로 볼 수 있는 것이 총 32예가 보인다. 그 중 1예[10]만 제외하고 나머지 31예는 수식구조와 관련된 구문이다. 수식구조라는 것은 당연히 수식어 부분과 피수식어 부분이 있는 것을 의미한다. 여기에는 세 가지로 나누어 유형별로 설명해 나가기로 하겠다.

4.1. 장소+所+在+대상

먼저 첫 번째 유형을 제시하면 다음과 같다.

> ①復劍刃垂血、是為<u>天安河邊所在五百箇磐石</u>也。(卷1,神代上)
> ②又曰、斬軻遇突智時、其血激越、染於<u>天八十河中所在五百箇磐石</u>。(卷1,神代上)
> ③乃興言曰、此地吾不欲居、遂以埴土作舟、乗之東渡、到<u>出雲国簸川上所在鳥上之峯</u>。(卷1,神代上)

이 유형은 위와 같이 총 3예가 보이는데, 각각 '復劍の刃より垂る血、是、天安河邊に所在る五百箇磐石と為る', '又曰はく、軻遇突智を斬る時に、其の血激越きて、天八十河中に所在る五百箇磐石を染む', '乃ち興言して曰はく、此の地は吾居らまく欲せじとのたまひて、遂に埴土を以て舟に作りて、乗りて東に渡りて、出雲国の簸の川上に所在る、鳥上の

---

10) '天下将乱。非希世之雄、不能済也。能安之者、其<u>在</u>連乎。(卷16, 武烈紀)'는 보조동사적 용법이다.

峯に到る'와 같이 훈독되듯이 '장소(a)+所(b)+在(c)+대상(d)'의 구조로
써 (a+b+c)가 수식구, (d)가 피수식어인 구조이다. 다시 말해,

a	b c d
天安河邊	+所+在+五百箇磐石
天八十河中	+所+在+五百箇磐石
出雲国簸川上	+所+在+鳥上之峯

와 같이 '(a)에 있는 (d)'를 나타내기 위한 것이다.

'在'를 사용하여 존재를 나타내는 경우의 정격한문체(正格漢文體)
의 기본 유형은 'd+c+a' 즉, '대상+在+장소'로, 예①~③을 이 형식에
따라 나타내면 'd가 a에 c있다' 즉, '대상(五百箇磐石)이 장소(天安河
邊)에 있다(在)'인 '五百箇磐石在天安河邊'의 구문이 된다. 중국 문
장(古代漢文)에서는 이 구문이 대상 즉 주어가 피수식어가 되고, 술
부(谓语)가 수식어구가 되기 위해서는(동사가 명사를 수식하기 위해
서는) 일반적으로 '之' 또는 '所'[11]의 개입이 필요하다.

한문에서 所가 수식구조에 쓰이는 경우를 살펴보면,

- 有司對曰: "鄭人所獻楚囚也." (左傳・成公九年)
- 何哉、 爾所謂達者? (論語・顔淵)
- 仲子所居之室、伯夷之所筑與? 抑亦盗跖之所筑與? 所食之栗、
  伯夷之所樹與? 抑亦盗跖之所樹與? (孟子・滕文公下)

---

11) 郭錫良(1988: 326) "所" 字结构虽然指代行为的对象，但是不能具体表示是什
麼人或什麼事物. 因此, 还可以在 "所" 字之後再加上名词, 举出人或事物的名
称, "所" 字结构放在前面作定语修饰它.

와 같이 '所+동사+(之)+명사'의 구조를 갖는다. 이와 같은 구조는 상
대 일본자료에서도 쉽게 확인할 수 있다.

- 故、其老嫗<u>所住屋</u>者、近作宮邊、毎日必召。(古事記·下卷)
- 汝<u>所居山</u>、生涯之極、冬夏雪霜、冷寒重襲、人民不登、飮食
  勿奠者。(風土記·筑波郡)
- 且朕<u>所乘船</u>、既奉於神、朕乘曷船。(日本書紀·卷9,神功紀)

그런데, 여기에서 문제는 '在'의 경우는 다른 동사와 다르다는 점이다.
'在' 또한 동사로 쓰일 경우, 당연히 '所+在+(之)+명사'의 구조를 취할
수 있어, '所+在+五百箇磐石'과 같은 구조는 정격한문체에 해당하는
구조이기는 하지만 중국 자료[12]를 검토해 보면,

ⓐ爲豫章太守, 至, 便問徐孺子<u>所在</u>, 欲先看之. (世說新語·德行
  第一)ⓑ又云:嘗發<u>所在</u>竹篙, 有一官長連根取之, 仍當足, 乃超
  兩階用之. (世說新語·政事第三)
ⓒ但共嗟詠二家之美, 不辯其理之<u>所在</u>. (世說新語·文學第四)
ⓓ漢軍不知項王<u>所在</u>, 乃分軍爲三, 復圍之. (史記·本紀 卷7)
ⓔ時峻賞募覓冰, 屬<u>所在</u>搜檢甚急;卒捨船市渚, 因飮酒醉還, 舞棹
  向船曰...(世說新語·任誕第二十三)
ⓕ又菊花與薏花相似, 直以甘苦別之耳, 菊甘而薏苦, 諺言所謂苦
  如薏者也. 今<u>所在</u>有眞菊,... (抱朴子內篇·仙藥卷第十一)

---

12) 중국자료에서 '所在'를 검토해 본 결과, '所在'의 출현수는 '抱朴子內篇 17,
抱朴子外篇 9, 世說新語 5, 後漢書 48 史記 18, 論語 0, 大學 0, 中庸 0'과
같이, 명사로써 사람이나 사물이 존재하는 장소를 나타내거나, 장소를 나타
내는 부사로써 '어디에나·곳곳에' 때로는 지시부사와 같이 '그곳에'의 의미
로 이미 숙어로 정착되어져 쓰이고 있다. 따라서 '在'의 수식구조를 나타내
기 위한 구조로는 쓰이지 않는다.

와 같이 '所在'는 숙어가 되어 장소를 나타내는 명사(ⓐ~ⓓ)이거나 장소를 나타내는 부사(ⓔ~ⓕ)로 쓰여, 이미 정형화된 것이 원인인지는 모르겠으나 수식어구로 사용되는 예가 보이지 않는다. 다시 말해 수식 구조인 '所+동사+명사'의 구조는 다른 동사의 경우는 중국어 어법에 맞는 구조이나, 동사 '在'의 경우에는 어법(문법)에는 맞지만 주12)와 같이 중국 자료에서는 실제로 그렇게 사용된 예가 없다는 것이다. 따라서 日本書紀의 '在'의 경우 '天眼に在る五百箇磐石'를 '所+동사+명사'의 구조에 적용시키면 '所+在+天安河邊+五百箇磐石'이 되어야 하기 때문에 예①의 '天安河邊+所+在+五百箇磐石'의 구문은 정격한문체가 일본어 어순의 영향을 받은 표기라고 하겠다.

　이와 같은 관점에서 본다면, 첫째, 4.1의 3예는 중국어 용법에 비추어 어순면에서 위배되므로 정격한문체에 적합한 구조로 바꾼다면, '在'의 성격상 장소가 '在' 뒤에 놓여야 하기 때문에 아래와 같은 구조가 되어야 할 것이다.

　　　b　c　　a　　　　d
　　　所+在+天安河邊+五百箇磐石
　　　所+在+天八十河中+五百箇磐石
　　　所+在+出雲国簸川上+鳥上之峯

이와 같이 수식구조를 나타내기 위해 '所'를 사용한 점은 정격한문체에 적합하나, 日本書紀에서는 a가 맨 앞에 위치함으로 해서 어순면에서 결국 자국어화 표기가 이루어진 것이기 때문에 변체한문체(変体漢文体)가 된 것을 알 수 있다. 둘째, 앞에서 확인한 바와 같이 '在'는

'所'와 더불어 뒤에 오는 명사(구)를 수식하는 수식구조가 중국 문헌에서 보이지 않는다. 따라서 설령 ①~③의 a가 c뒤에 오는 'b(所)+c(在)+a+d'와 같이 정격한문체의 구조를 취한다고 하더라도 수식구조를 나타내기 위한 구조라면 이 또한 정격한문체라고는 할 수 없다.

다음의 예를 보자.

> ④一書曰、伊奘諾尊、追至<u>伊奘冉尊所在処</u>、便語之曰、悲汝
> 故来。(巻1,神代上)
> ⑤阿都大連之<u>別業所在地</u>名也。(巻21,用明紀)
> ⑥於是、朴市田来津独進而諫曰、<u>避城与敵所在之間</u>、一夜可
> 行。(巻27,天智紀)
> ⑦仲皇子不知<u>太子所在</u>、而焚太子宮。(巻12,履中紀)
> ⑧速発軍旅、述<u>王所在</u>於高向臣国押曰、速可向山求捉彼王。
> (巻24,皇極紀)

앞의 예①~③(이하, A라고 함)이 어순면에서 자국어화 유형인 '장소(a)+所(b)+在(c)+대상(d)'의 구조인 반면에, 예④~⑥(이하, B라고 함)은 정격한문체에 맞는 '所+동사+(之)+명사'의 구조이다. 각각 '一書に曰はく、伊奘諾尊、追ひて伊奘冉尊の所在す処に至りまして、便ち語りて曰はく、汝を悲しとおもふが故に来つ', '阿都は大連の別業の在る所の地の名なり', '是に、朴市田来津、独り進みて諫めて曰はく、避城と敵の所在る間と、一夜に行くべし'와 같이 훈독되어 수식구조로 쓰이고 있으나, 전술한 바와 같이 중국 자료에서는 所在가 수식구조로 쓰이는 예가 없으므로 예④~⑥의 경우는 구조(형식)상으로는 정격한문체에 적합하나, 그 쓰임에 있어서는 중국어법에 벗어난 비정격한문체라 할 수 있다.

그리고 예⑦13)과 ⑧(이하, C라고 함)은 '太子의 所在', '王의 所在'의 의미로 숙어(명사)로 쓰인 경우로 중국어에 존재하는 용법이다.

이상을 정리해 보면, A는 어순면과 용법면 즉, 이중으로 비정격한 문체인 반면, B는 용법면에서만 비정격한문체로 A에 비해 상대적으로 비정격의 정도가 낮다고 할 수 있다14). 그리고 C는 중국어법에 존재하는 용법으로 문제가 없다. 다시말해, A는 구조상뿐만 아니라 쓰임면에서도 비정격한문체이기 때문에 기존의 시각이나 중국어법을 도입한 분석에서나 명백한 비정격한문체이다. 반면, B는 기존 시각으로 본다면, 구조상은 정격한문체이기 때문에 문제의 소지가 없으나, 필자가 일관되게 주장하는 바와 같이 중국어 용법을 토대로 분석하면 쓰임면에서 중국어법에 벗어나기 때문에 비정격한문체로 보아야 할 것이다.

4.2. 在+장소+대상

두 번째 유형은 '在+장소+대상'인데, 이 유형은 日本書紀 전체의 수식구조 총 31예 중에서 21예를 차지하고 있다. 예를 제시하면 다음과 같다.

①括出<u>在任那日本県邑</u>、<u>百済百姓</u>、浮逃絶貫、三四世者、並遷百済附貫也。(巻17,継体紀)

---

13) 大系本에는 '仲皇子不知太子<u>所在</u>'로 小学館本에는 '仲皇子不知太子<u>不在</u>'로 되어 있다.

14) 중국어법과의 비교 검토를 거치지 않은 기존의 분석이라면 A는 비정격한문체, B는 정격한문체가 될 것이다.

②詔<u>在伊賀国紀臣阿閇麻呂等</u>、壬申年労勲之状、而顕寵賞。
（巻29,天武紀）

①은 '任那の日本の県邑に在(はべ)る百済の百姓の', ②는 '伊賀国に
在(はべ)る紀臣阿閇麻呂に'로 훈독되므로 '在+장소'가 '대상'을 수식
하는 구조로 되어있다. 이 '在+장소+(之)+대상'의 유형은 어순면에서
는 문제가 되지 않는데, 중국 문장에서 수식구조를 나타내기 위해서
는 일반적으로 전술한 바와 같이 수식기능을 담당하는 '所' 혹은 '之'
가 와야 한다. '之'가 와 있는 예를 제시하면 아래의 예와 같이,

③今余被遣於百済者、将出<u>在下韓之、百済郡令城主</u>。（巻19,欽
明紀）
④三佐平等答曰、<u>在下韓之、我郡令城主</u>、不可出之。（巻19,欽
明紀）
⑤遂教本<u>在枕服岐城之妻子等</u>、令知去国之心。（巻27,天智紀）

뒤에 '之'를 취한다. 이 3예는 '在(동사)+장소+대상'의 구조에 '之'가
삽입되어 있는 정격한문체의 형식을 갖추고 있다. 그런데 문제는 중
국 문장에서 在가 之와 더불어 '在+(장소)+之+명사(구)'와 같은 구조
가 수식구조를 이룰 수 있는가 하는 것이다. 다음의 예를 보자.

ⓐ母王夫人<u>在壁後聴之</u>, 再遣信令還, 而太傅留之. （世説新語·文
學第四）
ⓑ漢之聖者<u>在高祖之孫且曾孫也</u>.(史記·卷十二 孝武本紀第十二)
ⓒ於是遂封叔虞於唐. 唐<u>在河·汾之東</u>, 方百里, 故曰唐叔虞.(史
記·卷三十九 晉世家第九)

ⓓ夫顓臾, 昔者先王以爲東蒙主, 且在邦域之中矣, 是社稷之臣也.
　何以伐爲?(論語·季氏第十六)

이상의 예에서 보듯이, '在+(장소)+之+명사(구)'의 구문, 즉 在와 之가
함께 쓰인 문장을 중국문헌에서 검토해 본 결과15), 모두 수식구조와
는 무관하다. 즉, '在+(장소)+之+명사(구)'의 구문은 중국 문장에서 ⓐ
와 같이 타동사 '聽'의 목적어를 나타내는 대명사 또는 '대상(聖者/唐
/顓臾)이 장소(高祖之孫/河·汾之東/邦域之中)에 있다(在)'로 쓰여
수식구조로는 보이지 않는다. 따라서 이와 같은 점을 고려해 볼 때,
예①~⑤는 형식면에서는 정격한문체에 합당하지만 용법면에서는
모두 비정격한문체임을 알 수 있다.16) 그러나 결과적으로 동일한 비
정격한문체이기는 하나 앞의 '所在'의 경우와 마찬가지로 비정격한문
체의 정도에 차이가 있다. 예①~②(이하, A라고 함)는 수식기능을
나타내는 字의 개입이 없는 수식구조인 반면, 예③~⑤(이하, B라고
함)는 수식기능을 나타내는 之가 개입하고 있어 구조면에서 정격한
문체에 해당하기 때문에 A가 B에 비해 상대적으로 비정격한문체의
정도가 높다고 할 수 있다.

15) '在+…+之'의 출현수는 다음과 같다.　抱朴子內篇 27, 抱朴子外篇 20, 世說
　　新語 10, 後漢書38, 史記 57, 論語 3, 大學 0, 中庸 0.
16) 다시 말해, '在+장소+대상'이 수식구조가 아닌 경우는 아무 문제가 없다.
　　따라서 이 구조 자체가 성립되지 않는다는 것이 아니라, 수식구조로 쓰일
　　때 문제의 소지가 있다는 것이다. 또한, 日本書紀와 같은 역사서인 史記와
　　後漢書의 예만 보더라도 '在+…+之'의 구문이 총 95예나 존재한다는 것은
　　고대 중국 문헌에서 수식구조가 쓰였다고 한다면, 적어도 수식구조의 예가
　　1예 이상은 보여야 할 것인데, 이 두 역사서에 단 1예도 쓰이지 않았다는
　　사실은 '在+…+之'의 유형은 수식구조로 쓰이지 않는다고 보아도 무방할
　　것이다.

4.3. 장소+在+대상

세 번째 유형으로는, '장소+在+대상'의 구조로 훈주(訓注)로 쓰인
반복된 예를 포함하여 총 4예가 보인다. 이 예는 이미 3장에서 제시하
였지만, 서술의 편의를 위해 다시 제시하기로 한다.

> ①既而皇孫遊行之状也者、則自槵日二上天浮橋、<u>立於浮渚在
> 平処</u>、<u>立於浮渚在平処</u>、此云羽企爾磨梨陀毘邏而陀陀志。而膂宍之空
> 国、自頓丘覓国行去、頓丘、此云毘陀烏。覓国、此云矩弐磨儀。行去、
> 此云騰褒屢。到於吾田長屋笠狭之碕矣。(巻2, 神代下)
> ②而膂宍胸副国、自頓丘覓国行去、<u>立於浮渚在平地</u>、乃召国
> 主事勝国勝長狭而訪之。(巻2, 神代下)
> ③遊行降来、到於日向襲之高千穂槵日二上峯天浮橋、而<u>立於
> 浮渚在之平地</u>、膂宍空国、自頓丘覓国行去、到於吾田長屋
> 笠狭之御碕。(巻2, 神代下)

예①, ②는 '장소+在+대상'의 유형, 예③은 '장소+在+之+대상'의 유형
이다. 이 예에서 보이는 '浮渚在'는 'ウキジマリ'의 표기로 쓰인 것인데
이 점에 대해서는 3장에서 상세히 다루었으므로, 여기에서는 수식구
조와 관련지어서만 설명하기로 한다. 4.1에서 언급했듯이, '在'의 기본
유형은 '대상+在+장소'의 유형이므로 중국 문장이라면 '平処+在+浮
渚'의 구문이 될 것이다. 그런데 日本書紀의 예는 자국어화 어순의
영향을 받은 수식구조를 나타내기 위하여 '(장소+在)+대상'으로 일본
어 어순으로 되어 있고, 이미 4.2에서 지적하였듯이 중국 자료에서는
'在+장소+之+대상(=명사, 명사구)'의 구문이 수식구조로 쓰인 예가

보이지 않기 때문에 정격한문체로 보기 어렵다.

한 가지 덧붙이면, 예①과 ②는 예③에 비해 한 단계 더 정격에 위배되는 정도가 상대적으로 높다고 볼 수 있는데, 그것은 뒤에 오는 '之' 때문이다. '之'가 들어 있는 예③은 예①·②와 비교하면, 적어도 어순면에서는 비정격체이지만 형식상으로는 정격한문체의 구조를 취하고 있다. 따라서 '之'가 없는 예①·②가 형식면과 어순면 양쪽에서 정격에 위배되는 반면, 예③의 경우는 어순면에서만 정격에 위배되기 때문에 예①·②가 상대적으로 비정격의 정도가 높다고 하겠다.

：5： 나가는 말

본고에서는 『日本書紀』에서 '在'의 용법을 중국어 용법과의 비교를 통해 그 중 차이를 보이는 용법에 대해 크게 두 가지로 분류하여 살펴보았다.

첫째, 'ウキジマリ'의 훈독 문제이다. '浮渚在(之)平処'를 주석서나 사전에서는 훈주에 따라 'ウキジマリ'로 훈독하고 있는데, 'ウキジマリ'는 분명히 동사 연용형의 명사화이면서 동시에 뒤에 오는 명사를 수식하는 구조인데도 불구하고 이것을 동사의 연용형으로 해석하는 것은 문제가 있다는 사실을 지적하였으며, 특히 수식구조와 결부시켜서 동일한 예 중 '之'가 있는 경우는 연용형인 'ウキジマリ'보다는 연체형인 'ウキジマル' 혹은 연체격을 나타내는 격조사 'ノ'를 삽입한 형태인 'ウキジマリノ'로 훈독할 수 있는 가능성에 대해 문제를 제기하였다.

둘째, 수식구조로 쓰인 여러 문형들이 어법적으로 정격한문체에 위배되었다는 점을 지적하였는데, 보다 더 중요한 점은 수식구조를 나타내는 문형을 중국 어법에 맞게 재배열한 문형17) 및 수식구조의 문형이 본래 중국 어법에 적합한 정격한문체의 문형18)이라 하더라도, '在'의 경우 중국 문헌에서는 수식구조로 쓰이지 않는다는 사실이다. 다시 말해 형식면에서는 정격한문체를 취하고 있으나, 실제로 日本語와 中國文章에서의 쓰임은 차이가 있다는 점이다. 따라서 기존에 형식면 위주로 구분해 온 정격한문체(正格漢文体)와 비정격한문체(変体漢文体)라는 이분법적 구분에서 용법면까지를 분석한 제3의 구분 유형의 필요성을 제기하였다.

参考文献

安熙貞(2004)『古代日本語の用字法研究』J&C, pp.136-170.
沖森卓也(1979)「上代文献における'有・在'字」『国語と国文学』56-6, 至文堂, pp.52-67.
倉野憲司外(1958)『日本古典文学大系1 古事記・祝詞』岩波書店
国語大辞典刊行会編(1979)『日本国語大辞典第一巻』小学館, p.1207.
小島憲之外(1994-1998)『新編日本古典文学全集2-4 日本書紀①-③』小学館
是沢範三(1994) 「上代の文章にみられる「在」・「有」字の研究-＜存在対象＞の概念カテゴリー からみた『日本書記』の用字法-」『愛文』29, 愛媛大学法文学部国語国文学会, pp.34-51.
沢田啓二(1983)「"在"小考 -共起する成分との関連から-」『中国語学文学論集』東方書店, pp.439-464.
鈴木直治(1964)「「有」による強調の表現について」『中国古代語法の研究』汲古書院,

---

17) '所(b)+在(c)+장소(a)+대상(d)'
18) '在+(장소)+之+명사(구)'

　　　　　　　pp.3-20.

高木市之助外(1957~1962)『万葉集(日本古典文学大系)』岩波書店

鶴久·森山隆(1991)『万葉集』桜楓社

吉田賢抗(1960)『新釈漢文大系1　論語』明治書院

目加田誠(1975)『新釈漢文大系76　世説新語上』明治書院

目加田誠(1978)『新釈漢文大系78　世説新語下』明治書院

郭錫良·唐作藩外編(1981)『古代汉语上册』北京出版社, pp.324-329.

汉语大词典编辑委员会(1988)『汉语大词典(第二卷)』汉语大词典出版社, pp.1089-1090

일본 고대문헌의 용자법 연구

上代文献의 数詞表示字 研究
—二·兩을 중심으로—

:1: 들어가는 말

현대 중국어에서 '둘(two or double)'과 관련이 있는 유사한 자들을 살펴보면, 일반적으로 '두 사람'의 의미로 '二人'과 '兩人', '둘로 나눈다'는 의미로 '二分'과 '兩分'처럼 의미가 相通하여 자유롭게 바꿔 쓸 수 있는 경우가 있는 반면, '二部'와 '兩用' 등과 같이 바꿔 쓸 수 없거나 각 字의 의미영역이 고정되어 있는 경우가 있다. 그리고 '再婚'과 '重婚'은 의미하는 바가 다르고, '身土不二'의 경우 '二'의 자리에 '兩'을 넣을 수 없고, '一举兩得'의 경우 '兩'의 자리에 '二'를 넣을 수 없다. 또한 '双手'와 '兩手'는 각각 '두 손'과 '두 가지의 계략(방법)'을 의미하기도 한다. 그 밖에도 중국어에서는 '二重人格'과 동일한 의미로 '双重人格'이라는 표현을 사용하거나 짝수 날의 의미인 '偶日'을 '双日'로, 입술 소리의 의미인 '兩脣音'을 '双脣音'으로 사용하기도 한다. 다시 말해 '二·兩·再·重·雙' 등과 같은 字들 사이에는 그 意味領域에 있어 相異가 존재하고 있음을 알 수 있다. 이러한 맥락에서 상대

자료에서 複數로 쓰인 諸字에 대한 용자법 검토는 앞으로 반드시 필요하다고 하겠다.

특히 '二'와 '兩'은 현대어에서는 상당 부분 상호 교체가 가능하지만, 고대어에서의 '二'와 '兩'은 현대어에 비하면 두 字 사이에 공통점이 전혀 없다고 말할 수 있을 정도로 그 差異가 매우 크다고 한다.

본 고에서는 수사 표시자 중에서 유사한 의미를 지닌 '二'와 '兩' 두 字에 대하여 현대 중국어의 용법과 고대 중국어의 용법의 차이를 비교 분석하여, '二'와 '兩' 두 字가 상대 일본 문헌인『日本書紀』에서 어떻게 반영되었는지에 대하여 살펴보기로 하겠다.

수사는 일찍이 万葉集, 古事記 등에서의 수사 연구를 비롯하여 일본어 수사의 변천과 기원 및 고대 일본어의 수사, 그리고 모음조화와 관련된 수사의 분석 등 일본어사, 어휘, 음성, 음운 등 다양한 분야에서 연구 대상이 되어 왔다[1]. 그 중 三保忠夫는「古文書における助数詞-1-」[2]의 연구를 비롯하여 최근에 이르기까지 조수사, 양사에 대해 수십 편의 논문과 古代木簡資料와 正倉院文書의 조수사의 전체상을 명확히 밝힌『木簡と正倉院文書における助数詞の研究』를 발행하기도 하였다.

이와 같이 수사에 대한 연구는 꾸준히 지속되고 있으나, 국어사적

---

1) 津留繁雄(1954)「万葉集に見られる数詞について」『不知火』7
　　中田祝夫(1960)「古事記の古訓-数詞の訓み方の一つの場合-」『二松学舎大学論集』
　　築島裕(1965)「日本語の数詞の変遷」『言語生活』166
　　川本崇雄(1975)「日本語の数詞の起源」『季刊人類学』6-2
　　安田尚道(1978)「古代日本語の数詞をめぐって」『言語』7-1
　　福田昆之(1982)「数詞の母音調和の識別性の分析(補)」『言語と言語学』5
2) 三保忠夫(1989)「古文書における助数詞-1-」島根大学教育学部紀要 23(1)

인 측면에서의 접근이 대부분이며 또한 너무 포괄적이다. 현재까지 연구되어 온 것처럼 수사의 전체상을 다루는 것은 물론 중요하다. 왜냐하면 고대에서의 수사의 현상을 알 수 있는 중요한 자료이기도 하거니와 당시 사람들의 수사에 대한 인식을 알 수 있음과 동시에 고대 한국, 중국과의 관계가 어떠했는지를 생각할 때 하나의 단서가 될 수 있기 때문이다. 그렇기 때문에 중요한 고대 자료를 대상으로 수사 등에 관한 연구가 지속적으로 이루어 지는 것이라고 생각한다. 그러나 고대 문헌들이 문서이고 역사서라는 기록 자료라는 점을 감안한다면 용법과 표기면에서 보다 면밀한 분석이 필요하다. 앞에서도 언급하였듯이 用字에 따라서는 서로 바꾸어 쓸 수 없는 고유의 의미 영역이 있는데도 불구하고 잘못 쓰였다면 그것은 오용으로 보아야 하고, 그것을 전제로 연구를 진행하여야 하나 일본어 내의 분석으로만 연구를 진행함으로써 결국 이제까지의 연구는 보다 근본적인 결론에 이르지 못하고 있는 실정이다. 이와 같은 관점에서 중국어 속에서도 시대 변천에 따라 용법에 커다란 차이를 보이는 類似字 '二'와 '兩'의 용법이 상대 일본 문헌에 어떻게 반영되었는지 특히 정통 한문체인 日本書紀의 검토는 더욱 의미가 있다고 하겠다. 아울러 두 字를 구체적으로 다룬 연구는 필자가 조사해 본 결과로는 아직 발견하지 못했기에 본고에서 다루게 되었다.

: 2 : 중국어의 二·兩

2.1. 현대 중국어에서의 二와 兩

현대 중국어에서의 '二'와 '兩'은 일반적으로 다음과 같이 쓰인다. 먼저, '二'를 살펴 보기로 하겠다.

첫째, 한어 속에서 '2'는 二 혹은 兩으로 표시할 수 있는데, 단독으로 쓰이는 경우에 二를 쓴다. 예를 들면 '一, 二, 三'과 '这是二'의 표현은 가능하지만, '一, 兩, 三'과 '这是兩' 과 같은 표현은 쓸 수 없다.

둘째, 두 자리수 이상의 數 표현에서 한 자리수의 2는 二로 표기한다. 예를 들어 32人과 102回를 표현한다면 다음과 같다.

- 花不语走进一看，赫然发现屋中竖有三十二根石柱子，其中三十一根柱子上都绑着人，一色的年轻男人，他进来，正好凑齐双数三十二个人。(32人)
- 第二届全国人民代表大会常务委员会第一百零二次会议1963年9月28日举行。(102回)

셋째, 종래의 도량형에서는 兩이 쓰이기도 하지만, 二로 표현하는 것이 일반적이다.

- 八十二尺庞然大物 香港富豪奢华游艇。(2尺)
- "三块，我咬了咬牙，给你买了二斤，放到后屋的厨柜里了，你去吃吧。"(2斤)

넷째, 중량을 나타내는 단위의 兩 앞에서는 반드시 二를 쓴다.

- 他今年65岁，夏天经常独自到国际海水浴场游泳，每次都是下午喝过二两酒3)以后去，从来也没出过问题，没想过这次出现了意外，以后自己再也不敢饮酒后去游泳了。(酒100ｇ)

다섯째, '十' 앞에서는 二를 쓴다. 그리고 '百' 앞에서는 일반적으로 二를 쓰지만 兩을 쓰는 경우도 있다.

- 万国邮政联盟成立一百二十五周年。 (125周年)
- 我知道，我的二百五十块，已经买了那个曾经誓言"用人格担保"的女人的人格。(250위안)
- 课本费也非常贵，大概两百块钱到两百五十块钱。(250위안)

여섯째, 자리수가 많은 數에서는, 윗자리부터 두 번째 자리수 이하에서는 일반적으로 二를 쓴다. 예를 들면 222,502,222위안(元)을 표시한다면, '两亿二千二百五十万二千二百二十二元'과 같다.

일곱째, 서수의 2는 다음과 같이 二로 나타낸다.4)

- 上海第二工业大学自学考试教育中心。

여덟째, 소수점의 2는 다음과 같이 二를 사용한다.5)

---

3) 二两(100그램. 1兩은 50그램임)
4) 第二(제2), 二哥(둘째 형)
5) 零点二(0.2) , 三十六点二(36.2)

- 每<u>零点二五秒</u>两个在指尖的感应器就会量。

아홉째, 분수의 2도 다음과 같이 二가 쓰인다.

- 如<u>二分之一</u>, 百分之二, 千分之二, 不能说成 "两分之一", "百分之两", "千分之两"。

마지막으로, 수학에서 쓰이거나, 양사를 동반하지 않는 경우는 二를 쓴다. 예를 들면 二加五等于七(2+5=7) 및 一元二次方程(一元二次方程式)과 같이 표기한다.

다음으로 '兩'을 살펴보기로 하자. 첫째, 일반적으로 量詞 앞 한 자리수의 2는 兩을 쓴다.6) 예를 들면 '今天之所以介绍这<u>两本书</u>, 是因为我要介绍这<u>两本书</u>'와 같다. 둘째, 외국에서 들어온 새 도량형 앞에서는 대개 兩을 쓴다. 예를 제시하면 다음과 같다.

- 一人多高，三人合抱，估计有<u>两吨</u>多重，巨石左下方有一棵被压弯的小树。(2ton)
- 前方<u>两公里</u>车行速度缓慢，建议改道行驶！"(2km)
- 国家气象中心预测未来两天当地丹佛市的降雪量将深达<u>两英尺</u>厚。(2feet)

'…总重五十二吨…(52ton), …漫长的十二公里…(12km), …高五十

---

6) 两本书(2권의 책), 去了两次(2번 갔다), 两匹马(말 두 필), 增加两倍(3배로 증가하다)

二英尺的矿段…(52feet)'와 같이 물론 二를 쓰는 경우도 보이는데 이
것은 二의 용법에서 살펴 본 두 자리 이상의 數의 예이다. 셋째, '千·
萬·億' 앞에서는 다음과 같이 대개 兩를 쓴다.

- 台北市自八十九年的兩万兩千一百四十七元增加至九十四年
  的兩万四千八百零二元，(24,800)
- 未来五年，中国将有兩亿人口进入中产阶层消费群。(2억의
  인구)

그러나 이 경우도 二를 쓰는 예가 보이는데,

- 一亿人的富裕致使十二亿人口的更加的贫穷。(12억의 인구)

이 예 또한 두 번째 용법과 마찬가지로 두 자리 이상의 경우에 쓰여
二에서 언급한 32人과 같이 두 자리수 이상의 數 표현에서 사용된 것
이다.
　넷째, '半' 앞에서는 兩을 쓴다。7)

- 快速路兩半环今年合龙开车50分钟绕城一周。

　다섯째, 兩弟兄(두 형제) 및 兩姐妹(두 자매)와 같이 대(對)를 이루
는 친족을 함께 부를 때 兩을 쓴다. 단, '父母'에게는 兩을 쓰지 않는다.
　여섯째, 다음과 같이 文語 및 관용표현8)에 兩을 많이 사용한다.

---

7) 分成兩半儿(둘로 나누다, 반씩으로 나누다)
8) 兩便(쌍방이 다 편하다. 서로 편한대로 하다), 兩利(쌍방에 모두 이

- 劳资两利。
- 到了目的地, 咱们就两便吧。

일곱째, '2~3'의 不定數를 나타낼 때 两을 쓴다. 통상적으로는 '2~3'을 나타내지만, 막연한 부정 수량을 나타내기도 하며 이 경우 '几'로 교체가 가능하다9).

- 过两天再说。
- 他真有两下子。

이상과 같이 '二'는 주로 단독으로 쓰이는 경우, 두 자리수 이상의 數 표현에서 한 자리수의 2, 종래의 도량형, 중량 단위의 '兩'과 '十' 앞, 자리수가 많은 數에서는 윗자리부터 두 번째 자리수 이하, 서수, 소수, 분수, 수학 등에서 쓰인다. '兩'은 양사 앞 한 자리수의 2, 외국에서 온 새 도량형 앞, '千·萬·億' 앞 , '半' 앞, 대를 이루는 친족을 함께 부르는 경우, 문어 및 관용표현, '2-3'의 부정수를 나타낼 때 등에 쓰인다. 그러나 이 두 字의 쓰임은 상호 교체가 전혀 불가능하거나 '반드시' 어느 字를 써야 한다라기 보다는 '일반적으로' '주로' '대개' 어느 字가 주로 쓰이고 다른 한쪽도 쓰이기도 한다는 정도의 구분이 강하며, 二가 兩에 비해 의미영역이 상대적으로 넓지만 두 字는 비교적 상당부분 의미영역을 共用하고 있다.

롭다), 兩全其美(쌍방이 모두 좋게 하다), 兩相情愿(쌍방이 모두 원하다), 兩兩相対(둘 씩 상대하다)
9) 兩天(2~3일), 兩下子(약간의 기술. 솜씨)

2.2. 고대 중국어에서의 二와 兩

본 절에서는 고대 중국어에서 사용된 '二'와 '兩'의 용법을 검토해 보기로 하자. 먼저 二의 용법으로 다음 예문을 보면,

①吾一婦人而事二夫, 縱弗能死, 其又奚言? (左傳 庄公14年)
②君子不重傷, 不禽二毛. (左傳 僖公22年)
③其竭力致死, 无有二心. (左傳 成公3年)
　君若不來, 群臣不忍社稷宗廟, 惧有二圖. (左傳 襄公7年)
④禮无加貨, 事无二成. (左傳 成公8年)
⑤作五帝本紀第一 .... 作夏本紀第二 .... 作殷本紀第三. (史記 自序)

①의 '一婦'와 '二夫'의 '一, 二'는 基數로 쓰인 경우 즉, 實數를 표시한 것이다. ②의 '二毛'는 学研漢和大辞典[10]에 의하면, '頭髪に白髪がまじっていること。また白髪まじりの老人'을 의미하여 '연로(年老)하다, 나이가 많다'에 대한 비유표현으로 쓰인 比喩的用法에 '二'가 사용되고 있다. ③의 '二心'은 '忠実でなく、主君・主人や味方にそむく心。ふたごころ'라고 하여 '다른 마음을 품다, 두 마음을 가지다'라는 의미를 나타낸다. '二圖'도 '其他' '別有用心'[11]이라고 하여 '따로 저의가 있다, 다른 의도가 있다'는 의미를 나타낸다[12]. ④의 '禮无加貨,

---

10) 藤堂明保(1997)『学研漢和大辞典』学習研究社 p.34
11) 呂叔湘(1989)「左传的数量词」(『语言文字学术论文集』) 知识出版社出版 p.97
12) '一'의 본래 의미는 숫자 1인데, 후에 집중하다라는 의미를 가지게 되었다. '二'는 본래 숫자 2의 의미인데, 一이 집중하다라는 뜻을 가지고 있으므로 二는 집중하지 않는다라는 반대 의미를 갖게 되었다. 따라서 '二心'은 집중하지 않거나 충실하지 못한 것을 가리킨다. 박영종외(2002)『중국문화에

事无二成'의 내용은, '禮에는 재물을 덧붙여 주는 법이 없듯이 事에
서도 일단 결정된 일은 변경할 수 없다'는 의미로, '二成'은 앞 문장에
나온 出師와 緩事를 다시 언급하는 대명사(적)용법으로 쓰였으며, 이
둘은 서로 有關한 雙方을 표시한다. 이와 같은 용법을 '유관성을 지
닌 雙方'을 표시하는 용법이라고도 한다. ⑤의 '第一, 第二, 第三'은
'第'와 함께 쓰여 서수를 나타내는 용법이다.

　한편, 兩의 용법은 다음과 같다.

　　①射兩輈而還。(左傳 襄公14年)
　　　　物生有兩。(左傳 昭公32年)
　　②目不能兩視而明、耳不能兩聽而聰. (荀子 勸學)
　　　　賢舜則去堯之明察, 聖堯則去舜之德化, 不可兩得也. (韓非子
　　　　難一)
　　③蔡侯爲兩佩与兩裘以如楚. (左傳 定公3年)
　　　　范獻子求貨于叔孫, 使請冠焉。取其冠法, 而与之兩冠. 　(左
　　　　傳 昭公23年)
　　　　王召養由基, 与之兩矢, 使射呂錡. (左傳 成公16年)
　　④之子于歸, 百兩御之. (詩經 召南 鵲巢)
　　　　牛車千兩, 木器髹者千枚. (史記 貨殖列傳)
　　⑤並后匹嫡, 兩政耦國, 亂之本也. (左傳 桓公18年)
　　　　行衢道者不至, 事兩君者不容. (荀子 勸學)
　　⑥以兩之一卒適吳, 舍偏兩之一焉. (左傳 成公七年)

①의 경우, 첫번째의 '兩輈'는 수레의 두 바퀴라는 의미이고, 두번째
의 '兩'은 좌우 양쪽을 의미한다. 学研漢和大字典(1997: 20)에 의하

담긴 중국어 이야기』다락원 p.166

면, '兩'은 '二つで対をなすもの。また、二つで対をなしている'의 의미이고, 解字 또한 '左右両方が対をなして平均したはかりを描いたもの'라고 되어 있다. 따라서 ①은 처음부터 짝이나 대립을 이루는 쌍 즉, 自然對立 雙의 용법으로 쓰이고 있다. ②의 경우, '兩' 뒤에 오는 字를 보면, '視, 聽, 得' 즉, 동사가 위치해 있다. 첫번째 예는 '눈은 동시에 두 곳을 볼 수 없지만 분명히 볼 수 있고, 귀는 동시에 두 곳의 소리를 들을 수 없지만 분명히 들을 수 있다'의 의미로 '兩視'와 '兩聽'은 각각 두 번 보고 두 번 듣는다는 의미가 아니라 同時에 보고, 同時에 듣는다는 의미이다. 두번째 예의 '不可兩得'도 '동시에 얻을 수 없다'는 의미로 '兩得'도 두 가지를 얻다의 의미가 아니라 同時에 얻는다는 의미이다. 따라서, 일반적으로 알고 있는 一擧兩得이 '한 번에 두 가지를 얻는다'는 의미가 아니라 정확하게는 '동시에 두 가지를 얻는다'는 의미인 것이다. 여기에서의 '兩'의 용법은 副詞性修飾語 혹은 連用修飾語를 만들어 동사 앞에 위치하여 '同時' 혹은 '雙方'의 의미를 나타내는 용법이다. ③의 경우, '兩佩·兩裘·兩冠·兩矢'는 '佩·裘·冠·矢'가 각각 같은 모양의 두 물건임을 나타내고 있다. 즉, 同樣兩物을 나타내는 용법으로 쓰이고 있다. ④의 경우, '百兩'은 '百兩車'로 영접했다는 의미로, '千兩'은 우마차(牛馬車) '천대'의 의미로 차(車)의 대수(臺數)를 세는 單位詞(量詞)의 용법으로 쓰이고 있다. ⑤의 경우, 王力의 설명에 의하면,

- 在先秦时代，"两"字就有了两种引申的意义。第一种引申的意义是:本来是独一无二的事物，在特殊情况或假说情况下，就以两个并称。…["两政"，指两个政府或政权。][13)

와 같이 '兩政'은 '두 정부 혹은 두 정권'을 의미하고, '兩君'은 '두 임금'을 의미한다. '政(Government)' 혹은 '君(Lord)'과 같이 추상적인 개념이든 실존하는 것이든 오로지 하나만 존재하여야 마땅한 獨一無二한 것을 의미하므로 문맥으로 보아 '兩政'은 '두 정부' 혹은 '두 정권'이라는 특수한 상황(特殊狀況)을 나타내는 것이고, '兩君'은 '두 임금을 섬긴다면'이라는 가설상황(假說狀況)을 묘사하는 것이다. 따라서 ⑤는 獨一無二한 것으로 특수상황 혹은 가설상황을 나타내는 용법이다. ⑥은 분수로 쓰인 경우이다. 현대어의 '1/2'은 '二分之一'로 '二'를 사용하지만 고대어에서는 분모에는 반드시 '兩'을 사용하여 '兩分之一'과 같이 표현한다. ⑥의 '兩之一'과 같이 分을 생략하는 표현 및 '兩之'와 같이 더 축약된 표현도 같이 존재한다.

이상을 정리해 보면, '二'는 實數, 比喩的用法, 其他·別有用心의 용법, 유관성을 지닌 雙方, 그리고 서수 등을 나타내는 용법이 있으며, '兩'은 自然對立雙, 同時 혹은 雙方, 同樣兩物, 單位詞(量詞), 獨一無二(특수, 가설상황)의 용법, 그리고 분수를 나타내는 용법이 존재하여 두 字는 相異한 의미 영역을 확보하고 있음을 알 수 있다.

: 3 : 『日本書紀』의 '二'와 '兩'

본 장에서는 2장에서 살펴 본 고대 중국어 용법을 기준으로 日本古典文學大系本의 『日本書紀』14)를 대상으로 '二'와 '兩'이 개별용법으

---

13) 王力(1996)『汉语史稿(修订本)』中华书局出版 北京 pp.247-248
14) 大野晋外(1965~1967) 『日本古典文学大系 日本書紀上、下』 岩波書店(以下

로 쓰인 경우와 동일한 용법에 혼용되어 쓰인 경우로 나누어 살펴보겠다. 日本書紀에서는 '二'가 총 775회, '兩'이 총 54회 쓰였는데, 분석 과정에서 書紀區分論이나 α群·β群說이 과연 '二'와 '兩'의 용법에서도 어떻게 반영이 되고 있는지도 함께 검토해 보기로 하겠다.

3.1. '二·兩'의 各用項目

이 절에서는 日本書紀에서 '二'와 '兩'이 相異하게 독립적으로 쓰인 항목을 살펴보겠다. 먼저 '二'의 용법을 보면 다음과 같다.

> ①二年春二月甲辰朔乙巳、天皇定功行賞。(卷3 神武紀 二年二月)
> ②后生二皇子。第一曰息石耳命。第二曰大日本彦耜友天皇。
>   (卷4 安寧紀 三年正月)
> ③又於農月、不合使民、縁造新宮、固不獲已。深感二途、大
>   赦天下。(卷25 孝德紀 大化二年三月)

①은 '〜年, 〜月, 〜日'에 쓰인 경우 즉, 실수의 용법으로 쓰인 경우로 308회가 보였고, ②는 '第'가 앞에 위치하여 순서를 나타내는 전형적인 서수(序數)의 용법으로 쓰인 경우로 75회가 보였다. 한편, ③은 '又、農の月にして、民を使ふ合からざれども、新しき宮を造るに縁りて、固に已むこと獲ず。深く二つの途を感けて、天下に大赦す'의 의미인데, 여기에서 '二途'는 大系本의 孝德紀 p.290 頭註9를 보면 "諸の神に幣たてまつることと、農月云々と"로, 小學館本『日本書紀』[15]의 孝德紀

大系本)
15) 毛利正守外(1994)、『新編日本古典文學全集　日本書紀』小學館（以下　小学

p.145 頭註21에는 "諸神への奉幣のことと農月云々のこととをいう"라고 설명되어 있다. 즉 '二途'는 '신에게 제사지내는 일'과 '농사철에 농사짓는 일' 두 가지 일을 나타내는 비유적 용법으로 쓰였다. 이러한 용법은 『左傳』(僖公22年)에 보이는 "君子不重傷, 不禽二毛"의 '二毛'가 '흰 머리가 섞이거나 흰 머리가 섞인 노인'이라는 의미 즉 '연로(年老)하다, 나이가 많다'는 비유적 용법과 동일하다. 비유적 용법의 예를 하나 더 제시하면 다음과 같다.

③ ′ 衣食之源、則二儀之隩区矣。(巻27 天智紀 元年十二月)

'二儀'는 大系本에 의하면 '衣食の源は、二儀の隩区なり'의 의미로 "天地"에 대한 비유적 표현으로 쓰였다. 小學館本에서는 '二儀'를 'にぎ'로 읽었는데 天智紀 p.255 頭註21[16)]의 설명에 의해서도 비유적 용법으로 쓰였음이 분명하다. 日本書紀에서 二의 비유적 용법은 이 2예가 전부이다.

다음으로 '兩'의 용법을 살펴 보기로 하자. 예를 들면 다음과 같다.

① 使海犬養連勝麻呂、授箱中兩劍於佐伯連子麻呂与葛城稚犬養連網田曰、(巻24 皇極紀 四年六月)

② 若良女、嫁奴所生子、配其父。若兩家奴婢所生子、配其母。(巻25 孝徳紀 大化元年八月)

館本)

16) 天地。『文選』呉都賦に「二儀ノ優渥ヲ兼ネタリ」、六臣注「二儀ハ天地也」とある。

③賜陰陽博士沙門法藏・道基銀廿兩。(卷30 持統紀 六年二月)

①은 大系本에서는 '海犬養連勝麻呂をして、箱の中の兩つの劍を 佐伯連子麻呂と葛城稚犬養連網田とに授けしめて曰はく'로 훈독하였으며 小學館本에서도 해당 자는 '両剣'로 훈독하였는데, 이 兩劍은 '(상자 속의)두 검'의 의미로 동일한 사물의 존재(同樣兩物)를 나타내는데 쓰인 경우로 5회 보인다. ②는 '男女의 法'에 대해 말하는 내용[17]에 나오는 예로 大系本에 '若し良女、奴に嫁ぎて生めらむ所の子は、其の父に配けよ。若し兩つの家の奴婢の生めらむ所の子は、其の母に配けよ'로 훈독하였는데 그 의미는 '만약 남녀 양쪽이 노비라면 그 사이에서 태어난 아이는 어머니에게 속한다'로 小學館本에서도 해당 부분은 '若し兩家の奴婢'로 동일하게 훈독하였다. 이와 같은 용법은 '若'[18]과 같이 쓰여 '만약~이라면'의 의미를 나타내는 '가설상황'에 쓰인 용법으로 1회가 보였다. ③은 '陰陽博士沙門法藏・道基に銀廿兩賜ふ(大系本)'와 '銀廿兩(小學館本)'로 훈독되는데 이것은 무게의 단위를 나타내는 단위사(量詞)로 쓰인 예로 총 5회가 보였다.

---

17) 전문은 다음과 같다. "又男女之法者、良男良女共所生子、配其父。若良男、娶婢所生子、配其母。若良女、嫁奴所生子、配其父。若兩家奴婢所生子、配其母。"(卷25 孝德紀 大化元年8月)

18) 若과 함께 쓰인 예가 2회 더 보이나 "若有驗者、髮自分為兩。(卷9 神功 摂政前紀 仲哀天皇9年4月)"은 若이 者에 걸리는 종속절문에 쓰여 수사 兩과는 관계가 없이 '단독'으로 쓰인 경우이며, "若経十年及二十年、適人為婦(卷25 孝德紀 大化2年3月)"의 二는 十年을 수식할 뿐 若과는 관계가 없는 예이므로 본문에서 기술하는 가설상황을 나타내는 용법과는 거리가 있다.

3.2. '二·兩'의 混用項目

　앞 절에서는 '二'와 '兩' 각각의 各用項目에 대해 살펴 보았다. 여기에서는 『日本書紀』에서 二와 兩 두 字가 混用되고 있는 경우를 살펴보고 고대 중국어의 용법과 비교해 보기로 한다.

3.2.1. 고유명사

　①三月癸卯朔乙巳、幸<u>二</u>槻宮。(巻30 持統紀 十年三月)

　②....多羅下旱岐夷他、<u>斯二岐</u>旱岐児、子他旱岐等、(巻19 欽明紀 二年四月)

　③<u>次生伊予二名洲</u>。次生筑紫洲。次双生億岐洲与佐度洲。(巻1 神代上 第四段)

　④大使臣乙相奄・副使達相遁・<u>二位</u>玄武若光等。(巻27 天智紀 五年十月)

　⑤復於嶺上兩槻樹邊起観。号為<u>兩槻宮</u>。(巻26 斉明紀 二年是歳)

　⑥初日本武尊、娶<u>兩道入姫皇女</u>為妃、生稲依別王。(巻7 景行紀 五十一年八月)

　⑦天皇泛<u>兩枝船</u>于磐余市磯池。(巻12 履中紀 三年十一月)

　二의 경우, ①은 宮名(ふたつきのみや)으로 1회, ②는 'しにき'의 地名(斯二岐)으로 3회, ③은 人名(いよのふたなのしま)으로 9회, 그리고 ④는 '二(首)位, 二造'와 같은 官職名(ふたつのくらい)으로 5회가 쓰였다. 兩의 경우, ⑤는 宮名(ふたつきのみや)으로 1회, ⑥은 人名(ふたちのいりびめのひめみこ)으로 2회, ⑦은 船名(ふたまたぶね)으로 1회 쓰였다. 즉, 宮名, 地名, 人名 등의 고유명사로 쓰인 경우이다. 日本書紀에서는 二가 궁명·인명·지명·관직명에 총 18회가 쓰인 반면, 兩은 궁명·인

명·선명에 총 4회가 쓰여 고유명사의 표기에 二가 압도적으로 優位
를 점하고 있다.

3.2.2 자연대립쌍

⑧辛未、有人云、得鹿角於葛城山。其角本<u>二枝</u>而末合有宍。
(卷29 天武紀下 九年二月)
⑨因以詔之曰、凡出入宮門、以<u>兩手</u>押地、<u>兩脚</u>跪之、越梱則
立行。(卷22 推古紀 十二年 九月)

⑧의 '二枝(ふたまた)'는 '사슴 뿔이 본래 두 개'라는 의미이며, ⑨의
'兩手(ふたつのて)' 및 '兩脚(ふたつのあし)'은 '양 손', '양 발'의 의미로
본래부터 대립하고 있는 한 쌍을 나타내기 위해 쓰였다. 이것은 앞서
고대 중국어 용법에서 언급하였듯이, 수레의 두 바퀴 혹은 신체의 좌
우 양쪽을 의미하는 것으로 본래부터 짝이나 대립을 이루는 쌍을 의
미하는 自然對立雙에 해당한다. 이 용법의 경우 고대 중국어에서는
兩이 담당하는 용법이므로 엄밀하게 말하면 ⑧은 兩이 쓰여야 함에
도 불구하고, 日本書紀에서 이와 같이 자연대립쌍으로 쓰인 예로 兩
의 7회 이외에 二도 3회나 쓰였다. 二가 쓰인 나머지 예를 살펴보면
다음과 같다.

⑧′秋七月乙未朔辛丑、饗百済客於朝。是月、瑞蓮生於劍
池。<u>一茎二花</u>。(卷23 舒明紀 七年七月)
⑧″戊申、於劍池蓮中、有<u>一茎二蕚</u>者。豊浦大臣、妄推曰、
是、蘇我臣将栄之瑞也。(卷24 皇極紀 三年六月)

⑧´과 ⑧″도 ⑧과 마찬가지로 고대 중국어의 용법에 따르면 兩이 와야 하는 용법이다. 내용을 살펴보면 ⑧´는 百濟客에게 향응을 베 푼 그 달에 연꽃이 피었는데, 한 줄기에 꽃 한 송이가 아닌 두 송이가 피었다는 내용으로, 瑞蓮^{あやしきはちす}라는 표현을 사용한 것으로 보아 일반적인 현상이 아님을 알 수 있다. ⑧″는 劍池^{つるぎのいけ}의 연꽃 중에 한 줄기에 두 개의 蕚^{はなぶさ}이 있는 연꽃이 있었다는 내용으로, 뒤에 나오는 瑞^{みつ}에서 알 수 있듯이 상서로운 징조를 의미한다. 또한 앞의 ⑧은 어떤 사람이 산에 서 鹿角을 얻어 기이하게 생각하여 헌상하는 내용인데, 뿔이 자라기 시작하는 머리부분(本)은 두 개인데 끝(末)이 하나로 되어 거기에 살 (肉)이 붙고 다시 그 위에 털(毛)이 자라나 털길이가 약 3센티(一寸) 쯤 된다는 내용이다. 앞에서 언급하였듯이 자연대립쌍을 나타내는 경 우 兩을 사용해야 함에도 불구하고 이상의 3예는 모두 二로 표기되었 다. 고대 중국어 용법에서 보면 모두 오용이라 할 수 있는데, 그렇다 면 이 예들을 모두 誤用으로 보아야 할 것인지가 문제이다.

⑧, ⑧´, ⑧″는 모두 하나의 중심에서 두 갈래로 대칭되어 있는, 대립으로 쌍을 이루고 있다는 점에서 언뜻 자연대립쌍의 용법에 속한 것으로 판단하기 쉽다. 그러나 세 예 모두가 뿔 혹은 식물의 줄기와 꽃이 대상이고 그것도 일반적인 경우에 대해 일반적이지 않은 현상 혹은 상서로운 징조를 나타내는 등 특별한 경우를 기술하는데 쓰여졌 다. 이것은 兩이 쓰여야 하는 '兩手'이나 '兩脚'과는 차이가 있다. 다 시 말하면 '양 손'과 '양 발'처럼 본래부터 대립되는 자연대립쌍의 경 우를 '선천적 대립'이라고 한다면, 줄기 하나에 꽃 두 송이가 피는 경 우처럼 非一般으로 대립되는 경우를 '후천적 대립'[19]이라고 할 수 있 다. 이것을 書紀區分論의 α·β群과 연관지어 생각해 보면, ⑧″의 1

예만이 중국인이 관여해서 중국어 용법에 맞게 기술되었다는 α群이
고, 二와 兩이 쓰인 나머지 예들이 모두 β群임을 감안하면 日本書紀
에서 이 용법의 경우는 α·β群에 따른 구분보다 '선천적 대립'과 '후천
적 대립'에 따른 구분으로 사용된 것으로 추정된다. 즉, 兩은 선천적
대립에 주로 사용되었지만 후천적 대립을 포함하여 함께 사용된 반면
에, 二는 비일반적인 것으로 대립되는 후천적 대립에만 사용된 것으
로 보인다.

3.2.3 二·兩+용언

⑩其国去京、五千余里。居筑紫南海中。切髪草裳。粳稲常
豊。一殖兩収。(巻29 天武紀下 十年八月)

⑪十二月壬午朔、天暖如春気。甲申、雷五鳴於昼、二鳴於
夜。(巻24 皇極紀 元年十二月)

⑩은 多禰嶋를 설명하는 내용으로 多禰嶋는 벼(粳稲)가 항상 풍요
로운 곳으로, '一たび殖ゑて兩たび収む' 즉, 한 번 심어 두 번 수확한다
는 의미로 兩 뒤에 동사 収가 왔다. 그리고 ⑪은 '雷、五昼鳴り、二
夜鳴る(大系本)、雷五たび昼に鳴り、二たび夜に鳴る(小學館本)'로 훈
독되어, 천둥이 낮에 다섯 번, 밤에 두 번 쳤다는 의미로 二 뒤에 역시
동사 鳴이 왔다. 이것은 兩이 副詞性(連用) 수식어로 동사 앞에 위치
하여 '同時' 혹은 '雙方'의 의미를 나타내는 용법으로 고대 중국어에

---

19) 편의상 '선천적 대립'과 '후천적 대립'이라는 용어는 필자가 명명한 것이다.
후천적 대립은 '兩'에도 2예 존재한다. 有大樹、自大井河流之、停于河曲。
其大十囲。本壱以末兩。(巻11 仁徳紀 六十二年 五月), 飛騨国有一人。曰宿
儺。其為人、壱体有兩面。面各相背。(巻11 仁徳紀 六十五年)

서는 兩이 담당하는 용법인데 日本書紀에서는 총 5회(兩 2회·二 3
회)가 보였다. 나머지 3예를 제시하면 다음과 같다.

> ⑩´ 時天皇異之。則舉燭親秉式占曰、天下兩分之祥也。然朕
> 遂得天下歟。(巻28 天武紀上 元年六月)
> ⑪´ 辛丑、雷三鳴於東北角。庚寅、雷二鳴於東、而風雨。(巻
> 24 皇極紀 元年十二月)
> ⑪″ 天皇命有司、二分子孫、一分為大草香部民、以封皇后。
> 一分賜茅渟県主、為負囊者。(巻14 雄略紀 十四年四月)

巻27의 天智紀 即位前紀에 보면 '水陸二路'라는 표현이 보이는데 二
뒤에 명사 路가 왔다. 또한 2.2의 고대 중국어 용법에 제시된 二夫,
二毛, 二心 등을 보더라도 마찬가지로 뒤에 명사가 온다. 한편 兩은
일반적으로 알고 있는 표현인 水陸兩用이라든지 一擧兩得, 一刀兩
斷과 같이 兩 뒤에 동사 用·得·斷이 온다. 제시한 예가 4자성어만인
데, 이것은 兩斷·兩得·兩立 등과 같이 단독으로도 존재한다. 다시 말
하면 일반적으로 명사와의 결합시에는 二가, 동사와의 결합시에는 兩
이 쓰인다는 것을 알 수 있다.

앞에서 언급하였듯이 동사와 결합하여 '同時' 혹은 '雙方'의 의미를
나타내는 경우는 兩의 용법이기 때문에 이와 같은 관점에서 본다면
⑩과 같이 兩이 2회 쓰인 것은 고대 중국어 용법에 비추어 타당하나,
⑪과 같이 二가 쓰인 예는 엄밀하게 말하면 오용이라고 할 수 있다.
더군다나 동사와 함께 쓰인 경우 二가 3회이고 兩이 2회로 오히려 二
가 동사와 함께 쓰인 예가 많은데 이것은 고대 중국어의 용법에 비추
어 보면 적합하지 않다. 그렇다면 日本書紀 내의 이와 같은 二의 용

법을 어떻게 보아야 할 것인가? 書紀區分論에 따르면 ⑪, ⑪′, ⑪″는 β群이 아니라 모두 α群이라는 점을 감안한다면 분명한 오용으로 보기에는 무언가 다른 이유가 있었지 않았을까 하는 추측을 해 볼 수 있다. 이에 대해서 두 가지로 추정해 볼 수 있는데, 먼저 제시된 예의 해당 부분인 ⑩의 兩收, ⑩′의 兩分, ⑪의 二鳴, ⑪′의 二鳴, ⑪″의 二分을 자세히 살펴 보면, ⑩′과 ⑪″는 동일한 동사가 위치해 있다. ⑩′는 '則ち燭を挙げて親ら式を乗り、占ひて曰はく、「天下兩分の祥なり。然して朕遂に天下を得むか」とのたまふ'로 훈독되고, ⑪″는 '天皇、有司に命せて、二に子孫を分ちて、一分をば大草香部民^{おほくさかべのたみ}として、皇后に封したまふ。一分をば茅淳県主^{ちぬのあがたぬし}に賜ひて、負嚢者とす'로 훈독되어 兩分은 천황이 직접 점을 치면서 천하가 나누어 질 징조로 마침내 본인이 천하를 얻을 것이라는 의미이고, 二分은 자손(子孫)을 둘로 나누어 한쪽은 황후로 봉하고, 다른 한 쪽은 負嚢者^{ふくろかつぎひと}에 처한다는 의미이다. 따라서 兩分과 二分은 前者는 현 정권이 무너지는 의미인 반면, 後者는 둘로 나누다라는 의미로 분명히 의미의 차이를 보인다. 다음으로, 二鳴이 두 차례가 보였는데 ⑪은 二鳴 이외에도 같은 문장 내에 五鳴이라는 五의 표현이 보이며, ⑪′ 또한 三鳴의 숫자 三이 보인다. 이것은 ⑪의 경우는 앞에 보이는 五鳴, ⑪′의 경우는 三鳴과 댓구를 이루면서 숫자에 이끌려 二를 쓴 것이라고 보여진다.

이와 같이 日本書紀에서 二가 동사와 결합한 二分의 경우는 둘로 나누는 것에 초점을 두어 동시에 나눈다는 兩分과는 분명한 의미적인 차이가 있고, 二鳴의 경우도 낮에 다섯 번, 밤에 두 번이라는 댓구 관계 속에서 동사 鳴 보다 횟수 표현에 초점을 둔 것이다. 특히 二鳴의 경우는 고대 중국어의 용법이라는 측면에서 본다면, 엄밀하게 오

용이라고 할 수 있지만, 앞의 두 경우 모두 오용으로 보기보다는 어법
적인 요소보다 의미적인 요소를 우선시한 배경 하에 이루어진 표기라
고 추정할 수 있다.

3.2.4 獨一無二

　⑫十二日、国司国造、勿敛百姓。国非二君。民無両主。(卷22
　　推古紀 十二年四月)

　⑬蘇我臣、専擅国政、多行無礼。天無二旦、国無二王。何由
　　任意悉役封民。自兹結恨、遂取俱亡。(卷24 皇極紀 元年十
　　二月)

　⑫는 憲法十七條 中 十二條의 일부분인데 내용을 보면, '十二に曰
はく、国司国造、百姓に敛らざれ。国に二の君非ず。民に両の主無し'
로 훈독되어 '나라에 두 임금이 없고 백성에게 두 왕이 없다'는 의미
이다. ⑬은 蘇我蝦夷와 入鹿의 전횡을 묘사하는 내용인데, 「蘇我
臣、専国の政を擅にして、多に行無礼す。天に二つの日無く、国に二
つの王無し。何に由りてか意の任に悉に封せる民を役ふ」といふ。兹より
恨を結びて、遂に俱に亡されぬ'로 해당부분을 보면, '하늘에 두 태양이
없듯이 나라에도 두 왕이 없다'는 의미이다. 두 예문에서 二, 両과 결
합된 君·主·日·王은 모두 '군주, 태양, 임금(왕)'을 나타내며 본래 세
상에 하나가 존재해야 이치에 맞는 것, 다시 말하면 둘이 존재할 수
없는 것을 나타낸다. 이미 2.2에서 언급한 것처럼 이 용법은 両政과
같이 일반적으로 両과 결합하여 쓰는 '특수상황'에 해당하므로 고대
중국어에서 両이 담당하는 용법이다. 그런데 이와 같은 용법으로 日
本書紀에서는 両이 2회 이외에 二가 무려 6회나 쓰였다. 나머지 예를

제시하면 다음과 같다.

⑫ ′ 故吾以饒速日命、為君而奉焉。夫天神之子、豈有<u>両種</u>
乎。(卷3 神武紀 即位前紀戊午年十二月)

⑬ ′ 到于穴門時、其国有人。名伊都々比古。謂臣曰、吾則是
国王也。除吾復無<u>二王</u>。(卷6 垂仁 紀 二年是歲)

⑬ ″ 告天神地祇曰、天覆地載。帝道唯一。而末代澆薄、君臣
失序。皇天仮手於我、誅殄暴逆。今共瀝心血。而自今以
後、君無<u>二政</u>、臣無<u>貳朝</u>。若貳此盟、天災地妖、鬼誅人
伐。皎如日月也。(卷25 孝德紀 即位前紀)

⑬ ′ ″ 臣即恭承所詔、奉答而曰、天無双日。国無<u>二王</u>。是
故、兼并天下、可使万民、唯天皇耳。(卷25 孝德紀 大和
二年三月)

⑫ ′는 '饒速日命을 君으로 받들 것이다. 어찌 天神의 子가 둘이 될
수 있겠는가?'라는 내용으로 両種 자체는 獨一無二가 아니라, 가리키
는 대상이 '君'이므로 특수상황의 용법에 속한다. ⑬ ′는 '伊都々比古
가 스스로 내가 이 나라의 왕이니 나를 제외하고 다른 왕은 결코 없
다'라는 내용으로 '二王'이 쓰였다. ⑬ ″는 '지금부터 君은 두 정권을
갖지 않으며, 臣는 두 왕조를 섬기지 않는다'는 내용으로 '二政'과 뒤
의 '貳朝'가 댓구로 쓰였고, ⑬ ′ ″는 '天에 해가 두 개가 아니듯이 國
에도 두 왕은 없다'는 내용으로 '雙日'과 '二王'이 댓구로 쓰였다. 이와
같이 모두 둘이 존재해서는 안되는 경우를 나타내는 獨一無二의 용
법인데, 日本書紀에서는 両보다 二가 활발히 쓰이고 있고, 게다가 両
의 2예가 모두 β群이고, 오히려 二는 α群에 4예, β群에 2예가 보여
書紀區分論에도 크게 위배되는 현상이다. 그렇다면 이와 같은 현상

을 어떻게 보아야 할 것인가? 특히 ⑬의 경우는 小學館本 皇極紀 p.71 頭註19에도 나와 있듯이 『禮記』의 '孔子曰, 天無二日、土無二王'의 표현을 재인용한 것이다. 그렇다면 2.2에서 언급한 王力의 분석 기준과 중국 원전에 차이가 있게 되는 것이다. 따라서 중국문헌을 대상으로 獨一無二의 대상인 君·主·王·政·朝가 결합된 경우를 조사해 보았다. 그 결과는 다음과 같다.

文獻名	兩主	兩君	兩王	兩政	兩朝	小計	二主	二君	二王	二政	二朝	小計
周易						0		1				1
管子						0		5	3	4		12
戰國策		2	2			4	7	6				13
晏子春秋		1				1						0
毛詩						0			1			1
論語		1				1						0
墨子						0		4				4
國語		2				2		8	3			11
春秋穀梁傳		2				2		1				1
春秋公羊傳		1				1		3				3
禮記		1				1	3	2	3			8
左傳		10		1		11		17	3	1		21
莊子						0		1				1
孟子						0			2			2
荀子		1	1			2						0
呂氏春秋	1					1		3				3
韓非子	3					3	6	16				22
新語		2				2						0
淮南子	1					1	1	6				7
史記	11	5	2			18	3	14	5			22
鹽鐵論	1					1		2				2
論衡	5	1				6	1	6	5			12
漢書	8	3	2			13	1	6	2			9
潛夫論			1			1						0
抱朴子內篇						0	1	3				4
抱朴子外篇						0		2				2
後漢書	2		1			3	4	7	7			18

文獻名	兩主	兩君	兩王	兩政	兩朝	小計	二主	二君	二王	二政	二朝	小計
世說新語			1			1			5			5
唐詩					1	1			1			1
小學						0		1				1
計	32	32	10	1	1	76	27	114	40	5	0	186

何乐士는 '左传的数量词'에서 左傳 속에서는 '二'와 '兩'의 용법이 분명하지 않아 가끔 혼용된다[20]고 하고 있는데, 표에서도 左傳 이후 문헌에서는 이전과 비교하면 분명 혼용 양상을 보이고 있다. 그렇다 면 左傳 이후에서는 혼용 양상이 보여도 異論이 없겠으나 표에서 알 수 있듯이 左傳 이전에 二가 혼용되고 있는 경우는 어떻게 보아야 할 것인가? 이 점에 대해서 알아보기 위해 左傳 이전의 상위 10권의 문 헌 속에서 二의 용례가 많이 보이는 管子, 戰國策, 國語, 春秋公羊傳 의 용례를 살펴보았다. 그 일부를 제시하면 다음과 같다.

(政)

是故春三月以甲乙之日發五政, 一政曰：
論幼孤, 舍有罪; 二政曰：賦爵列, 授祿位; 三政曰：凍解修溝瀆,
復亡人; 四政曰：端險
阻, 修封疆, 正千伯; 五政曰：無殺麑夭, 毋蹇華絶芋. 五政苟時,
春雨乃來. ≪管子≫

(主)

張孟談因朝知伯而出, 遇知過轅門之外。 知過入見知伯, 曰："二

---

20) 吕叔湘等著(1989)『语言文字学术论文集』知识出版社 p.99
  '二'和'两'的用法在≪左传≫中界限已不是那么清楚, 时有混用, …… 又如:
  并后匹嫡, 两政耦国, 乱之本也.(桓18年)／内宠并后, 外宠二政, 嬖子配适,
  大都耦国, 乱之本也.(闵2年)

<u>主</u>殆將有變。"君曰: "何如?" 對曰: "臣遇張孟談于轅門之外, 其
志矜, 其行高。" 知伯曰: "不然, 吾與<u>二主</u>約謹矣, 破趙三分其地,
寡人所親之, 必不欺也。 ≪戰國策≫

(王)
國君無親, 以國爲親, 先君叔振, 出自文王, 晉祖唐叔, 出自武王,
文·武之功, 實建諸姬, 故<u>二王</u>之嗣, 世不廢親. ≪國語≫

(君)
晉殺其大夫里克, 里克弑<u>二君</u>, 則曷爲不以討賊之辭言之. 惠公之
大夫也. ≪春秋公羊傳≫

첫 번째 二政은 서수의 용법으로 쓰였고, 두 번째 二主는 인명으로
쓰였다. 세 번째 二王과 二君은 대명사적 용법으로 쓰였다. 따라서
동일하게 君·主·王·政이 결합된 경우라도 위 예에서 보듯이 上古시
대 문헌에서 다수의 예가 서수나 인명 혹은 대명사적 용법으로 쓰였
음을 확인할 수 있다. 이와 같이 초창기의 二는 인명 혹은 대명사적인
쓰임의 용례가 훨씬 많았다. 그러나 獨一無二한 경우를 나타내는 용
례21)도 소수 존재하였기 때문에 엄밀히 말한다면 上古시대부터 혼용
의 양상은 존재했다고 보아야 할 것이다. 따라서 獨一無二의 용법을
兩이 담당한다는 논거에는 초기에도 일부 혼용 양상도 보였다고 수정
할 필요가 있으며, 左傳 이후에 혼용 양상이 두드러지게 나타나기 시
작하기 때문에 禮記에 보이는 '孔子曰, 天無二日, 土無二王'의 二의
용법은 禮記의 성립 시기가 漢代인 것으로 미루어 左傳 이전에는 兩

---

21) 夫諸侯无二君, 而周无二王, 君若无卑天子, 以干其不祥, 而曰吳公, 孤敢不順
   从君命长弟!' 許諾." ≪国语≫

이 쓰였을 가능성을 배제할 수는 없으나, 이미 二의 혼용 시기가 반영
된 것으로 추정된다. 그러므로 日本書紀에서의 二가 兩과 혼용의 양
상을 보이고 있는 것은 이와 같은 배경과 무관하지 않은 것 같다. 다
시 말하면, 日本書紀에 나타난 獨一無二 용법의 혼용은 書紀區分論
에 위배되는 것이 아니라, 이미 중국어 용법에서 혼용이 이루어진 시
기의 용법의 반영이라고 할 수 있다.

3.2.5 단독으로 實數를 나타내는 경우

⑭是月、勅、凡諸寺者、自今以後、除為国大寺二三、以外官
莫治。(巻29 天武紀下 九年 四月)

⑮是以、令頭滌海水。若有驗者、髪自分為兩。即入海洗之、
髪自分也。(巻9 神功紀 摂政前紀 仲哀天皇九年四月)

⑭는 ‘是の月に、勅したまはく、凡そ諸寺は、今より以後、国の大寺
たるもの二三を除きて、以外は官司治むること莫れ’의 의미로, ⑮는 ‘是を
以て、頭を海水に滌がしむ。若し驗有らば、髪自づからに分れて兩に為
れ、とのたまふ。即ち海に入れて洗ぎたまふに、髪自づからに分れぬ。’
의 의미로 단독으로 쓰여 순수한 숫자(實數)의 의미를 나타낸다. ‘二’
가 13회, ‘兩’이 2회[22] 보여 二가 단연 우세하게 쓰였다.

---

22) 두 예가 9권과 29권으로 모두 β群이고, 특히 ⑮의 兩은 언뜻 보기에 둘로
갈라진다는 즉 양쪽으로 갈라진다는 의미이므로 뉘앙스가 단순한 숫자의
의미와는 다른 것 같지만, 갈라져서 둘이 되다라는 의미이기 때문에 實數
로 쓰인 것은 분명하다.

3.2.6 유관성을 지닌 쌍방

- 王送知罃, 曰:"子其怨我乎?" 對曰 "二國治戎, 臣不才, 不勝其任, 以爲俘馘. (左傳 成3)

제시된 예문의 앞 문장을 보면, '晉人歸楚公子穀臣與連尹襄老之尸于楚, 以求知罃. 於是荀首佐中軍矣, 故楚人許之'의 내용으로 여기에서의 '二國'은 앞에 나온 '晉'과 '楚'를 받아 대명사적인 용법[23])으로 쓰인 경우이다. 이러한 대명사적인 용법은 日本書紀에서 총 222회가 쓰였는데, 그 중 二가 201회, 兩이 21회가 나타난다. 그런데 이 대명사적인 용법을 좀 더 자세하게 분석해 보면 다음과 같은 세 가지 유형으로 분류할 수 있다.

⑯次有神。伊奘諾尊·伊奘冉尊。一書曰、此二神、青橿城根尊之子也。(巻1 神代上 第二段 本文·一書第一)
⑰時新羅使者啓之曰、無犯采女。唯愛京傍之兩山而言耳。(巻13 安康紀 四十二年 十一月)
⑱是日慧慈·慧聰、二僧、始住於法寺輿寺。(巻22 推古紀 四年十一月)

⑯의 경우 '一書に曰はく、此の二の神は、青橿城根尊の子なり'의 내용으로 '二神'은 앞 문장에 나온 '伊奘諾尊·伊奘冉尊'을 받고 있는데 그 앞에 다시 대명사 此가 온 '此+二+명사'의 형식이다. 이와 같이 앞에 대명사를 동반한 형식을 여기에서는 임시로 '대명사1'이라고 칭하

---

23) 중국어 용법에서 '유관성을 지닌 쌍방'을 나타내는 용법이다. 기술의 편의상 '대명사적 용법'으로 나타내기로 한다.

기로 한다. ⑰의 경우 '兩山'은 바로 앞 문장 즉 '故訛畝傍山、謂宇泥
咩、訛耳成山、謂瀰々耳'의 '畝傍山'과 '耳成山'을 받아 兩이 대명
사의 역할을 하고 있으나, ⑯과는 달리 앞에 대명사가 없다. 이 경우
를 '대명사2'라고 칭하기로 한다. ⑱의 경우 '二僧'은 바로 앞의 '慧慈
와 慧聰'을 의미한다. 그런데 대명사란 말 그대로 앞에 나온 내용을
받는 것이기는 하나 한 문장 안에서 그것도 바로 해당 명사 뒤에 쓰인
이 경우는 다른 대명사의 쓰임과 견주어 볼 때 '慧慈와 慧聰 두 승려'
로 바로 二僧은 앞 두 승려를 받고는 있지만 대명사 보다는 수사성이
더 강하다고 할 수 있다. 이와 같은 경우를 '대명사3(=수사)'이라고 칭
하기로 하면 총 222회를 세 유형으로 분석한 결과는 다음과 같다.

	①대명사1	②대명사2	③대명사3	
二	20(10%)	56(28%)	125(62%)	201
兩	6(28%)	10(48%)	5(24%)	21
합계	26	66	130	222

대명사적인 용법의 관점에서 보면 위의 표는 日本書紀에서 二와 兩
의 쓰임의 차이를 잘 보여 준다고 할 수 있다. 兩이 二에 비하면 대명
사를 동반하거나(28%:10%), 대명사와 동반이 없더라도 대명사적인
용법(48%:28%)으로 쓰인 비율이 압도적으로 높은 반면에 二는 대명
사3의 비율이 24%:62%로 나타나 二가 수사성이 강하다는 사실을 지
적할 수 있다.

3.2.7 助數詞

⑲阿倍臣遣船、喚至<u>兩箇</u>蝦夷、問賊隠所与其船数。(巻26 斉明

紀 六年三月)

⑳仍賜良馬二匹・同船二隻・弓五十張・箭五十具。(卷19 欽明
紀 十四年六月)

⑲의 兩은 蝦夷에 대한 조수사로, ⑳의 二는 馬・船에 대한 조수사
로 쓰여 총 150회가 보였는데 그 중 二가 145회, 兩이 5회가 쓰여, 조
수사(수량사)에 二가 주로 쓰이는 것을 알 수 있다. 이 사실은 앞 절에
서 二가 대명사3 즉 수사성이 강한 예로 125회 사용된 것과 일치한다
고 할 수 있다. 그런데 두 예를 자세히 보면, 兩의 경우는 해당부분의
兩箇蝦夷가 '兩+조수사+명사'의 어순인 반면, 馬二匹은 '명사+二+조
수사'의 어순으로 되어 있다. 전체 예를 살펴 보면 수량사 兩의 경우
는 5회중 1예만이 二의 어순인 '명사+兩+조수사'의 어순이고 나머지
4예는 '兩+조수사+명사'의 어순인 반면에, 二는 모든 예가 '명사+二+
조수사'의 어순이다. 이 '명사+二+조수사'의 어순은 중국어 수량사(조
수사)의 어순과도 일치하는데 二와 兩의 쓰임은 이와 같이 어순의 차
이에 의한 것이 한 특징이며 또한 결합하는 조수사를 보면, 兩의 경우
는 오로지 '箇' 한 종류인 반면, 二의 경우는 '竿・個・頃・囊・具・口・
狗・軀...' 등 그 종류가 무려 40여 종류에 이른 점도 특징이다.

이상 3장에서 살펴 본 내용을 중심으로 주로 二와 兩 뒤에는 어떠
한 字들이 오는지를 분류하여 제시하면 다음과 같다.

	二	兩
연월일	年, 月, 日	
서수	其, 第(二앞에 옴)/宮, 也, 女, 曰, 子, 謠歌	
비유	途, 儀	

同樣兩物		劒, 槻樹, 歷木, 面, 処之築
獨一無二 (가설상황)		家奴婢
단위사(양사)		黃金, 銀(兩앞에 옴)
고유명사	(궁명)槻宮 (인명)岐皇子, 名洲, 田塩, 田造塩, 派皇子 (지명)斯二岐 (관직명)首位, 位, 造	(궁명)槻宮 (인명)道入姬皇女 (선명)枝船
자연대립쌍	蕚, 枝, 花	脚, 手, 足, 脇
二・兩+용언	鳴, 分	収, 分
獨一無二 (특수상황)	君, 王, 日, 政	種, 主
실수	百, 千	参
유관성을 지닌 쌍방 (또는 수사)	女, 理, 門, 首, 神, 王, 邑, 門, 嬪, 船, 臣, 天皇, 処, 国, 角, 階, 谷, 丘, 郡, 宮人, 男, 女, 尼, 隊, 灯, 等, 狼, 路, 老翁, 鹿, 壘, 万, 倍, 兵, 妃, 社, 舍, 屋, 三卿大夫, 上, 上峯, 塞, 船, 城, 姓, 所, 僧, 氏, 鵝, 邑名, 人, 日, 子, 精兵, 弟, 族, 種, 衆, 親, 土蜘蛛, 通門, 漢直, 兄, 皇子, 条, 歳, 舍人	樹, 首歌辞, 僧, 人, 処, 家, 国, 大臣, 山, 児, 陣, 道, 夜
조수사	竿, 個, 頃, 囊, 具, 口, 狗, 躯, 卷, 騎, 端, 頭, 屯, 連, 領, 里, 枚, 面, 艘, 隻, 本, 部, 束, 尋, 人, 丈, 町, 重, 尺, 囲, 把, 匹, 戸, 条, 步, 歳, 裴	箇, 箇鑰匙, 箇匏, 箇蝦夷

: 4 : 나가는 말

　이상과 같이 유사한 의미를 지닌 '二'와 '兩' 두 字의 시대별 용법과 『日本書紀』에서 이 두 字가 어떻게 반영되었는지 살펴보았다. 검토한 결과를 간단하게 정리하면 다음과 같다.

日本書紀에서는 ‘二’가 총 775회, ‘兩’이 총 54회 쓰였는데, ‘二’의 경우 실수 308회(약40%), 서수 75회, 비유 2회, 그리고 ‘兩’의 경우 同樣兩物 5회, 獨一無二 1회, 單位詞(量詞) 5회는 各用項目으로 쓰여 문제가 없으나, 몇 가지 용법에서 각자의 고유의 용법에서 벗어나 서로 혼용되어 쓰였다.

첫째, 兩이 쓰여야 하는 自然對立雙의 용법에 ‘兩’의 7회 이외에 ‘二’도 3회나 쓰였다. ‘二’의 세 예 모두가 특별한 경우를 기술하는데 쓰여 兩의 선천적 대립에 대하여 후천적 대립으로 분류하였으나, 이러한 후천적 대립은 兩에도 존재하고 있기 때문에 결과적으로 자연대립쌍에 二가 쓰인 경우는 고대 중국어의 관점에서 본다면 오용이라고 할 수 있다.

둘째, 副詞性(連用) 수식어로 동사 앞에 위치하는 兩의 위치에 二가 3회 쓰였다. 二鳴은 댓구 관계 속에서 영향을 받은 것으로, 二分은 兩分과 의미의 차이를 보이기 때문에 二가 쓰인 것으로 추정은 할 수 있으나, 고대 중국어의 관점에서 본다면 오용이라고 할 수 있다.

셋째, 二, 兩과 결합된 君·主·日·王은 둘이 존재할 수 없는 것을 나타내는 獨一無二의 용법으로 兩이 담당함에도 불구하고 兩 2회 이외에 二가 무려 6회나 쓰였다. 중국문헌을 대상으로 君·主·王·政·朝 등이 二와 결합된 용례를 조사해 본 결과, 上古시대 문헌에서 獨一無二의 용법도 존재하여 이미 혼용의 양상은 있었다. 따라서 獨一無二의 용법에 二가 쓰인 것은 이와 같은 배경과 무관하지 않으며, 獨一無二의 용법을 兩이 담당한다는 논거는 재고의 여지가 있다.

넷째, 유관성을 지닌 쌍방은 총 222회 중 二가 201회, 兩이 21회 나타났다. 대명사1과 대명사2에서는 兩과 二의 비율이 각각 28%:10%,

48%:28%로 兩이 높은 반면에, 대명사3에서는 24%:62%로 二가 압도
적으로 높이 나타나 二가 수사성이 강하다는 사실을 알 수 있다.

　変体漢文体이기 때문에 자료의 성격이 다르지만, 古事記의 二와
兩을 살펴보면, 먼저 兩의 경우는 총 5회로 고유명사(兩児嶋 天兩屋
天兩屋嶋) 3회와 자연대립쌍(即握其衿以引率来、到小治田、掘穴
而随立埋者、至埋腰時、兩目走抜而死) 1회, 그리고 조수사(如此
令惣苦云、授塩盈珠、塩乾珠、并兩箇、即悉召集和迩魚問曰) 1
회가 나타났으며, 二의 경우 총 199회로 유관성을 지닌 쌍방이나 수
사로 쓰인 184회(二字89, 二柱48, 二神14, 二人13 등) 이외에는 조수
사(珠二貫 九尺二寸半 広二分 一丈二寸 少子二口) 5회, 실수(女二
3 女十二1) 4회, 고유명사(伊予之二名嶋 若沼毛二俣王 若野毛二俣
王) 3회, 자연대립쌍(故、所殺神於身生物者、於頭生蚕、於二目生
稲種、於二耳生粟、於鼻生小豆、於陰生麦、於尻生大豆) 2회와
연월일(戊寅年十二月崩) 1회로 日本書紀와는 달리 사용된 항목의
수가 상당히 적다. 특히 兩이나 二가 동사와 함께 쓰인 예가 보이지
않고, 二에도 자연대립쌍의 예가 존재한다는 점을 고려할 때, 고대 중
국어의 용법이 상당히 축소되어 가는 과정에 있음을 볼 수 있다. 日本
書紀 이외의 다른 문헌에서 이러한 일련의 과정이 고대 일본어의 문
법이나 의미 영역 체계 내로 어떻게 수용되어 갔는지의 연구는 고대
일본어의 표기법 내지 용자법의 실태를 파악하는 데 매우 중요할 것이
다. 아울러 두 字의 쓰임에 대한 더 심도있는 연구를 위하여 유사한
의미를 지닌 '再‧重‧雙' 등의 字들에 대한 연구도 필요할 것이다.

參考文献

박영종외(2002)『중국문화에 담긴 중국어 이야기』다락원

大野晋外(1965~1967)『日本古典文学大系　日本書紀上・下』　岩波書店

川本崇雄(1975)「日本語の数詞の起源」『季刊人類学』6-2 京都大学人類学研究会編

築島裕(1965)「日本語の数詞の変遷」『言語生活』166

津留繁雄(1954)「万葉集に見られる数詞について」『不知火』7

藤堂明保(1997)『学研漢和大辞典』学習研究社

中田祝夫(1960)「古事記の古訓-数詞の訓み方の一つの場合-」『二松学舎大学論集』
　　　　　　二松学舎大学編 pp.41-50

福田昆之(1982)「数詞の母音調和の識別性の分析(補)」『言語と言語学』5

毛利正守外(1994)『新編日本古典文学全集　日本書紀』小学館

安田尚道(1978)「古代日本語の数詞をめぐって」『言語』7-1

洪成玉主编(1998)『古代汉语教程』　中华书局 pp.367-376

李德津 程美珍(1990)『外国人实用汉语语法』华语教学出版社 pp.59-73

吕叔湘(1989)『语言文字学术论文集』知识出版社出版 pp.89-100

马忠(1983)『古代汉语语法』山东教育出版社 pp.303-309

王力(1996)『汉语史稿(修订本)』中华书局出版　北京 pp.246-249

周淑敏编著(1996)『古汉语自学入门』中国人民出版社 pp.63-64

第3部

『万葉集』의
용자법 연구

일본 고대문헌의 용자법 연구

『万葉集』의 与·及 표기자
수용과정 연구
—韓·日·中 비교에 의한
새로운 연구 방법론 모색을 위하여—

:1: 들어가는 말

일본에서 고대의 기록은 모두 漢字·漢文에 의존하고 있다. 당시에
는 언어를 문자로 표현하고자 할 때 한자 이외에는 방법이 없었기 때
문이다. 그런데 한국어와 일본어의 관계와 달리 중국어와 일본어의
관계는 언어구조상의 차이가 존재하기 때문에, 한문(=중국어)으로 표
현할 경우 자국 언어 즉 일본어의 뉘앙스를 살려서 표현하는 것이 곤
란한 경우나 또는 의미영역의 차이로 인한 相異가 발생할 가능성이
높다. 이와 같은 이유에서 필자는 구체적인 의미를 가지는 實字보다
實在的인 내용을 가지지 않아 쓰임에 따라 문맥에 영향을 주는 虛字
에 관한 연구를 주로 진행해 왔다. 필자는 이전 日本書紀(니혼쇼키)[1]

---

1) 일본어 우리말 적기는 'C.K.System'에 따른다. 김용옥(1992) 『東洋學 어떻
게 할 것인가』 통나무 서울. p.365

를 대상으로 '與'자와 '及'자에 대해 검토한 적이 있는데 당시에는 필자 또한 虛字에 초점을 맞추어 검토하였다. 그러나 本稿에서는 万葉集(만요오슈우)에서 쓰인 해당자의 모든 용법에 대해 살펴보기로 하겠다. 왜냐하면 万葉集는 다른 고대 자료와는 성격이 다소 차이가 있는 가요집으로 題詞·左注 등에서 한문체의 표기가 존재하나, 본문 가요에서는 万葉仮名(만요오가나)의 다양한 표기법이 보이고, 万葉集에서 중요한 비중을 차지하고 있는 大伴旅人·大伴家持·柿本人麻呂 등 주요 작가들의 해당자에 대한 용법에도 각기 서로 다른 특징이 있을 수 있기 때문에 기존과 같이 虛字에만 초점을 둔다면 万葉集에서의 해당자의 용법을 제대로 파악하기 어렵기 때문이다.

본고의 목적은 万葉集에 나타난 與와 及 표기자의 용법을 통하여 그 수용과정과 훈독법을 검토하는 데 있다. 단 본고에서는 지면 관계상 가요 이외 즉, 題詞·左注 등의 한문체로 국한하기로 하고, 가요에 대한 분석은 다음 연구로 넘기기로 하겠다.

: 2 : 선행연구

본 주제와 관련이 있는 선행연구를 살펴보면, 與와 及에 대하여 본격적으로 비교한 연구는 전혀 없으며, 與에 대해서는 '給'字와 관련하여 長尾光之(1969), 志村良治(1977)와 曾根博隆(1998)의 연구가 있고, 조사 'ト'의 표기로 사용한 與(大島信生 1986)와 與의 훈독법 연구(宇都宮睦男 1987), 그리고 'コス'의 표기와 관련하여 與와 與具의 표기에 대한 연구(柳沢朗 1991)가 있다. 及에 대해서는 小林芳規(1959)

의 及字의 훈독에 대한 연구가 유일하다. 즉 논문의 주제로써 與 또는 及에 대한 기존의 연구는 훈독법과 표기에 대하여 살펴본 것이 전부라고 해도 과언이 아니다. 따라서 논문이나 단행본, 그리고 주석서 등을 중심으로 간헐적으로 언급된 내용과 선행 논문 중에서 본 주제와 관련된 부분을 중심으로 그간의 연구에 대하여 간단히 살펴보고자 한다.

與에 대하여 먼저 살펴보면, 大島信生(1986)는 'A與B'의 與가 'A と B と'의 'と'로 읽을 때 전자의 'と'의 표기로 사용되었으며 또한 万葉集에서 與가 표기된 句를 어떻게 처리해야 하는지 논하였다. 與의 敬語性과 관련하여 土屋文明(1956)는 與가 상위자가 하위자에게 주다의 의미로 사용되었으므로 하위자인 金明軍(余明軍의 잘못임)이 상위자인 大伴家持에게 與자를 사용한 것은 大伴家持가 스스로를 낮추어 표기한 것으로 추정하였다. 小島憲之(1994~1996)는 與의 표기에 의해 卷16-3803 가요의 작자인 부인이 남편보다 신분이 높았다고 결론 내리고 있다. 卷2-210 가요의 '取与'의 훈독법과 관련하여 與의 훈독 'あたふ'가 四段動詞인가 下二段動詞인가에 대하여 上代語辞典編修委員会(1994), 沢瀉久孝(1990)와 井手至(1998)는 下二段動詞로 추정하였다. 山口佳紀(1995)는 古事記(코지키)의 與 표기에 대하여 '美刀阿多波志都(上卷)'와 日本書紀 가요의 '阿党播ぬかもよ'의 사용례를 근거로 상위자가 하위자에게 '주다'라는 의미의 유무의 차이는 동사 활용의 차이에 있다고 하였다. 즉 敬語性은 下二段動詞에 있고 四段動詞에는 없다고 하였다. 與가 특수조동사에서 나중에 희구(希求)의 종조사가 된 'こそ'의 표기에 대하여 특히 '与具'가 'こそ'의 표기로 사용된 이유에 대하여 沢瀉久孝와 小島憲之의 언급이 있으며, '夢爾所見'의 훈독을 설명하는 중에 'こそ'의 훈독첨가(読み添)로 與자의 용법에

대한 기술(蜂矢宣朗 1962)이 있다. 그 밖에 與에 대해서는 '取与呂布'의 의미(亀井孝 1955), 'ヨ'의 갑을류 혼동(上代語辞典編修委員会)과 變體漢文體(小島憲之)에 대한 설명이 있다.

한편 古事記에서 與는 'と(と共に)'의 의미로만 쓰이고, 인용의 'と'는 음차자로 표기되거나 '矣'가 사용될 경우에는 '思'와 같은 동사와의 관계에 의해 의도적으로 표기하지 않았다는 사실(古事記学会編 1995)과, 'A與B'의 경우 개사로 보아야 하는지 연사로 보아야 하는지 구별하기 어렵기 때문에 더 이상 분석을 할 수 없다는 지적(西条勉 1998)이 있다. 마지막으로 宣名(센묘오)에서의 與(永山勇 1963)는 'と共に'의 의미인 경우에 한해서 小字가 아닌 大字로 표기되었다는 설명이 있다.

及의 경우에는 與와 달리 상당히 관심도가 낮은 것으로 파악되었다. 훈독법이 주를 이루는데 卷11-2461 가요에 '及恋'의 及을 'しく' 즉 '幾度も·しきりに'의 뜻으로 파악하였으며(土屋文明), 沢瀉久孝는 及이 아니라 後의 誤字로 파악하여 'のち'로, 그리고 卷2-115 가요는 代匠記(다이쇼오키)를 근거로 'おひしかむ'로 훈독하였다. 芳賀紀雄(1990)는 山上憶良의 897번 가요의 題詞인 '老身重病経年辛苦及思児等歌七首(長一首短六首)'의 표기에서 及의 훈독을 기존의 'また, および, と, さらに'와 동사 'いたす'로 추정한 것에 대하여 'いたる'로 보아야 한다고 주장하였다. 大久保正(1980)는 及이 조사 'まで'의 표기로 사용된 것은 柿本人麻呂와 관련된 가요에 공통되는 현상이라고 지적하였으며, 大野透(1962)는 及의 変字法을 언급하였다. 小谷博泰(1999)는 及의 훈독을 'および'와 같이 파악하는 것은 후대의 예로 平安시대 이전에는 조사 'と'나 접속사 'また'로 읽어야 한다는 점을 지적하였다.

이와 같이 선행연구에는 의미의 상당 부분을 공유하고 있는 與와 及에 대하여 비교 연구를 하지 않는 것은 물론이고, 개별자에 대한 연구에도 기본적으로 고대중국어의 입장에서 검토를 하지 않음으로 해서 고대 일본 자료에서 사용된 與와 及에 대한 보다 객관적인 분석이 결여되어 있고, 또한 그 수용 과정에 대하여도 거의 연구가 이루어지지 않고 있음을 알 수 있다. 특히 西条勉의 언급은 바로 동아시아적인 관점의 결여에 의해 일어나는 현상으로 이 문제는 고대중국어와의 관계에 의하여 해명될 수 있을 것이다.

필자는 한문체인 日本書紀와 일본식문체(和文体)[2]인 古事記를 중심으로 與와 及의 여러 용법 중 虚辭에 초점을 두어 고대중국어 용법의 기준에 벗어난 용법이 있는지 등 오용 여부를 검토한 적이 있다. 그런데 万葉集는 歌集으로 歌謠로 구성되어 있으며 주로 일본식문체로 되어 있으나, 노래의 배경이나 성격 혹은 傳本의 차이를 설명하는 부분 즉, 題詞와 左注 등은 한문체로 되어 있다. 이러한 특징을 가지고 있기 때문에 본고에서는 万葉集의 오용 용법에 초점을 두는 것이 아니라, 전체적으로 두 문체와 관련된 특징 및 수용 과정을 검토하는 것이 초점이기 때문에 허사를 포함하여 모든 용법을 검토하기로 하겠다.

---

2) 우리자료의 誓記體에 해당한다고 볼 수 있다.

: 3 : 與

3.1. 개사

'與'는 총 271회가 보였다. 그 중에서 가요 이외에 28예, 가요에 243
예가 나타났다3). 介詞4)와 連詞5)를 비롯하여 여러 가지 용법이 보이
는데 먼저 개사 용법부터 검토해 보기로 하겠다. 개사로 볼 수 있는
예는 총 4회가 보이는데 예를 제시하면 다음과 같다.

　　①長皇子与志貴皇子於佐紀宮俱宴歌(卷1-84 題詞)
　　②……紅顔共三従長逝　素質与四德永滅…… (卷5-74 題詞)

　　①은 '(A)+与+(B)+場所+副詞+動詞'의 구조인데 大系本6)에서는
'長皇子(ながのみこ)(A)、志貴皇子(しきのみこ)(B)と佐紀宮(さきのみや)
に俱(とも)に宴(うたげ)する歌'로 훈독하고 있는데, 이 문장은 '(A),(B)と'
<(A)+with+(B)>만이 아니라 '(A)と(B)(と)'<(A)+and+(B)>로 볼
수도 있다7). 후자의 경우가 小學館本8)으로 '長皇子(ながのみこ)と志貴

---

3) 본고에서는 万葉集에 사용된 與와 及의 총 횟수는 제시하였지만, 이미 앞
　에서 밝힌 바와 같이 가요 이외의 부분만을 다루기로 한다.
4) 前置詞와 後置詞까지를 포함하는 것이 介詞의 의미이다. (이하 개사로 칭
　하기로 한다)
5) 連詞는 接續詞의 의미이다. (이하 연사로 칭하기로 한다)
6) 高木市之助外(1957~1962)『日本古典文学大系　万葉集』岩波書店 (이하 大系
　本으로 칭하기로 한다)
7) 이하 기술 편의상 (A),(B)とは (A)+with+(B)로, (A)と(B)(と)는 (A)+and+(B)
　로 나타내기로 한다.
8) 小島憲之外(1994~1996)『新編日本古典文学全集　万葉集』小学館 (이하 小
　學館本으로 칭하기로 한다)

皇子(しきのみこ)と、佐紀宮(さきのみや)にして俱(とも)に宴(えん)する歌'와 같이 훈독하고 있다. 沢瀉久孝의 注釋(p.458)[9]나 土屋文明의 私注(p.196)[10] 그리고 鶴久의 万葉集(p.61)[11]는 모두 한문훈독법에 의하면 'AとBと'의 Bと의 と의 의미로 분석하고 있다. 즉 小學館本에 가까운 입장을 취하고 있는 것 같다[12]. 그런데 ①을 개사로 볼 것인지 연사로 볼 것인지를 문맥에 의해 규정하는 것도 고려는 할 수 있겠지만, 문법구조에 의해 보다 더 명확히 제시할 수 있다. 안희정(2004:178-179)에서 거의 유사한 문형이라 할지라도,

ⓐ武内宿禰**与**甘美内宿禰、出于磯城川湄。(巻10 応神紀)
ⓑ武内宿禰**与**甘美内宿禰、**共**出于磯城川湄。(巻10 応神紀)

와 같이 부사 共의 유무에 의해 개사와 연사로 구분된다는 점을 밝힌 바 있다. 따라서 ①은 부사 '俱'의 존재로 인하여 '부사 유형'에 속하는 개사로 쓰였으므로 大系本의 훈독 방식을 따라야 할 것이다.

②는 '紅顔(A)は三従(B)と長に逝き、素質(A)は四德(B)と永に滅ぶ(大系本)', '紅顔(A)は三従(B)と長く逝き、素質(A)は四德(B)と永く滅びぬ(小學館本)', '紅顔(A)三従(B)と共に長く逝き、素質(A)四德(B)と共に永く滅ぶ(注釋)', '紅顔(A)三従(B)ト共ニ長ク逝キ、素質(A)四德(B)ト与ニ永滅ブ(私注)'의 의미로 '紅顔'은 '素質'과 대구(對句) 관계에 있

---

9) 沢瀉久孝(1990)『万葉集注釈』中央公論社 (이하 注釋으로 칭하기로 한다)
10) 土屋文明(1956)『万葉集私注』筑摩書房 (이하 私注로 칭하기로 한다)
11) 鶴久、森山隆編(1993)『万葉集』桜楓社
12) 与가 'AとBと'의 'Aと'에 해당하는지 'Bと'에 해당하는지에 대한 논의는 다음 논문으로 미룬다.

다. 그리고 '三從'도 '四德'과 대구를 이루고 있고, 나머지 '共:与, 長: 永, 逝:滅'도 대구관계를 이루는 문장이다. 만일 (A)와 (B)를 연결하는 '共', '与'가 연사로 (A)+and+(B)의 구조라면 '紅顔(A)と三從(B)は長に 逝き、素質(A)と四德(B)は永に滅ぶ'의 의미가 되어 각각 '紅顔+三從', '素質+四德'이 주어 성분이 되어 문맥이 달라지지만, 문맥만으로 본다 면 개사이든 연사이든 이해하는 데는 커다란 지장은 없을 것이다. 그 러나 与와 대구를 이루는 共의 용법을 보면,

- 辛弃疾≪賀新郎·別茂嘉十二弟≫词:"谁共我,醉明月?"(古代汉 语词典 p.476)

와 같이 부사가 아닌 개사 즉 '同'이나 '跟'의 용법으로 쓰인 것을 알 수 있다. 따라서 '与' 또한 개사로 쓰인 것이 분명하다고 하겠다. 그러 므로 개사의 의미로 보고 있는 주석서의 한문훈독은 모두 타당하다고 하겠다.

다음 예를 보기로 하자.

③柿本朝臣人麻呂妻依羅娘子与人麻呂相別歌一首(卷2-140 題詞)

주석서 모두 ③은 '柿本朝臣人麻呂の妻依羅娘子、人麻呂と相別 るる歌一首'의 의미로 '(A)+与+(B)+副詞+動詞'의 구조를 취하고 있으 므로 뒤의 부사 相의 존재로 인하여 부사의 유형으로 与는 개사의 역 할을 하고 있음을 알 수 있다.

마지막 1회는 山上憶良의 悲歎俗道仮合即離易去難留詩에 보인다.

④…俗道変化猶撃目　人事経紀如申臂　空与浮雲行大虚　心力共
尽無所寄
(俗道の変化は猶し目を撃つが如く、人事の経紀は臂を申ぶるが如
し。空しく浮雲と大　　虚を行き、心力共に尽きて寄る所なし。)

　大系本에는 '空しく浮雲と大虚を行き'로 읽어 空이 부사로 동사 行을
수식하고 생략된 일반 주어가 '浮雲とともに大虚を行き'로 파악하여 개
사로 분석하고 있는데, 이러한 방식은 注釋이나 私注도 마찬가지이
다. 또한 小學館本(p.89)은 '空しきこと浮雲と大虚を行き(空しきは浮雲と
共に大空を行くようで)'로 읽어 空이 추상적인 의미로 주어가 되어 浮雲
과 함께 창공을 떠돈다는 의미로 전자와 마찬가지로 개사13)로 보고
있지만, 주어는 서로 다른 것으로 파악하고 있다. 개사의 예는 이와
같이 4예가 전부이다.

　이상과 같이 ①의 경우의 훈독법은 '부사유형'에 의해 개사로써 훈
독해야 할 것이다. 또한 ②의 경우는 개사로 훈독하는 주석서와 부사
로 훈독하는 주석서가 나뉘어 있는데, 이 또한 개사로써 훈독을 해야
할 것이다.

3.2. 연사

　연사의 용법으로 볼 수 있는 예는 6회가 보이는데 제시하면 다음과

---

13) Teruo Suga(1991) 『THE MAN'YO-SHU』 (PART Vol.1~Vol.7 p.349)을
보면 "Everyone of humans floats in the vacant air Quite in vain with
playing clouds Until his power and spirit are lost for ever, And then he
finds no place for rest."으로 'with '의 의미로 파악한 것으로 보아 개사의
기능으로 쓰였음을 뒷받침할 수 있다.

같다.

⑤大伴宿祢家持与交遊別歌三首(卷4-680 題詞)

⑤는 '大伴宿祢家持、交遊と別るる歌三首'와 같이 훈독하고 있다. ⑤는 '(A)+与+(B)+動詞'의 구조를 취하고 있어 개사로도 연사로도 볼 수 있는 예인데, 우선 ③과 비교한다면 개사의 쓰임을 뒷받침하는 요소가 보이지 않아 상대적으로 연사로 볼 가능성이 높다. 또한 ⑤에 대한 小學館本의 頭註(p.342) 설명의 해당 부분을 보면, "「交遊」는「朋友」。 家持が同性の友人から冷たい態度を示されて送った歌であろう。原本の「与」はAトBトのように並置を示す助字。"라고 기술하여 연사로 보고 있다. 그런데도 불구하고 小學館本의 한문 훈독은 개사로 취급하고 있다. 小學館本의 해당 두주의 설명을 계속 보면 "しかし動詞ワカルは一般にヲ格を受ける。……。…ト別ルという例は140の題詞にも見えたが、これらの「与」の字の使用も違例。和習漢文ゆえであろう。"와 같이 개사로 취급한 与의 사용은 '和習漢文'으로 정통한문이 아니라고 주장하고 있다. 그 주장의 근거는 다음 가요의 예에서

- …白妙之　手本<u>矣別</u>　丹杵火爾之　家従裳出而　緑児乃　哭乎毛置而　朝霧　髣髴為乍　山代乃　相楽山乃　山際　往過奴礼婆… (卷3-481)
- (…白栲の　手本を<u>別れ</u>　にきびにし　家ゆも出でて　みどり子の　泣くをも置きて　朝霧の　おほになりつつ　山背の　相楽山の　山の際に　行き過ぎぬれば…)

'別る'가 취하는 格의 표기로 음차자 '矢(ヲ)'의 사용을 들고 있으며,
더 나아가 卷4-645 가요의 예에서

- 白細乃 <u>袖可別</u> 日乎近見 心爾咽飯 哭耳四所泣 (白栲の <u>袖</u>
  <u>別</u>るべき 日を近み 心にむせひ 音のみし泣かゆ)

'袖(ヲ)別る'의 분석에 의하여도 卜格이 아니라 ヲ格임을 증명한 것
이다.

그러나 여기에는 '別'의 용법과 관련된 분석의 오류가 있는 것으로
보인다. '別'은 기본적으로 離別을 의미할 때 타동사의 경우 'A+別+B'
의 구문을 취하여 'AがBを別る'의 의미로 사용된다. 그 예를 보면

ⓒ摯瞻曾作四郡太守, 大將軍戶曹參軍, 復出作內史, 年始二十九.
嘗別王敦, 敦謂瞻曰:「卿年未三十, 已爲萬石, 亦太蚤!」(世說新
語 言語第二)

와 같다. 그런데 같은 『世說新語』14)의 또 다른 예문을 보면

ⓓ謝太傳語王右軍曰:「中年傷於哀樂, 與親友別, 輒作數日惡..」

---

14) 陈昌来(2004:263) "≪世说新语≫是中古汉语的重要文献。≪世说新语≫中的介
词有 "与、於、以、为、在、于、自、从、因、及、被、当、向、由、箸 (著、
着)、用、比、对、诸、乎" 等。跟古代汉语介词比较，≪世说新语≫的介词有
一些新的发展，一是新出现了用于动词后的介词 " 箸 (著、着)"和用于动词前
的介词"对"，二是出现了"於……上/下/中"、"在……上/下/中/后"、"于……下
"等用法。"의 설명과 같이 世說新語는 중고시대 중국어의 중요한 문헌으로
써 고대 중국어에서 근대 중국어로 넘어가는 과도기적 특징이 뚜렷하고,
중국고대 문헌으로서는 간행시기가 5세기 전반으로 비교적 万葉集시대가
근접하여 자료로 사용하였다.

(世說新語 言語第二)

ⓔ<u>王長史與劉眞長別</u>後相見, 王謂劉曰: 「卿更長進.」 答曰: 「此若
天之自高耳.」 (世說新語 言語第二)

ⓕ支道林初從東出, 住東安寺中. 王長史宿構精理, 幷撰其才藻,
往與支語, 不大當對; 王敍致作數百語, 自謂是名理奇藻. 支徐徐
謂曰: 「<u>身與君別</u>多年, 君義言了不長進.」 (世說新語 文學第四)

ⓖ周叔治作晉陵太守, 周侯·仲智往別; 叔治以將別, 涕泗不止.
仲智恚之曰: 「斯人乃婦女! <u>與人別</u>, 唯啼泣.」 便舍去. (世說新
語 方正第五)

와 같이 'A+与+B+別'의 구문이 존재함을 알 수 있다. 이 때 小學館本
의 입장에서 보면 'A, Bと別る'와 같이 분석함으로 해서 ㅏ格을 거론하
여 違例라고 보는 것인데, 이것은 ㅏ格이라 할지라도 '別る'와 관계가
있는 것이 아니라 'AㅏBㅏ'의 ㅏ格으로써 연사의 용법으로 쓰인 것이다.
바꾸어 말하면 여기서의 '別'은 타동사가 아니라 자동사로 사용된 것
이다.

小學館本의 주장과 필자의 주장이 다른 점은 小學館本은 与가 잘
못 쓰인 것(違例) 즉 和習漢文으로 쓰인 것으로 보았으나, 필자는 잘
못 쓰인 것이 아니라 연사의 용법으로는 바르게 쓰인 것이므로 小學
館本을 포함한 주석서들의 훈독처럼 개사로 쓰인 것이 아니라 연사로
쓰인 것으로 보아야 한다는 견해이다. 주석서들의 주장에 의하면 한
문의 수용과정에서 생긴 일본어적인 용법의 추가로 볼 수 있는데, 이
예문의 경우는 연사로 보아야 할 것을 개사로 분석함으로 인해 생긴
오류로써 일본어적인 용법이 아니라고 할 수 있다.

다음 예를 보기로 하자.

⑥中臣朝臣宅守与狭野弟上娘子贈答歌(卷15-3723 題詞)

⑦右一首歌古事記与類聚歌林所説不同 歌主亦異焉(卷2-90 左注)

⑥은 '中臣朝臣宅守(A)+and+狭野弟上娘子(B)'의 구조 즉 '人名:人名'의 병렬이며, ⑦은 '古事記(A)+and+類聚歌林(B)'도 '書名:書名'의 병렬 구조로 '(A)+and+(B)'가 주어이다. 연사의 용례는 題詞에 2회, 左注에 3회가 보였는데, 총 6회 중 ⑥과 같이 人名이 3회[15], ⑦과 같이 書名이 1회, 그리고 一般名詞가 1회[16] 쓰였다.

4회가 쓰인 개사가 부사의 존재, 대구관계, 문맥 등으로 쓰인 용법과 비교하면, 6회가 쓰인 연사의 용법은 기본 유형인 '(A)+and+(B)'의 구조로, 모두 單項[17]으로 쓰여 파악이 매우 용이한 점, 그리고 작가도 개사에서 柿本人麻呂, 大伴家持, 山上憶良가 보인 반면, 연사에서는 万葉集의 주요 작자가 한 명도 포함되지 않은 점이 특징이라 할 수 있다. 이와 같이 与가 개사(4회)보다 연사(6회)의 빈도가 더 높은 것은 日本書紀(안희정 2004:209)의 분석과 같은 경향을 보여 주고 있는데, 이 점은 고대 중국 문헌에서 与가 연사보다 개사로 더 많이 쓰인 것과는 대조를 보인다.

한편 한국자료[18]와 비교해 보면,

---

15) 제시된 예 이외에 '石川内命婦:安陪朝臣虫滿之母安曇外命婦'(卷4-667), '大舎人巨勢朝臣豊人:巨勢斐太朝臣'(卷16-3845)가 있다.

16) '壮士:美女'(卷16-3803)

17) 与의 單項용법에 대하여는 安熙貞(2004:186)『古代日本語の用字法研究』참조 "…「与」の前後は一つの項が来るに反して、「及」の前後には……のように二つ以上の項が来ることができるのである。"

18) 삼국사기와의 비교 연구는 안희정(2004:171-209)에 자세히 설명되어 있으므로 본고에서는 금석문을 중심으로 万葉集와 비교하여 与와 及의 양국의 수용 실태에 대한 一端을 살펴보기로 한다. 향가의 경우는 与는 해당례가

ⓗ法**送**□人**與**上□□□□□□□□□□□□此以□□看其身受
討(창녕 진흥왕 탁경비)
ⓘ九年己亥百殘違誓**與**倭和通(고구려 광개토왕릉비)
ⓙ土地彊時山林□□□□□□□□也大等**與**軍主幢主道使**與**
外村主審(창녕 진흥왕 탁경비)

ⓗ와 같이 글자 판독의 어려움 때문에 개사인지 연사인지 판단하기
어려운 1예를 제외하면 ⓘ와 같이 개사로 3회 그리고 ⓙ와 같이 연사
로 4회가 나타난다. 특히 ⓙ가 單項이 아니라 '多項'으로 표현되어 있
는 것은 及의 용법(及에서 자세히 논할 것이다)에 해당된다. 따라서
한국어적인 용법으로 추정된다. 문맥이 분명하지 않기 때문에 분석하
기 어렵지만, 순수한문체라고 한다면, '土地彊時山林□□□□□□
□□□也大等**與**軍主. 幢主, 道使**與**(>及)外村主審.'와 같은 문장이
었을 가능성이 크다. 문맥에 관계없이 두 번의 與가 쓰인 전후의 명사
나열을 보면 분명한 것은 적어도 두번째의 與는 及으로 쓰여야 한다
는 것은 명백한 것 같다.

금석문에서 개사:연사의 비율은 3:4로 연사의 비중이 다소 높은 점
은 삼국사기와는 정반대로 万葉集와 같은 경향을 보이고 있다. 이 사
실은 삼국사기와 같이 중국문장에 충실한 표기와 달리 중국문장으로
부터 일정부분 자유로운 표기가 가능했던 금석문의 한문수용과정에
서 생긴 한국어적인 용법이라 할 수 있다.

없고 及에는 존재하지만 가요만을 다룰 다음 논문으로 미루기로 한다.

3.3. 동사와 경어성

동사로 총 12회가 쓰였는데 예를 제시하면 다음과 같다.

⑧大伴田村大孃**与**妹坂上大孃歌一首(卷8-1506 題詞)
⑨…於時娘子之意欲親令知　因作歌詠**送与**其夫…(卷16-3803 題詞)
⑩…因此娘子裁作斯歌**贈与**其夫也(卷16-3806 左注)

⑧은 '大伴田村大孃の妹坂上大孃に与ふる歌'의 의미로 '与'가 동사 'あたふ'로 쓰인 경우이다. ⑨와 ⑩은 각각 '因りて歌詠を作り、其の夫に送り与へき', 'これに因りて娘子この歌を裁作りて其の夫に贈り与へたりといへり'의 의미로 '送与'와 '贈与' 즉 복합동사로 쓰인 경우로 동사 'おくりあたふ'로 쓰였다. 이와 같은 복합동사로는 총 3회[19]가 쓰였고 나머지 9회는 단독으로 동사로 쓰였다[20]. 그런데 與의 동사 용법은 12예에 모두 '주다'에 해당하는 'あたふ'의 의미로 사용되었는데, 여기에는 경어성의 존재에 대한 논의가 있다. 즉 선행연구는 与를 '윗 사람이 아랫 사람에게 주다'는 의미로 파악하였는데, 결론적으로 말하면 고대 중

---

19) 나머지 1예는 幸于吉野宮時弓削皇子**贈与**額田王歌一首(卷2-111)와 같다.
20) 卷2-130 長皇子**与**皇弟御歌一首
　　卷3-385 右一首或云　吉野人味稲**与**柘枝仙媛歌也。但見柘枝伝無有此歌
　　卷4-579 余明軍**与**大伴宿祢家持歌二首
　　卷6-979 大伴坂上郎女**与**姪家持従佐保還帰西宅歌一首
　　卷8-1449 大伴田村家之大孃**与**妹坂上大孃歌一首
　　卷8-1506 大伴田村大孃**与**妹坂上大孃歌一首
　　卷8-1622 大伴田村大孃**与**妹坂上大孃歌二首
　　卷8-1662 大伴田村大娘**与**妹坂上大娘歌一首
　　卷9-1782 **与**妻歌一首

국어의 与에 그러한 용법은 없다. 따라서 이것은 일본어 수용 과정에서 생긴 일본어적 의미의 추가로 일본어적인 용법이라고 할 수 있다.

万葉集에서 동사로 쓰인 與는 上位자가 下位자에게 '주다(与ふ)'라는 의미로 쓰인 것으로 보고 있는 것에 대하여 좀 더 구체적으로 살펴보도록 하겠다. 卷6-979 題詞의 與에 대해 頭註에 다음과 같은 기술이 보인다.

> • 「与」は、上位者が下位者に物を贈ることを表す字。家持は受ける側で、五七九題詞でもこの字を用いている。(小學館本：139)

題詞는 (<大伴坂上郎女:A>与<姪家持:B>従佐保還帰西宅)<歌一首:C> 즉, (A+與+B)+C의 구조로 A가 상위자, B가 하위자로 (A+與+B)가 C를 수식하는 내용이다. 이와 같은 의미 용법이 정착되어 있기 때문에 ⑨의 與에 대해서 다음과 같은 기술도 행해지고 있는 것이다.

> • 「与」は上位者が下位者に物を授ける義の字。この字を使用することから見て、作者の女より相手の男の身分が低かったと考えられる。(小学館本：99-100)

그런데 卷4-579 題詞를 보면 (<余明軍:A>与<大伴宿祢家持:B><歌二首:C>와 같이 (A+與+B)+C의 구조로 형식면에서는 동일한데, 내용면에서 보면 A가 하위자(余明軍), B가 상위자(大伴家持)로 되어 있어 앞서 설명한 기준을 적용한다면 모순되는 현상이 발생한다. 이에 대해 小學館本(p.312)은 "また題詞の「与」は一般に上位者が下位の

者に贈ることを表すが、ここは家持への明軍の私的な敬愛の情を込めた用法で矛盾しない。"라고 설명하고 있다. 또한 私注(p.114)에서는 "「与」とあるのは家持の手記に本づくのであらうか。"와 같은 기술이 보이는데, 이것은 하위자인 余明軍이 상위자인 家持에게 與자를 사용한 것을 家持가 스스로를 낮추어 표기한 것으로 본 것이다21).

그렇다면 고대중국어의 동사 與에 대해 간단히 살펴보기로 하자.

ⓚ公於是獨往食, 輒含飯箸兩頰邊, 還吐**與**二兒. 後竝得存, 同過江. (世説新語 德行第一)

ⓛ桓先曾以一羔裘**與**企生母胡;胡時在豫章, 企生問至, 卽日焚裘. (世説新語 德行第一)

ⓜ殷徐語左右:「取手巾**與**謝郎拭面.」(世説新語 文學第四)

ⓝ法暢曰:「廉者不求, 貪者不**與**, 故得在耳.」(世説新語 言語第二)

ⓞ昔者智伯瑤率趙·韓·魏而伐范·中行, 滅之。反歸, 休兵數年。因令人請地於韓。韓康子欲勿**與**, 段規諫曰:"不可不**與**也。夫

---

21) 이와 관련하여 卷4-723의 題詞를 보면, '大伴坂上郎女從跡見庄**賜**留宅女子大孃歌一首 并短歌'와 같이 (A+賜+B)+C의 구조가 보이고 '与'와 동일한 용법으로 賜가 사용되고 있다. 與와 동일하게 상위자에서 하위자로 이동 관계를 나타내고 있는 賜자에 대한 기술이 보이는데 인용하면 다음과 같다.
「賜」は目上の者が目下の者に与えることを表す字で、皇族から貴族や官人庶民に物が与えられる以外に用いることが少ない。庶民相互の間では身分に上下があっても一部に「与」の字を用いる以外は大抵「贈」の字が使われる。ただし坂上郎女から娘の大孃へは「賜」が用いられる(4221左注)。724の左注に、大孃から母へ歌を贈ったのを「進る」といい、またその返報を「報へ賜ふ」というのも同様。恐らくこの記述は、両人の関係を私的に上下の形で捉える立場にあった家持が行ったものであろう。(小学館本：354)
4221의 頭註:「賜」の字は、万葉集では皇族から庶民に与える以外にはほとんど用いない。しかし、723題詞など、坂上郎女が娘の坂上大孃に与える場合には、この「賜」の字を用いている。→4165題詞(尊母)。(小学館本：332)
724의 頭註:これからこの前に大孃からの「贈歌」があったのだが、編纂段階で家持がそれを削除したらしいことが知られる。(小学館本：355)

知伯之爲人也，好利而鷙愎。彼來請地而弗與，則移兵於韓必
矣。(韓非子 十過第十)

ⓚ는 郤公이 입안 가득히 먹을 것을 담아 가져와서 토해 두 자식에게 주었다 즉 먹였다는 의미이므로 상위자인 아버지 郤公이 하위자인 자식에게 주다의 의미로 쓰였다. ①은 桓南郡(桓玄)이 포로로 잡힌 諮議參軍 羅企生의 어머니인 胡氏에게 어린양 가죽옷을 주었으나 자식이 죽게 되자 바로 그날 가죽옷을 태워버렸다는 내용으로 상위자인 桓南郡이 하위자인 羅企生의 어머니에게 주다는 의미로, 그리고 ⓜ은 殷浩가 謝鎭西(謝尚)에게 감동을 주는 이야기를 해주자 감동을 받아 땀이 얼굴을 적시자 옆에 있던 사람에게 수건으로 얼굴을 닦아 주라는 내용인데 謝鎭西보다 3살 위인 상위자 殷浩가 주어가 되어 與를 사용하고 있다. 이상과 같은 3예를 보면 万葉集에서 與가 경어성으로 쓰인 것과 일치하기 때문에 고대중국어에서도 경어성이 존재하는 것으로 볼 수 있다.

그런데 ⓝ의 예를 보면, 청렴한 사람은 요구하지 않고 탐욕스러운 사람에게는 주지 않는다는 의미로 이 경우에는 상위자와 하위자에 대한 개념 없이, 즉 경어성이 없이 단지 주다라는 의미로 사용되었다. 또한 ⓞ의 경우는 智伯瑤가 韓의 康子에게 韓나라의 땅을 요구하자, 韓康子가 주지 않으려 하자 段規가 간언하여 결국 땅의 일부를 주게 되었다는 내용인데, 이 때 智伯瑤와 康子는 대등한 관계로 쓰이고 있다. 오히려 힘의 우위는 智伯瑤에게 있으므로 康子를 하위자로 볼 수도 있는 곳에 與가 쓰인 것을 보면 경어성과는 무관함을 알 수 있다. 따라서 주지하는 바와 같이 고대중국어 與는 賜와는 달리 경어성과 관련있는 字가 아니다. 그럼에도 불구하고 万葉集에서는 경어성을 살려 표기한 것으로 보아 與의 경어성은 일본어 수용과정에서 생긴 일본어적인 용법 내지 의미의 추가라고 할 수 있다. 다만 중국 자료에서 與가 상위자에서 하위자로 사용된 예가 많이 보이는 이유는 자료의 성격상 상위자가 주로 하위자에게 주는 예가 많아서이지 與에 상하의 의미가 있어서가 아닌 것으로 추정된다. 따라서 万葉集와 같이 상하관계가 있는 경우는 일본어적인 용법이라고 볼 수 있는데, 이러한 특징이 상대문헌 중 자료의 성격이 다른 万葉集만의 특징인지 그렇지 않으면 상대문헌에서 공통적으로 보이는 일본어적인 용법인지에 대해서는 앞으로 보다 더 면밀하게 연구해 볼 필요가 있다.

한국 금석문에서는 동사로 '□者更赤城烟去使之後者公□□□□□□□□□異糸耶國法中分**與**雖然(단양 적성비)'와 같이 '分與'로 1회 나타난다.

마지막으로 音借字로 6회가 쓰였는데, '伊與'(卷12-3098)와 같이 지명 표기로 1회, 'よ'와 같이 終助詞 표기로 1회, '寄る'와 같이 동사 표기로 1회, '大伴部麻與佐(おおともべのまよさ)'와 같이 인명 표기로 3회가 쓰였는데 모두 左注에만 나타났다[22].

한국 금석문에서는 인명표기로 '次丶喙部**與**難大舍藥師沙喙部蕪兄小□(황초령 진흥왕순수비)/騁人沙喙部爲忠知大舍**白**人喙部**與**

---

22) 右一首　平群文屋朝臣益人伝云　昔多紀皇女窃嫁高安王被嘖之時　御作此歌　但高安王左降任之**伊与国守**也(지명 卷12-3098) / 或本歌曰　麻可奈思美　奴良久波思家良久　佐奈良久波　伊豆能多可祢能　奈流佐波奈須**与** (종조사 卷14-3358) / 或本歌末句曰　波布久受能　比可波与**利**己祢　思多奈保那保爾 (동사 卷14-3364) / 음차자에서 가장 많이 보인 표기이며 모두 防人歌에서 보였다. (丈部与呂麻呂 인명 卷20/4354, 今奉部与曾布 인명 卷20-4373, 大伴部麻与佐 인명 卷20-4392)

難大舍藥師䔍支次小舍(마운령 진흥왕순수비)’와 같이 2회, 그리고 판독이 어려워 의미를 파악하지 못하는 ‘夫**軽**道者凝抱有迹之所從□□□□**崑**恨路之能**與**□眞約妙法□坊□□右也念□乎芏易而(斷石山 神仙寺 造像銘記)’의 예가 있다.

: 4: 及

4.1. 개사

‘及’은 총 61회가 보였다. 먼저 개사로 볼 수 있는 예는 万葉集 전체에 걸쳐 1예에 지나지 않는다. 예를 제시하면 다음과 같다.

> ①于時稲公等、以病既療、発府上京。於是大監大伴宿祢百代・
> 少典山口忌寸若麻呂**及**卿男家持等、<u>相</u>送駅使、共到夷守駅
> 家、聊飲悲別乃作此歌。(巻4-567 左注)

①은 小學館本과 大系本 모두 ‘또’로 읽어 ABC[23]를 AB+and+C의 형식 즉 연사로 보고 있다. 그 밖의 주석서 또한 연사로 파악하고 있는데, 與의 분석에서 언급하였듯이 뒤에 오는 ‘相’이 부사로 쓰여지고 있는 만큼 AB+with+C의 형식으로 분석해야 할 것이다. 徐蕭斧 (1981)가 及의 개사로 제시한 “儒者说曰, 及工伎之家, 皆以曰为一. (说曰)”의 예에서도 볼 수 있듯이 ‘皆’의 사용에 의해 及이 개사로 쓰

---

23) A(大監大伴宿祢百代), B(少典山口忌寸若麻呂), C(卿男家持)

인 것을 볼 수 있다. 또한 左注의 해당 노래인 卷4-566과 卷4-567의
작자 AB는 병문안으로 太宰府에 왔던 右兵庫助大伴宿禰稻公와 治
部少丞大伴宿禰胡麻呂가 太宰師 大伴旅人卿의 병이 다 나아 다시
도읍으로 출발하게 되면서 이별의 슬픔을 담은 노래를 지은 것이고,
旅人卿의 아들인 C는 특별한 역할이 없다. 따라서 전후 문맥에 의해
서도 AB가 C를 주도한다는 것은 이 예의 '及'이 개사로 쓰였음을 뒷
받침한다.

이와 같이 及이 万葉集에서 개사 용법으로 쓰인 것은 고대 중국 문
헌으로 볼 때 漢나라 이전 시대의 표기 방식을 답습한 것으로 보인다.
즉

> 两汉以下, "与、及"的用法基本上统一于第三类, "及"字不再用作
> 介词, 至少不再用于显然是介词的位置。如《史记》中"及"字不可
> 胜数, 但遍检五十卷(1-10,61-70,81-90,101-110, 121-130), 显然属
> 于介词的只见两处: [秦本纪]蜀守若伐取巫郡, **及**江南为黔中郡。
> [匈奴传]汉乃拜郭昌为拔胡将军, **及**涅野侯屯朔方以东, 备胡。而
> 《论衡》中只有一个疑似的句子: [说日篇]儒者说日, **及**工伎之
> 家, 皆以日为一。(徐萧斧 1981:379)

와 같이 漢나라 이후에는 及은 개사로 쓰이지 않기 때문이다. 개사로
쓰인 것은

> 但是秦汉以后的文人惯于仿古, 因此"及"字用作介词, 在后代
> (甚至很后)的书面语中还偶或出现, 这只能认作古汉语的残留,
> 如: [谢元晖秋夜讲解诗]六龙且无借, 三相宁久长? 何时接灵
> 应, **及**子同舟航。[又新治北窗如何从事诗]自来迄弦望, **及**君临

箕穎清文蔚且咏，微言超已領。(徐蕭斧 1981:379)

와 같이 의고적인 표현으로써 漢나라 이전 시대의 표현의 잔영일 뿐
이다. 따라서 万葉集 당시의 중국 문헌의 표현을 수용했다기 보다 漢
나라 이전 시대의 표현을 답습한 것으로 볼 수 있다[24].

4.2 연사

연사의 及은 '与'의 연사와 마찬가지로 대개 A+and+B의 형식과 의
미를 가진다. 연사의 용법으로 총 10예가 보이는데, 題詞에 4예, 左注
에 5예, 그리고 沈痾自哀文에 1예가 보인다. 예를 제시하면 다음과 같
다.

②紀曰、天皇七年丁卯、夏五月五日、縱獵於蒲生野。于時大皇
　弟・諸王・内臣及群臣、皆悉從焉。(巻1-21 左注)
③遣新羅使人等、悲別贈答及海路慟情陳思。(巻15-3578 題詞)
④其事既畢、駅使及府諸卿大夫等、共登記夷城而望遊之日乃作
　此歌。(巻8-1472 左注)
⑤謂常執弓箭不避六斉　所値禽獣不論、大・小・孕及不孕、並皆
　殺食　以此爲業者也。(沈痾自哀文)

②의 해당 부분은 小學館本에는 '…時に、大皇弟・諸王・内臣また
群臣、皆悉(ことごと)に從ふ'といふ。'와 같이 연사 'また(および)'로 훈독

---

24) 한국 금석문에는 '眞興太王及衆臣等巡狩□□之時記(북한산 진흥왕순수비)'
　　와 같이 개사로는 1예가 보인다.

되었고, 大系本에서도 '…時に大皇弟(ひつぎのみこ)・諸王(おほきみた
ち)・内臣(うちつまへつきみ)と群臣(まへつきみたち)、悉皆(ことごと)に從(お
ほみとも)そといへり。'와 같이 연사 'と'로 훈독되었다. 注釋·私注·鶴久
도 모두 연사로 취급하고 있는데 타당하다고 하겠다.

　동일한 접속을 나타내는 연사의 용법이라 하더라도 '与'의 경우는
명사와 명사구까지 올 수 있는 반면, '及'의 경우는 형용사, 동사, 그리
고 동사구, 문까지 올 수 있어 '与'에 비해 그 범위가 훨씬 넓기 때문에
다양한 문의 성분25) 이 자유롭게 올 수 있는데, ③은 '別(わかれ)を悲し
びて贈答し、また海路にして情(こころ)を慟(いた)み思を陳(の)ぶ。(大系
本)'의 의미로 바로 与에는 없는 '動詞句+及+動詞句'로 구성된 연사
의 용법으로 쓰였다. 이 용법에 해당하는 예는 2예가 더 있는데 제시
하면 다음과 같다.

　　ⓐ為向京之時、見貴人**及**相美人、飲宴之日述懐儲作歌二首(巻
　　　18-4120 題詞)
　　ⓑ老身重病経年、辛苦**及**思児等歌、七首(巻5-897 題詞)

　ⓐ는 '京に向はむ時に、貴人(うまひと)を見、及(また)美人に相ひて、飲宴

---

25) 周生亜(1989):第一，连词″与″主要是连接名词或名词性词组，而连词″及″
　　除上述用法外，还可 以连接动词性词组或主谓词组。如:
　　(1)父兄大臣上请爵禄于上，而下卖之以收财利**及**以树私党。(韩非于·八奸)
　　(2)于是尽斩旌旗**及**珍宝埋地中，陵叹曰:″复得数十天，足以脱矣。″(汉
　　　书·李陵传)
　　″及″字连接主谓词组主要出现在汉代和汉代以后。如:
　　(3)如意立为赵王后，几代太子者数矣，赖大臣争之**及**留侯策，太子得
　　　毋废。(史记·吕太后本纪)
　　(4)王欲诛相，为其奉先王功大**及**宾客辩士为游说者众，王不忍致法。
　　　(史记·吕不韦列传)

せむ日の為に…(大系本)'의 의미 즉 '貴人を見、また美人に相ひて'의 의미로 동사구를 이끌고 있다. 이것을 형식으로만 접근한다면 '명사+及+相+명사'의 형식, 즉 相을 부사로 보아 及의 개사 용법으로 볼 수 있겠으나 이것은 문맥에도 전혀 맞지 않는다. 따라서 이것은 及의 전후에 위치한 '동사+명사'의 동사구를 이끌고 있는 문장 성분이므로 연사及의 독자적인 용법에 해당한다고 하겠다. ⓑ는 '老いたる身の重き病に年を経て辛苦(たしな)み、及(また)児等を思ふ歌七首(大系本)'의 의미로及의 전후에 문장과 동사구로 이루어져 있으며 그것이 명사 歌를 수식하는 구조로 연사 용법에 해당한다고 하겠다.

④는 'A(驛使)+及+諸+B(卿大夫等)'의 유형으로 '駅使と府の諸々の卿大夫等'의 의미로 'A+及+諸+B'의 형식을 취하는 '及'의 독자적인 용법 중 하나인 '未尽'[26])에 해당한다. 그러나 이 예를 'A+及+B+共+動詞'의 형식으로 보고 '부사에 의한 유형'에 해당하므로 개사의 용법으로도 볼 수 있을 것 같지만 그렇지 않다. 왜냐하면 이 문장은 'その事既に畢(をは)りて駅使と府の諸卿大夫等(まへつきみたち)と、共に記夷(き)の城(き)に登りて、望遊せし日に、この歌を作れるなり。(大系本)'의 의미로, '駅使及府諸卿大夫等' 즉 'A+及+諸+B'이긴 하지만, 실제로는 '작자+A+及+諸+B'로 작자 '石上堅魚(いそのかみのかつを)'는 '驛使 및(及) 諸卿大夫等'와 함께 城에 오른다는 문맥이기 때문이다. 만약 개

---

26) 周生亚(1989):二是表未尽。所谓表未尽， 就是指"及"后的内容往往带有举例性质，而不是把所有的并列项全都列出来。表未尽的"及 "字，在多个并列项中的位置基本是偏后的。如:
   (3)寇近, 亟收诸杂乡金器, 若铜, 铁及他可以左守事者。(墨子·杂守)
   (4)骞因分遣副使使大宛, 康居, 大月氏, 大夏, 安息, 身毒, 于寘, 扜采及诸旁国。(史记·大宛列传)

사로 본다면 '驛使'가 '府諸卿大夫等'과(及) 城에 오른다는 의미로 '驛使'가 주어가 되어 문맥이 성립하지 않게 된다. 이와 같은 未盡 용법은 2예 더 존재하는데 제시하면 다음과 같다.

ⓒ右神亀四年正月　数王子**及**諸臣子等　集於春日野而作打毬之楽。
　其日忽天陰　雨雷電。(巻6-949 左注)
ⓓ於時左大臣橘卿率、大納言藤原豊成朝臣**及**諸王・諸臣等、参
　入太上天皇御在所 中宮西院 供奉掃雪。(巻17-3922 題詞)

ⓒ는 '右は、神亀四年正月、数王子(おほきみたち)また諸臣子等(おみたち)、春日野に集(つど)ひて、打毬(まりうち)の楽(たのしび)を作(な)す。(大系本)'의 의미로 'A(數王子)+及＋諸＋B(臣子等)'의 형식을, ⓓ는 '時に、左大臣橘卿、大納言藤原豊成朝臣と諸王諸臣とを率(ゐ)て、太上天皇の御在所(みましどころ) 中宮西院に参入(まゐ)りて、掃雪(ゆきはき)に供(つか)へ奉(まつ)りき。(大系本)'의 의미로 'A(大納言藤原豊成朝臣)+及＋諸＋B(王, 臣等)'의 형식을 갖추고 있으므로 未盡의 형식 즉 'A+及＋他＋B' 혹은 'A+及＋諸＋B'에 해당한다고 하겠다.

⑤는 '謂ふこころは、常に弓箭を執り六斉を避けず、値(あ)ふ所の禽獣、大きなると小(すこ)しきなると、孕めると孕まぬとを論ぜずして並皆(ともに)殺し食ひ、此を以ちて業とする者(ひと)をいふ。(大系本)'의 의미로, '及'이 동사 사이에 쓰여(보다 더 정확하게는 동명사이다) 及이 담당하는 독자적인 용법 중 하나인 '다양한 문장성분'에 해당한다. 또한 '殺食'의 대상이 '그 어떠한 것이라도'의 의미를 강조하기 위해 '大, 小, 孕, 不孕'을 나열한 것으로 보아 多項 용법[27]에도 해당된다고 할 수 있다. 그

밖의 나머지 2예를 제시하면 다음과 같다.

　　⑥右案　年紀·幷、所処**及**娘子屍作歌人名、已見上也　但歌辞相
　　　違是非難別　因以累載於茲次焉(巻3-437 左注)
　　⑦此時、宮中無侍従**及**侍衛。勅行刑罰皆散禁於授刀寮而妄不得
　　　出道路。于時悒憤即作斯歌(巻6-949 左注)

　　⑥은 '右は、案(かむが)ふるに、年紀幷に所処また娘子の屍と歌を作る人の
名と、已(すで)に上に見えたり。(大系本)'의 의미로 'A+幷+B(명사구)+
及+C(명사구)'의 형식으로 '幷'과 '及'이 동일한 역할로 쓰인 연사 용
법이다. 이 예도 ⑤와 마찬가지로 '及'의 전후에 2개 이상의 항목을 열
거한 것으로 보아 多項 용법에도 해당된다고 하겠다. ⑦은 'この時に宮
の中に侍従と侍衛となし。勅して刑罰に行ひ、皆授刀寮に散禁して妄(みだ)
りて道路に出づることを得ずあらしむ。(大系本)'의 의미로 가장 기본 형식
인 'A(侍従)+及(and)+B(侍衛)'로 쓰인 연사의 용법이다.

　　한편 한국 금석문은 万葉集와 마찬가지로 '單項+單項'(2회), '多項+
多項'(2회), 그리고 'A+及+諸+B'(1회)와 같이 다양한 용법이 확인된
다. 그 예를 제시하면 다음과 같다.

　　ⓔ主聖大王炤亦爲十方檀越**及**道場法界(청주　雲泉洞寺蹟碑)/己
　　丑年二月十五日此□七世父母**及**□□□阿彌陁佛諸佛佛菩薩

---

27) 及의 多項 용법에 대하여는 安熙貞(2004:205)『古代日本語の用字法研究』참조
　　多項의 예:
　　◎於是副賜其遠岐斯此三字以音。八尺勾瓊、鏡、**及**草那芸劍、亦常世思金神、
　　手力男神、天石門別神而　　詔者、(古事記 上巻)
　　◎然而還上之時、山神、河神、**及**穴戸神、皆言向和而参上。(古事記 中巻)

像□□(己丑銘 아미타불석상)

ⓕ全氏三□□等□五十人知識共國王大臣**及**七世父母含靈發願敬造寺(癸酉銘　아미타삼존四面石像)/石記□□是者爲國王大臣**及**七世父母法界兼生故敬造之(癸酉銘　삼존천불비상)

ⓖ歲在癸酉年四月十五日香徒釋迦**及**諸佛菩薩像造(癸酉銘　삼존천불비상)

특히 ⓖ의 경우에는 '계유년 4월 15일에 香徒가 석가 및 여러 불보살의 상을 만들었다'의 뜻인데, 동사 '造'가 목적어인 '釋迦'이하의 앞이 아니라 뒤에 쓰여 한국어의 어순으로 사용되었다. 즉 誓記體 문장이라고 할 수 있다.

4.3. 동사

동사의 용례는 모두 단독으로 쓰여 총 7예[28]가 보이는데 가장 일반적인 'およぶ'의 훈독으로 4예, 그리고 'しく' 훈독으로 2예가 쓰였다. 그리고 나머지 1예가 'いたる'로 훈독하고 있는데 해당 예를 제시하면 다음과 같다.

ⓐ盲聾也心下為膏。攻之不可　達之不**及**　薬不至焉。(山上憶良

---

28) 나머지 およぶ(3예)와 しく(1예)의 예를 제시하면 다음과 같다.
およぶ:易集難排八大辛苦　難遂易尽百年賞楽　古人所歎今亦**及**之。(巻5-804 題詞) / 追望件医 非敢所**及**若。逢聖医神薬者 仰願割剖五藏抄探百病　尋達膏肓之お処 (沈痾自哀文) / 右内匠大属按作村主益人聊設飲饌、以饗長官佐為王、未**及**日斜王既還帰。於時益人怜惜不猒之帰仍作此歌(巻6-1004 左注)
しく:且作席上之主夕為泉下之客。白馬走来 黄泉何**及**。隴上青松空懸信劔 (悲歎俗道仮合即離易去難留詩一首)

沈痾自哀文)

⑨天地之大德曰生。故死人不**及**生鼠。雖為王侯　一日絶気積金如

山　誰為富哉。(山上憶良 沈痾自哀文)

⑩右廿日雖未**及**時依興預作也。(巻19-4168 左注)

⑧은 '盲は鬲なり、心の下を膏と為す。攻むれども可からず、達も及ばず、薬も至らず'로 훈독되어 단독으로 동사 'およぶ'의 의미로 쓰였고, ⑨는 '天地の大徳を生と曰ふ。故に死にたる人は生ける鼠に及かず'로　훈독되어 동사 'しく'의 의미로 쓰인 용법이다. ⑩은 '右は、二十日、時に及らずといへども、興に依りかねて作れり'의 의미로 '時にいたる' 즉 '시간의 도달'를 나타내는 'いたる'의 표기로 '及'이 쓰인 경우이다. 그런데 ⑩의 及은 'いたる'로 훈독하는 것 보다도 'およぶ'로 읽는 것이 더 타당한 것 같다. 그 이유는 결론적으로 말하면 한문 훈독에서 'およぶ'는 及에 대한 훈독법이고, 'いたる'는 至 또는 到에 대한 훈독법으로 추정되기 때문이다. 그러면 좀 더 구체적으로 살펴보도록 하겠다.

고대 중국어에서는 주지하고 있는 바와 같이 일반적으로 'いたる'의 의미로는 다음 예에서 알 수 있듯이 '至' 혹은 '到'字가 담당하고 있다.

ⓗ斯天下之民**至**焉. (ここに天下の民至らん : 孟子 梁上)

ⓘ民**到**于今受其賜. (民今に到るまでに、その賜を受く : 論語 憲文)

ⓙ雖隆薛之城**到**於天. (薛の城を隆くして天に到るといへども : 戦国策 斉)

이에 반해서 およぶ의 경우는 及이 담당하는데 아래에 해당 예문과 훈독[29]을 제시하면,

---

29) 한문 훈독은 아래의 텍스트를 사용하였다.

ⓚ<u>及</u>父卒 叔斉譲伯夷. (父卒するに及びて、叔斉、伯夷に譲らんとす
：史記 伯夷)

ⓛ子貢曰：「我不欲人之加諸我也，吾亦欲無加諸人。」
子曰：「賜也，非爾所<u>及</u>。」(およぶところにあらざるなり。：論語)

ⓜ子曰：「甯武子，邦有道，則知；邦無道，則愚。<u>其知可及</u>
<u>也；其愚不可及也。</u>」(その知にはおよぶべきなり。その愚にはおよ
ぶべからざるなり。：論語)

ⓝ肉雖多，不使勝食気；唯酒無量，<u>不及乱</u>。(乱に及ばず。：論
語)

ⓞ王戎云：「太保居在正始中，不在能言之流；<u>及与之言</u>，理致清
遠，将無以徳掩其言!」(これと言ふにおよんでは：世説新語)

ⓟ明蚤往，<u>及未寤</u>，便呼：「子慎! 子慎!」(未だ寤めざるに及んで：世
説新語)

와 같다. 이와 같이 至와 到는 'いたる'로, 及은 'およぶ'로 훈독되는 것
이 일반적인데 특히 전자의 경우는 万葉集에서도 마찬가지이다.

　万葉集 가요에서 'いたる'의 表記는 총 32예가 보이는데 예를 제시하면,

ⓠ麻等保久能 久毛為爾見由流 伊毛我敝爾 伊都可**伊多良武** 安
由売安我古麻 (ま遠くの雲居に見ゆる妹が家にいつか至らむ歩め我
が駒：巻14-3441)

ⓡ遠有而 雲居爾所見 妹家爾 早将**至** 歩黒駒 (遠くありて雲居に見
ゆる妹が家に早く至らむ歩め黒駒：巻7-1271)

ⓢ…今日今日跡 飛鳥爾到 雖置 置勿爾到 雖不策 都久怒爾
到… (…今日今日と 飛鳥に至り 置くとも 置勿に至り つかねども
都久野に至り… 巻16-3886)

目加田誠(1979)『新釈漢文大系 世説新語』明治書院
吉田賢抗(1960)『新釈漢文大系 論語』明治書院

와 같이 'いたる'의 表記는 음차자(音仮名) 'イタラム' 3예[30], 'イタレバ' 3예[31], 'イタリテ' 2예[32]로 총 8예, 그리고 나머지는 '至' 17예[33], '到' 6예[34]로 '至'字와 '到'字에 의존하고 있다[35]. 오로지 다음 巻6-979 坂

---

30) 巻14-3381伊多良武等曾与, 巻14-3428安礼波伊多良牟, 巻14-3441伊都可伊多良武

31) 巻14-3506許騰伎爾伊多礼婆, 巻17-4011安伎爾伊多礼婆, 巻18-4111冬爾伊多礼婆

32) 巻20-4331波夜久之爾伊多里弖, 巻20-4419都久之爾伊多里弖

33) '至'字 17예
　　巻7-1271　　遠有而　雲居爾所見　妹家爾　早将**至**　歩黒駒
　　巻10-2072　渡守　船度世乎跡　呼音之　不**至**者疑　梶声之不為
　　巻10-2142　左男壮鹿之　妻整登　鳴音之　将**至**極　靡芽子原
　　巻12-2875　天地爾　小不**至**　大夫跡　思之吾耶　雄心毛無寸
　　巻12-2912　人見而　事害目不為　夢爾吾　今夜将**至**　屋戸閇勿勤
　　巻12-2931　念管　座者苦毛　夜干玉之　夜爾**至**者　吾社湯亀
　　巻16-3850　世間之　繁借廬爾　住住而　将**至**国之　多附不知聞
　　巻1-79　　　……佐保川爾　伊去**至**而　我宿有……
　　巻6-971　　……賊守　筑紫爾**至**　山乃曾伎　野之衣寸見世常……
　　巻8-1505　霍公鳥　鳴之登時　君之家爾　往跡追者　将**至**鴨
　　巻9-1738　……道者不去而　不召爾　門**至**奴　指並……
　　巻9-1740　……加吉結　常代爾**至**　海若　神之宮乃……
　　巻13-3230　……水蓼　穂積**至**　鳥網張　坂手乎過……
　　巻4-549　　天地之　神毛助与　草枕　羈行君之　**至**家左右
　　巻13-3322　門座　郎子内爾　雖**至**　痛之恋者　今還金
　　巻3-257　　天降付　天之芳来山　霞立　春爾**至**婆　松風爾　池浪立而。。
　　巻3-420　　　……世開乃　悔言者　天雲乃　曾久敝能極　天地乃　**至**流左右
　　　　　　　　二　杖策毛　不衝毛去而……
　　'至'字는 訓漢字로써 이미 'いたる'로 정착해 있다.

34) '到'字 6예
　　巻11-2526　将待爾　**到**者妹之　懽跡　咲儀乎　往而早見
　　巻11-2546　不念丹　**到**者妹之　歓三跡　咲牟眉曳　所思鴨
　　巻13-3268　……真神之原従　思管　還爾之人　家爾**到**伎也
　　巻16-3886　……命受牟跡　今日今日跡　飛鳥爾**到**
　　巻16-3886　雖置　置勿爾**到**
　　巻16-3886　雖不策　都久怒爾**到**　東　中門由　参納来弖……

35) いたる는 古事記 가요에 1예(許能迦迩夜 伊豆久能迦迩 毛毛豆多布 都奴賀能迦迩 余許佐良布 伊豆久迩<u>伊多流</u>)가 보이며, 日本書紀 가요나 훈주에는 예

本郎女의 가요의 경우,

　ⓣ吾背子我　著衣薄　佐保風者　疾莫吹　**及**家左右

　‘我が背子(せこ)が着(け)る衣(きぬ)薄(うす)し佐保風はいたくな吹きそ家
に至るまで’ 와같이 ‘及’의 표기가 ‘いたる’로 훈독되고 있는데 가요에서
‘いたる’의 表記字로써 ‘及’이 사용된 것은 위의 1예뿐이다. 한편 万葉
集 가요에서는 ‘およぶ’에 해당하는 표기례가 전혀 없다. 따라서 卷
6-979의 及을 ‘いたる’로 읽는 것은 어디까지나 가요에서의 훈독법이
며, 가요에서는 ‘およぶ’의 예가 단 한 예도 없는 것으로 보아 ‘いたる의
사용’ 또는 ‘いたる의 훈독’은 詩語임을 알 수가 있다. 그러므로 卷
19-4168 左注와 같은 한문체에서의 훈독어는 詩語인 ‘いたる’가 아니
라 한문체의 훈독어인 ‘およぶ’로 처리해야 할 것으로 판단된다. 다만
이 부분에 대해서는 상대 문헌의 다른 자료들도 모두 검토해보아야
하는 문제점이 있으므로 본고에서는 문제점을 제시하는 데 그치고자
한다.
　한편 한국 금석문의 경우 동사의 예로는 3회 나타나는데

　　ⓤ歲使一良葬送之後富**及**七世子孫番昌仕宦日遷位至侯王(고구
　　　려 鎭墓北壁墨書 덕흥리고분묵서명)/功德逮**及**七世父母□□□
　　　□□□衆生成同□□□□(大和 13년銘 석불상)
　　ⓥ**及**此時如雲猛將仰公龍豹之韜(김인문비)

가 없다.

ⓤ와 같이 '~에 미치다'와 ⓥ와 같이 '(시간·때)에 이르다' 즉 시간의 도달로 사용되었다. 그밖에 금석문에서의 及은 고유명사로 쓰인 것이 특징이다. 총15회가 보이는데 관등명 12회, 관직명 1회 그리고 인명으로 2회가 쓰였다36).

: 5 : 나가는 말

万葉集의 歌謠이외 즉 題詞·左注 등의 漢文体를 대상으로 万葉集에 보이는 「與」와 「及」의 表記字의 용법을 통하여 그 수용과정과 훈독법에 대해 고찰한 것이다. 결과를 정리하면 다음과 같다.

❏ '与'는 총28에 보였는데, 개사의 용법으로 4회가 보였다. 주석서에 따라 훈독에 차이를 보여 개사로도 연사로도 볼 수 있는 卷1-84, 卷2-140와 같은 경우, 문맥만이 아닌 문법구조면에서 분석을 통해、'부사 유형'에 속하므로 개사임을 알 수 있기 때문에 大系本의 훈독이 타당하다

❏ 연사 용법으로는 6회 보이는데, 卷4-680의 경우, 小學館本에서 頭註 설명부분에서는 연사로, 훈독부분에서는 介詞로 보면서 모순되는 설명을 하고 있는데 卜格을 취하고 있는 与자의 사용 즉 'A+与+B+別'의 与를 ヲ格을 취하는 동사 別과 결부시켜 違例라고 설

---

36) 관등명:及干支(2회·단양 적성비)·及尺干(6회·창녕 진흥왕탁경비)·及干(1회·북한산 진흥왕순수비)·及干(1회·황초령 진흥왕순수비)·及干(1회·마운령 진흥왕순수비)·及[歹食](1회·문무왕릉비); 관직명:及伐斬典(마운령 진흥왕순수비); 인명:及珎夫知(마운령 진흥왕순수비)·安及以(울주 천전리 書石)

명하면서 和習漢文의 영향이므로 「日本語的적인 用法」으로 취급하고 있는 기존의 諸注釋書의 설명에 대해, 고대중국자료에서 [A+与+B+別] 및 [A+別+B]의 유형이 모두 정통한문체에 존재하며, 다만 이 차이는 別의 자동사 타동사의 쓰임에 기인한 것이라는 것을 밝히면서 '別'의 용법과 관련된 분석의 오류를 지적하였다. 따라서 卷4-680의 与는 연사의 용법으로 바르게 쓰인 것이라고 하겠다.

❑ 동사로 총 12회가 쓰였는데 '送與'와 '贈與' 즉 복합동사 'おくりあたふ'로 쓰인 경우가 3회, 단독동사 'あたふ'로 9회가 쓰였다. 与가 '윗사람이 아랫 사람에게 주다'로 사용되는 일본어에서의 경어성에 대해 중국자료의 해당자의 예를 검토하여 원래 与는 경어성과 큰 관련이 없는 자임을 밝혔으며 따라서 일본어에서의 与의 경어성은 일본어 수용과정에서 생긴 일본어적 의미 추가라는 견해를 제시하였다.

❑ 한국금석문 자료의 경우는, 글자 판독이 어려운 1예를 제외하고 개사로 3회, 연사로 4회, 동사 '分与'가 1회 보였으며 그 밖에 음차자로 6회(지명표기1회, 종조사 표기1회, 동사표기에 1회, 인명표기에 3회)가 보여 万葉集에 비해 다양하게 쓰이고 있었다.

❑ '及'의 경우는 개사가 오로지 1예에 불과한데 그 이유에 대해 고대 중국 자료에 근거하여 漢나라 이전 시대의 표기 방식을 답습한 것이라고 생각된다는 견해를 제시하였다.

❑ 連詞로는 총 10예가 보였는데 개사:연사의 비율이 1:10으로 及이 연사 용법을 주로 담당하고 있었고, 구별이 까다로운 예는 없었다. 10예는 기본유형인 [A+及(and)+B]로 2회, 及의 독특한 용법인 다

양한 문장성분 용법으로 3예, 未盡 용법으로 3예, 多項 용법으로
2예가 쓰여 及의 주된 용법에 충실하게 쓰였다.

☐ 동사로는 총 7예가 보여 'およぶ' 훈독으로 4예, 'しく' 훈독으로 2예,
'いたる' 훈독으로 1예가 쓰였는데 이 중 'いたる'로 훈독하고 있는
卷19-4168의 훈독에 대해 고대중국자료와 万葉集 전체에서 'いた
る'를 검토하여 'およぶ'로 再讀해야 한다는 견해를 제시하였다.

☐ 한국금석문 자료의 及은, 연사 용법으로 기본유형 2회, 다항 2회,
미진 1회, 그리고 동사로 3회가 보였는데 万葉集와 동일하게 及의
원래 용법에 충실하게 쓰였다. 그 밖에 관등명 12회, 관직명 1회,
인명 2회의 예가 보여 与와 마찬가지로 万葉集에 비해 비교적 다
양하게 쓰이고 있었다.

다음 연구에서는 가요 내에서의 与와 及의 쓰임을 검토하여 한문체
와 비한문체의 비교를 통하여 특징을 검토하기로 하겠다.

参考文献

김용옥(1992)『東洋學 어떻게 할 것인가』통나무 서울. p.365
김완진(1980)『향가해독법연구』서울대학교출판부 서울 pp.210-216
김원중편(1994)『허사사전』현암사 서울 pp.116-120, 504-509
한국고대사회연구소(1992)『譯註 韓國古代金石文Ⅰ』가락국사적개발연구원 서
　　　　울 pp.3-35, 72-90, 120-122
한국고대사회연구소(1992)『譯註 韓國古代金石文Ⅱ』가락국사적개발연구원 서
　　　　울 pp.33-40, 53-96, 124-147, 150-174, 179-189, 192-197
허벽(1997)『중국고대어법』신아사 서울 pp.289-347

홍기문(1995)『리두연구』한국문화사 서울 pp.295-313

安熙貞(2000)「「与」と「及」の用字法の比較研究 -『日本書紀』と『三国史記』を中心に-」
　　　　　福岡大学大学院論集32-2 福岡大学大学院論集刊行委員会 pp.1-17

安熙貞(2004)『古代日本語の用字法研究』J&C ソウル pp.171-209

井手至(1998)「鶴久著『万葉集訓法の研究』」『万葉』第167号万葉学会 京都 pp.49-57

宇都宮睦男(1987)「「与」の訓法」国語国文56-7 京都大学文学部国語国文学研究
　　　　　室 pp.22-40

大久保正(1980)『万葉集の諸相』明治書院 東京 pp.238-239

大島信生(1986)「万葉集「与」の表記について -助詞トの場合-」万葉123 万葉学会
　　　　　京都 pp.12-22

大野透(1962)『万葉仮名の研究』明治書院 東京 p.301

沢瀉久孝(1990)『万葉集注釈』中央公論社 東京 p.458

亀井孝(1955)「埋もれた言語と埋もれた訓詁」『万葉』第17号 万葉学会 pp.1-5

古事記学会編(1995)『古事記の言葉　古事記研究大系10』　高科書店　東京
　　　　　pp.162-164

小島憲之(1994~1996)『万葉集 新編日本古典文学全集』小学館

小谷博泰(1999)『木簡と宣命の国語学的研究』和泉書院 大阪 pp.286-288

小林芳規(1959)「「及」字の訓読」言語と文芸1-4 国文学言語と文芸の会

西条勉(1998)『古事記の文字法』笠間書院 東京 pp.186-188

志村良治(1977)「「与」「饋」「給」 -漢語の授与動詞と「給」の来源-」東北大学文学
　　　　　部研究年報27 東北大学文学部 pp.113-123

曾根博隆(1998)「簡析「給」和「与」的動詞用法」明治学院論叢606 明治学院大学
　　　　　pp.1-15

上代語辞典編修委員会(1994)『時代別国語大辞典 上代編』三省堂 東京 p.27, 801

高木市之助外(1957~1962)『日本古典文学大系 万葉集』岩波書店

土屋文明(1956)『万葉集私注』筑摩書房 東京 p.196

鶴久、森山隆編(1993)『万葉集』桜楓社

長尾光之(1969)「「与」と「給」の問題点」東洋学21 中国文史哲研究会 pp.51-70

永山勇(1963)『国語意識史の研究 -上古・中古・中世-』風間書房 pp.115-117

蜂矢宣朗(1962)「仮名表記と訓添へ」『万葉』第43号 万葉学会 京都pp.38-53

目加田誠(1975)『新釈漢文大系76　世説新語上』明治書院 p.135, 158, 282

柳沢朗(1991)「「与」と「与具」 -人麻呂歌集コス表記の可能性-」日本文学40-2 日本文学協会 pp.44-53

山口佳紀(1995)『古事記の表記と訓読』有精堂 東京 pp.370-372

吉田賢抗(1960)『新釈漢文大系1 論語』明治書院, pp.152-154

Teruo Suga(1991)『THE MAN'YO-SHU』Kanda Educational Foundation Tokyo p.349

陈昌来(2004)『介词与介引功能』安徽教育出版社 pp.258-266

陈复华(1999)『古代汉语词典』商物印书馆出版社 北京 p.476

郭锡良主编(1998)『古汉语语法论集』语文出版社出版 pp.130-144

徐萧斧(1981)「古汉语中的"与"和"及"」『中国语文』第5期 pp.374-383

张双棣外主编(1998)『古代汉语字典』北京大学出版社

周刚(2004)『连词 与 相关问题』安徽教育出版社 合肥 pp.156-177

周生亚(1989)「并列连词"与、及"用法辨析」『中国语文』第2期 pp.137-142

王力(1993, 1997)『古汉语常用字字典』商务印刷馆出版 北京

『万葉集』의 歌謠 속의 与·及字 研究
—韓·日·中 자료의 비교분석을 통하여—

:1: 들어가는 말

오로지 한자와 한문에 의존할 수 밖에 없었던 한일 고대의 기록은 한일 양국의 언어를 언어구조가 다른 한문(중국어)이라는 문자로 표현하는 경우 자국 언어와의 뉘앙스의 차이 및 의미영역의 차이로 인하여 불가피하게 표기에 차이가 발생한다. 특히 이러한 차이에 크게 영향을 미치는 것은 허사라는 판단 하에 필자는 허사의 오용에 관한 연구를 지속적으로 진행해 왔다. 그 중 일본 고대자료에 나타난 '與'와 '及'에 대한 연구를 진행하여 왔는데 현재는 万葉集(만요오슈우)1)를 대상으로 하여 與와 及의 용법에 대해 살펴보고 있다.

万葉集는 歌集으로 歌謠로 구성되어 있고 주로 和文體2)로 구성되어 있으나, 노래의 성격이나 배경을 설명하는 부분 즉 題詞와 左注 등은 漢文體로 되어 있기 때문에 필자는 万葉集의 경우 오용 용법에 초

---

1) 일본어 우리말 적기는 'C.K.System'에 따른다. 김용옥(1992)『東洋學 어떻게 할 것인가』 통나무 서울. p.365
2) 일본어 어순으로 이루어진 문체로 우리의 誓記體와 같다고 할 수 있다.

점을 둔 기존의 연구와 달리 전체적으로 두 문체와 관련된 특징을 검
토하고자 한다. 따라서 본고에서는 기존에 검토를 마친 한문체의 경
우를 제외한 非漢文體(가요)를 대상으로 與와 及을 고찰하는데 목적
이 있는데 여기에는 또한 훈독법에 대하여도 검토하기로 한다.

: 2 : 선행연구

與와 及과 관련이 있는 선행연구 전반에 대하여는 안희정(2010)을
참고하는 것으로 하고, 본고에서 다룰 내용과 연관이 있는 선행연구
를 간략하게 살펴보면 다음과 같다.

與에 대해서는 柳沢朗(1991)는 'コス'의 표기와 관련하여 與와 與具
의 표기에 대하여 검토하였고, 蜂矢宣朗(1962)는 '夢爾所見'의 훈독
을 설명하는 중에 'こそ'의 훈독첨가(読み添)로 與자의 용법에 대하여
기술하였다. 沢瀉久孝(1990)와 小島憲之(1994~1996)는 與가 특수조
동사에서 나중에 희구(希求)의 종조사가 된 'こそ'의 표기에 대하여 특
히 '與具'가 'こそ'의 표기로 사용된 이유에 대하여 언급하였고, 大島信
生(1986)는 'A與B'의 與가 'AとBと'의 'と'로 읽을 때 전자의 'と'의 표기
라는 점과 또한 與가 표기된 句를 어떻게 나누어 처리해야 하는가 하
는 점을 지적하고, 아울러 권3-449번, 452번, 권4-524번과 564번 가요
4예를 제외하고 나머지 與는 한문 어순이 아니라 일본어 어순으로 처
리해야 한다는 매우 중요한 근거를 제시하였는데 이러한 분석 방법은
기존 주석서 보다 매우 타당하다고 할 수 있다.

及에 대해서는 土屋文明(1956)는 훈독법이 주를 이루는데 권

11-2461번 가요에 보이는 '及恋'의 及을 'しく' 즉 '幾度も·しきりに'의 뜻
으로 파악하였고, 沢瀉久孝(1990)는 권11-2461번 가요에 '及恋'의 及
을 及이 아니라 後의 誤字로 파악하여 'のち'로, 그리고 권2-115번 가
요는 代匠記를 근거로 'おひしかむ'로 훈독하였으며, 大久保正(1980)는
及이 조사 'まで'의 표기로 사용된 것은 柿本人麻呂와 관련된 가요에
공통되는 현상이라고 지적하였다.

  이상과 같이 간략하게 살펴보았는데 기존의 연구는 與 또는 及 표
기자에 대하여 전체적으로 검토한 바가 없는데 이것은 중국어(고대
한문)의 관점에서 접근을 시도하지 않아서 자연스럽게 일본어적인 용
법과의 차이점에 대한 인식을 가지지 못한 결과로 보인다. 이에 본고
에서는 중국어 관점에서 논한 안희정(2010)의 결과를 토대로 검토해
보기로 한다.

: 3 : 與

  歌謠에서의 與는 총 243회가 보이는데, 음차자로 173회(よ·音仮
名)[3], 훈차자로 6회(と·訓仮名), 훈독자로 48회(と·訓読), 동사로 1회
(取与:とりあたふ), 그리고 특수조동사 こす로 15회가 사용되었는데, 조
동사로 쓰인 與는 또한 훈독자로 분류할 수 있으나 기술의 편의상 따
로 제시하기로 한다.

---

  3) 3-388 伊与爾廻之(伊予に廻らし), 9-1714 与杼壳類与杼爾(淀める淀に), 14-3448
     伎美我与母賀母(君が代もがも), 17-4003 与呂豆余爾(万代に), 20-4408 与能
     比等奈礼婆 (世の人なれば)

3.1. 與 표기와 'こす'

> ①…吾妹子之　形見爾置有　若児乃　乞泣毎　取与　物之無者…
> (2-210)
> ②-1　日位　人可知　今日　如千歳　有与鴨(11-2387)
> ②-2　吾妹子　見偲　奥藻　花開在　我告与(7-1248)

①의 'とりあたふ'의 표기를 나타내는 '取与'는 안희정(2010)에서 언급했던 복합동사로 쓰인 '送與'와 '贈與'와 마찬가지의 경우로 동사 'あたふ'로 쓰인 용법이다. 万葉集 가요에서 'あたふ'의 훈독은 단 1회(柿本人麻呂)에 불과하다. 1회 밖에 없는 이유로는 '주다'의 의미로 쓰인 경우 모두 복합동사와 같은 형식으로 쓰여 단독동사로 쓰이지 않은 점과 詩語로써 'あたふ'가 적합하지 않았다는 점을 들 수 있다. ②-1의 與의 해당부분 '有与鴨'은 'ありこせぬかも'[4]로 훈독되어 こせ의 표기로 쓰인 경우이고, ②-2의 '我告与'는 '我れに告げこそ'[5]로 훈독되어 こそ로 쓰인 경우이다. 이와 같이 與의 표기자가 특수 조동사 こす의 활용형 こす·こせ·こそ로 쓰인 용례를 모두 제시해 보면,

> • 吾以後　所生人　如我　恋為道　相与勿湯目(あひこすなゆめ)(11-2375)

---

[4] 'ありこせぬかも'의 표기는 모두 총 8회 보이는데 こせ의 표기는 상기 예와 같이 與가 쓰인 경우가 3회,有巨勢濃香問(2-119)·阿利已世奴加毛(5-816)·有巨勢奴香聞(6-1025)·有許世奴香裳(8-1616)와 같이 음차자로 4회, 그리고 有得鴨(10-2092)와 같이 '得'이 쓰인 경우가 1회이다.
[5] 조동사 こす의 명령형의 古形으로 上代에만 쓰였고, 종조사로는 奈良時代에 동사의 연용형에 붙어 희망을 나타내는 '~してほしい、~しておくれ'의 의미를 나타낸다.

- …自妻跡　憑有今夜　秋夜之　百夜乃長　<u>有与宿鴨</u>(ありこせぬか
も)(4-546)
- 吾妹子爾　相市乃花波　落不過　今咲有如　<u>有与奴香聞</u>(ありこせ
ぬかも)(10-1973)
- 日位　人可知　今日　如千歳　<u>有与鴨</u>(ありこせぬかも)(11-2387)

- 如是為乍　<u>遊飲与</u>　草木尚　春者生管　秋者落去(遊び飲みこそ)
(6-995)
- 思子之　衣将摺爾　<u>爾保比与</u>　嶋之榛原　秋不立友(にほひこそ)
(10-1965)
- 人見而　言害目不為　夢谷　<u>不止見与</u>　我恋将息(やまず見えこそ)
(12-2958)
- 現者　言絶有　夢谷　<u>嗣而所見与</u>　直相左右二(継ぎて見えこそ)
(12-2959)
- 吾妹子　見偲　奥藻　花開在　<u>我告与</u>(我れに告げこそ) (7-1248)
- 天漢　安渡丹　船浮而　秋立待等　<u>妹告与具</u>(妹に告げこそ)
(10-2000)
- 黒玉　宵霧隠　遠鞆　妹伝　<u>速告与</u>(早く告げこそ) (10-2008)
- 里遠　眷浦経　真鏡　床重不去　<u>夢所見与</u>(夢に見えこそ)
(11-2501)
- 我心　等望使念　新夜　一夜不落　<u>夢見与</u>(夢に見えこそ)
(12-2842)
- 現　直不相　夢谷　<u>相見与</u>　我恋国(逢ふと見えこそ) (12-2850)
- 志貴嶋　倭国者　事霊之　所佐国叙　<u>真福在与具</u>(ま幸くありこそ)
(13-3254)

와 같이 こす가 1회, こせ가 3회, こそ가 11회로 총 15회 보인다. 그런데
총 15회 중 무려 9회가 柿本人麻呂歌集(이하 歌集)에 보이는데, 또한

こす가 1회, こせ가 1회, こそ가 7회와 같이 활용형이 모두 보이는 것이 특징이라 하겠다. 그리고 해당부분의 표기를 보면 ‘相与, 有与, 告与, 見与, 在与’ 등으로 모두 ‘동사+與’로 되어 있는 것도 특징이다.

　이와 같이 與의 표기자가 조동사 こす를 나타내고 있는데, 고대 중국어에서 與는 개사 및 연사로 쓰이는 용법과 동사로 쓰인다. 예를 들면 개사 용법의 경우는

- 曾子曰：「吾日三省吾身，　爲人謀而不忠乎？與朋友交而不信乎？伝不習乎？」≪論語 學而第四≫
- 爲人君，止於仁；爲人臣，止於敬；爲人子，止於孝；爲人父，止於慈；與國人交，止於信。≪大學 第三章≫

와 같이 ‘與朋友交’는 ‘친구들과 사귀면서’, ‘與國人交’는 ‘나라 사람들과 사귀는데 있어서는’의 의미로 與는 ‘A가 주체가 되어 B와 함께’라는 의미를 나타내기 위하여 ‘A+with+B’의 형식으로 쓰인 개사의 용법이다. 다음으로 연사 용법의 경우는

- 元禮問曰：「君與僕有何親？」 對曰：「昔先君仲尼，與君先人伯陽，有師資之尊；是僕與君奕世爲通好也.」≪世說新語 言語第二≫
- 子曰：「富與貴，是人之所欲也；不以其道得之，不處也。貧與賤，是人之惡也；不以其道得之，不去也。≪論語 里仁第四≫

와 같이 ‘君與僕·僕與君’은 ‘그대와 나·나와 그대’, ‘富與貴·貧與賤’은 ‘부와 귀·빈과 천’의 의미로 與는 ‘A와 B가 동등한 주체’의 의미를 나

타내기 위하여 'A+and+B'의 형식으로 쓰인 연사의 용법이다. 마지막
으로 동사 용법의 경우는

- 子禽問於子貢曰：「夫子至於是邦也，必聞其政，求之與？抑
與之與？≪論語 學而第十≫
- 公於是獨往食，輒含飯箸兩頰邊，還吐**與**二兒. ≪世說新語 德
行第一≫
- 因令人請地於韓。韓康子<u>欲勿**與**</u>, 段規諫曰：“不可不**與**也。≪韓
非子 十過第十≫
- 我持白璧一双，<u>欲獻</u>項王，玉斗一双，<u>欲**與**</u>亞父。≪史記 項羽
本紀≫

와 같이 '抑與之與'는 '求之與'와 대구 관계로 동사 '求(요구하다)'에
대하여 동사 '與(주다)'로 쓰였으며, '與二兒'는 '두 아이에게 주다'의
의미, '欲勿與·不可不與'는 '주지 않으려 하다·주지 않을 수 없다'의
의미로 '주다'의 의미로, '欲獻·欲與'는 '獻'에 대하여 '與'가 동사로 쓰
인 용법이다. 이상과 같이 중국어에서의 與는 조동사로써의 용법은
가지고 있지 않다. 위의 예 중 '欲勿與·欲獻·欲與'를 보면 與·獻이 본
동사로 쓰였고 欲은 조동사6)로 쓰였다. 즉 與는 조동사로 쓰이지 않
기 때문에 與가 특수 조동사 こす의 표기로 쓰인 용법은 고대 중국어
에 없는 용법이므로 일본어적인 용법으로 쓰였다고 볼 수 있다.

다음 가요를 보기로 하자.

---

6) 현대 중국어에서의 조동사는 '会, 要, 可, 欲, 想' 등의 자들이 담당한다. 몇
예를 들면 '동사 : 昨天没有**会**着他. / 这本词典我还**要**呢, 那本我不**要**了, 你
拿去吧．；조동사 : 他不但**会**骑车, 也**会**开车. / 我有话**要**对他讲.' 과 같다.

• 妹恋 不寐朝 吹風 妹経者 <u>吾与経</u>(12-2858)

이 가요는 여러 주석서에서 'わにもふれこそ(塙書房·小學館万葉集), 我
れさ<u>へ</u>に触れ(增訂万葉集全註·岩波万葉集), わと<u>も</u>ふれなむ(新校万葉
集), われ<u>と</u>ふれなむ(萬葉集<鶴久>·萬葉集注釋<沢瀉久孝>·萬葉集
私注<土屋文明>)'와 같이 こそ·さへ·とも·と로 다양하게 훈독되고 있
는데, 여기에서는 こそ로 훈독되고 있는 경우에 대하여만 간단히 살펴
보고 자세한 것은 다음 연구로 미루기로 하겠다.

앞에서 언급하였듯이 こそ의 표기에 與가 사용된 용례를 해당부분
만 제시하면 다음과 같다.

• 相与勿湯目(あひこすなゆめ)(11-2375)
• 有与宿鴨(ありこせぬかも)(4-0546)(10-1973)(11-2387)
• 遊飲与(遊び飲みこそ)(6-995)
• 爾保比与(にほひこそ)(10-1965)
• 不止見与(やまず見えこそ)(12-2958)(12-2959)(11-2501)(12-2842)
　(12-2850)
• 我告与(我れに告げこそ)(7-1248)(10-2000)(10-2008)
• 真福在与具(ま幸くありこそ)(13-3254)

이들 예문을 살펴보면, '相ひこす:1회, 有りこせ:3회, 飲みこそ:1회, にほひ
こそ:1회, 見えこそ:5회, 告げこそ:3회, 在りこそ:1회'와 같이 모두 '동사 연
용형+與'의 형식을 취하고 있는 사실은 이미 언급하였는데, 또 하나의
특징은 こす의 표기로 쓰인 與의 15회 모두가 일본어 어순을 취하고
있다는 점이다. 반면 吾與經의 경우는 '與+동사 연용형'의 형식을 취

하여 유일하게 한문 어순을 보인다는 점과 'わにもふれこそ'로 훈독할
경우, '조동사(與)+본동사(經)'로 인식해야 하는데, 앞에서 언급하였듯
이 고대 중국어에서는 與에 조동사 용법이 없다는 점에서 'こそ'로 읽
는 훈독을 따르기 어렵다고 하겠다. 또한 이 가요의 경우는 제2구의
'不寐'의 '不'은 언제나 한문 어순을 취하므로 제외하면 '妹に恋ひ　寐
ねぬ朝に　吹風は　妹にし経れば'와 같이 제1구에서 제4구까지 완벽하
게 일본어 어순으로 표기가 이루어져 있다는 점에서 유독 제5구만을
이례적으로 한문 어순으로 읽어야 할 근거를 찾기 어렵다.

　이와 같이 與의 분석을 통하여 'こそ·さへ·とも·と' 등으로 다양하게
훈독되고 있는 12-2858의 표기에 대한 기존의 異讀을 정리할 수 있는
하나의 기준이 될 수 있을 것이다.

3.2. 與 표기 'と'의 훈독과 어순

　'と'의 표기는 총 54회가 보이는데 훈차자 용법으로 보이는 용례가
6회, 訓讀 용법으로 보이는 용례가 48회 보인다.
　먼저 훈차자로 사용된 예를 제시하면 다음과 같다.

3-260	榜与雖思	漕がむと思へど	鴨足人
3-443	継往物与	継ぎ行くものと	大伴三中
3-443	間幸座与	ま幸くいませと	大伴三中
3-443	名津匝来与	なづさひ来むと	大伴三中
4-642	懸而縁与	懸けて寄せむと	湯原王
4-686	過与	過ぎぬると	坂上郎女

6회 모두 '～と思ふ(642번은 思ふ가 생략된 것임;吾哉然念)·～と語る (母父爾 妻爾子等爾 語而)·～と乞ふ(天地乃 神祇乞祷)·～と待つ(立 居而 待監人者)'와 같이 조사 'と' 뒤에 용언을 수반하여 인용을 나타 내는 용법으로 쓰였고, 與의 어순은 모두 일본어 어순으로 되어 있다. 이것은 'と'가 인용을 나타내기 때문에 자연스럽게 언어구조상 한문 어 순을 취하기 어려운 것으로 보인다. 한문 어순이라고 한다면 인용을 나타내는 격조사와 같은 요소가 원래부터 없기 때문에, 일본어를 표 기하기 위해서는 인용의 조사 'と'를 생략하거나, 위의 예와 같이 나타 내려고 할 경우에는 'と' 자체가 일본어적인 요소이므로 인용하는 내용 뒤에 표기할 수 밖에 없었을 것이다.

다음으로 훈독으로 사용된 예를 제시하면 다음과 같다.

　　③人不榜　有雲知之　潜為　鴛与高部共　船上住(3-258)
　　④与妹来之　敏馬能埼乎　還左爾　独之見者　涕具末之毛(3-449)

　鴨足人의 노래인 ③의 '鴛与高部共'은 '鴛鴦(をし)+と+高部(たか べ)+と'로, 旅人의 노래인 ④의 '与妹来之'는 '妹+と+來し'로 읽어 與 가 'と'의 訓讀 용법으로 쓰이고 있다. 그런데 ③의 '鴛与高部共'의 경 우는 '鴛鴦と高部'와 같이 일본어 어순7)으로 표기되어 있으며, ④의

---

7) 총 44회가 보이는데 몇 예를 제시하면 다음과 같다.

1-14	耳梨山与	耳成山と	中大兄(天智天皇)
1-65	弟日娘与	弟日娘女と	長皇子
2-176	天地与	天地と	舍人
2-196	君与時時	君と時々	柿本人麻呂
2-210	吾妹子与	我妹子と	柿本人麻呂

'与妹来之'의 경우는 '妹と来し'와 같이 한문 어순8)으로 표기되어 있다.

　위에서 제시한 훈차자로 쓰인 용법은 6회 모두 일본어 어순 표기를 취하고 있으며, 훈독으로 쓰인 용법 48회는 한문 어순이 4회 보이고 있으나, 44회가 일본어 어순 표기를 취하고 있다.9)

　다음은 권13의 작자미상(作者不明)의 노래로, 長歌의 거의 마지막 구에 훈독으로 쓰인 與가 보이는데,

> • 八隅知之　和期大皇　高照 … (中略) … 百礒城之　大宮人者
> 　天地**与**日月共　万代爾母我 (13-3234)

　해당부분의 주석서의 훈독방식을 보면, '天地 与日月共'에 대한 훈독이 萬葉集注釋에서는 '天地 日月とともに(あめつち ひつきとともに)'인 반면, 岩波万葉集에서는 'あめつちと ひつきとともに'로 'と'가 훈독첨가되어 있으며 '天地與 日月共'과 같이 與의 위치가 앞으로 이동하여 구가 나뉘어져 있다. 언뜻보면 이것은 단순히 異讀이 존재하는 정도로 보아 크게 문제되지 않을 수 있으나, 이와 같은 양상은 與 표기의 훈독에 따라 어순과 구의 자수(字數) 등이 달라지기 때문에 중요한 문제가

2-213	吾妹子与	我妹子と	柿本人麻呂
2-220	日月与共	日月とともに	柿本人麻呂
3-258	鴛与高部共	鴛鴦とたかべと	鴨足人

8) 총 4회가 보이는데 모두 제시하면 다음과 같다.

3-449	与妹来之	妹と来し	大伴旅人
3-452	与妹為而	妹として	大伴旅人
4-524	与妹不宿者	妹とし寝ねば	藤原麻呂
4-564	与孰可宿良牟	誰れとか寝らむ	坂上郎女

9) 어순 분류는 句를 어떻게 나눌 것인가에 따라 차이가 나타날 수 있는데 본고에서는 大島信生(1986)에 의한다.

아닐 수 없다. 왜냐하면 萬葉集注釋의 경우 前句는 4음절(엄격하게 말하면 'あ'에 의해 3.5음절)이므로 음절수가 현저히 부족(字不足)함에도 불구하고 與를 後句의 句頭에 위치시키는 훈독방식을 취하고 있기 때문이다.

이 훈독과 관련하여 大島信生(1986)에 의하면 다음과 같이 훈독법에 두 가지 설이 있다.

> (a)アメツチ ヒツキトトモニ　全釈·全註釈(旧版·増訂版)·注釈·古典集成
>
> (b)アメツチト ヒツキトトモニ　旧訓·定本·古典大系·塙書房本·桜楓社本·古典全集

(a)설은 與가 '天地(アメツチ) 与二日月一共(ヒツキトトモニ)'와 같이 7音句의 句頭에 오며[10], (b)설은 '天地与(アメツチト) 日月共(ヒツキトトモニ)'와 같이 5音句의 句末에 與가 오는 경우와 '天地(アメツチ) 与二日月一共(ヒツキトトモニ)'와 같이 7音句의 句頭에 오는 경우로 나누어진다. 그에 의하면 2-220이 '天地日月与共'인데 대해 13-3234는 '天地与日月共'으로 與의 위치가 다른데 이 차이는 훈의 차이를 반영하고 있는 것으로 보아야 하며 2-220이 '天地日月与共(アメツチ ヒツキトトモニ)'로 與가 일본어 어순대로 배열되어 있는 것과 마찬가지로 13-3234의 '天地与日月共'의 與도 일본어 어순대로 배열되어 있으므로 古典

---

10) 全釈は '与の字は下につけて、ヒツキとなるのであらう。上につけてアメツチトと訓む説はおもしろくない。巻二に天地日月与共(アメツチ　ヒツキトトモニ)(220)、巻十九に天地日月等登聞仁(アメツチ ヒツキトトモニ)(4254)とある。この語例に従ふべく、この用字法に囚はれてはいけない' とある。(大島信生 재인용)

大系의 '天地与(アメツチト) 日月共(ヒツキトトモニ)'로 보는 설이 적합하다는 결론을 내리고 있다.

필자는 大島信生의 주장에 동의한다. 다만 大島信生의 경우 天地와 與의 예를 전체적으로 검토하지 않고 단 3예만을 제시하면서 설명한 부분이 미흡하다고 하겠다. 이에 필자는 万葉集에 보이는 天地와 與의 예를 모두 검토하여 그의 설을 보완하고자 한다.

\<표 1\>

가요 번호	원문	岩波 万葉集	小學館 万葉集	萬葉集注釋
2-176	天地与共将終登	天地与 共将終登	天地与 共将終登	天地与 共将終登
2-220	天地日月与共	天地 日月与共	天地 日月与共	天地 日月与共
3-315	天地与長久	天地与 長久	天地与 長久	天地与 長久
3-478	天地与弥遠長爾	天地与 弥遠長爾	天地与 弥遠長爾	天地与 弥遠長爾
4-578	天地与共久住波牟 等念而有師家之庭 羽裳	天地与 共久 住波牟等 念而有師 家之庭羽裳	天地与 共久 住波牟等 念而有師 家之庭羽裳	天地与 共久 住波牟等 念而有師 家之庭羽裳
13-3234	天地与日月共	天地与 日月共	天地 与二日月一共	天地 与日月共
19-4254	天地日月等登聞仁	天地 日月等登聞仁	天地 日月等登聞仁	天地 日月等登聞仁
19-4273	天地与相左可延牟 等大宮手都可倍麻 都礼婆貴久宇礼之 伎	天地与 相左可延牟等 大宮乎 都可倍麻都礼婆 貴久宇礼之伎	天地与 相左可延牟等 大宮乎 都可倍麻都礼婆 貴久宇礼之伎	天地与 相左可延牟等 大宮乎 都可倍麻都礼婆 貴久宇礼之伎
19-4275	天地与久万旦爾万 代爾都可倍麻都良 牟黒酒白酒乎	天地与 久万旦爾 万代爾 都可倍麻都良牟 黒酒白酒乎	天地与 久万旦爾 万代爾 都可倍麻都良牟 黒酒白酒乎	天地与 久万旦爾 万代爾 都可倍麻都良牟 黒酒白酒乎

\<표 1\>과 같이 與와 관계된 'あめつち'는 모두 天地로 표기되어 총 9예가 보이는데, 4가지로 나누어 볼 수 있다. 첫째는, 176·578과 같이 부사 'ともに(共)'가 사용됨으로써 與와 구가 나누어지고, 둘째, 315·478·4275는 형용사류(長·遠·久)가 옴으로써 與와 구가 분리되고, 셋째,

4273의 '相左可延牟等'은 相을 빼면 모두 음차자로 표기되었는데, 인용을 나타내는 'と'의 표기로 음차자 等이 이미 존재하므로 與가 인용으로 중복 사용될 수 없으며, 만일 與가 제2구의 인용으로 볼 수 있는 경우라 하더라도 앞에서 지적한 바와 같이 인용의 'と'는 일본어 어순이므로 한문 어순인 與가 개입할 수 없다. 또한 제2구가 6.5음절수이므로 與가 제1구로 분리되어야 하는데 이론의 여지가 없다.

필자는 이와 같은 이유로 첫째부터 셋째까지는 주석서마다 구의 분리에 차이가 없는 것은 당연하다고 판단하는데, 문제는 이미 앞에서 언급한 3234로 넷째의 경우이다. 여기에는 220과 4254를 함께 고려해야 한다. 220과 3234는 與의 위치에 차이가 있어서 220은 제2구가 'ひつきとともに'로 읽어야 함을 보여주기 위해서 與가 共 앞에 쓰인 표기인데 이것은 또한 4254의 '日月' '等登聞仁'이 '等=与', '登聞仁=共'으로 대응 관계에 있으므로 220의 훈독이 명백하다.

그런데 3234는 제2구 첫음절로 與를 분리하는 것에 대해 필자는 다음과 같은 이유로 동의하지 않는다. 첫째, 'あめつちと'의 'と'표기로 사용된 與가 天地와 결합하는 용례는 모두 6예인데, 與天地의 예는 없고, 모두가 天地與로만 나타난다. 즉 일본어 어순을 취하고 있다. 그리고 'あめつち'가 万葉集 가요에서 총 62회 나타나는데 그 중에서 天地로 표기된 경우는 52예가 보이는데 뒤에 조사 'も·の·と·に·は·を'를 동반하고 있다. 'の·は' 등은 원래 한문 어순에서도 天地+'之·者'와 같이 天地뒤에 오지만, 특히 'に'의 표기로는 '在·於·于'와 같은 자가 쓰이면 '在·於·于+天地'와 같이 어순이 바뀌게 되는데 'あめつちに'의 경우도 비록 7예로 무표기인 11-2354·13-3329를 제외한 5예 모두가 '天地+尒(3-420·12-2875·19-4272)·天地+丹(13-3258)·天地+二

(13-3276)'와 같이 음차자를 사용하여 일본어 어순을 취하고 있기 때문이다. 둘째, 앞에서 언급한 바와 같이 명백하게 훈독으로 쓰인 경우 한문 어순인 4예를 제외한 43예가 모두 일본어 어순을 취하고 있으므로, 3234의 1예만을 예외적인 어순으로 처리할 근거를 찾을 수 없기 때문이다. 셋째, 'あめつちと'의 'と'표기로 天地와 함께 사용된 與 이외의 표기를 보면 음차자로 '天地**等** 別之時從(10-2005)·天地**等** 登毛尒母我毛等(15-3691)'과 훈차자로 '天地**跡** 別之時從(10-2092)'이 있는데, 특히 '別'과 함께 쓰인 2005·2092의 예는 동사 別의 특성상 만일 與로 표기 되었다면 '與天地 別～'과 같이 표기될 것인데 與를 사용하지 않고 음차자와 훈차자를 사용한 것을 보면 일본어 어순에 대한 인식이 강하게 작용한 결과로 볼 수 있기 때문이다.

: 4 : 及

歌謠에서의 及은 총 43회가 보이는데, 조사로 32회(まで·までに), 훈차자와 훈독으로 10회(しく·じく), 동사로 1회(いたる)가 사용되었다.

4.1. 及 표기와 'しく'

及은 'しく'의 표기로는 훈독이 4예, 훈차자가 4예('しくに'포함), 'じく'의 표기로 1예가 보였다.

①遺居而　恋管不有者　追**及**武　道之阿廻爾　標結吾勢(2-115)

(後れ居て恋ひつつあらずは<u>追ひ及かむ</u>道の隈廻に標結へ我が背)

②今日爾　何如将及　筑波嶺　昔人之　将来其日毛(9-1754)

(今日の日に<u>いかにかしかむ</u>筑波嶺に昔の人の来けむその日も)

③吾背子爾　吾恋良久者　夏草之　苅除十方　生及如(11-2769)

(我が背子に我が恋ふらくは夏草の刈り除くれども<u>生ひしくごとし</u>)

①의 '追及武'는 '追ふ'와 'しく'의 복합어로 '追ひ及かむ'로 훈독되어 '追いつく・到りつく'의 의미로 쓰였다. ②의 '何如将及'은 'いかにかしかむ'로 훈독되어 '及ぶ・肩をならべる・匹敵する'의 의미로 쓰였다. 따라서 ①과 ②는 훈독으로 쓰인 용법이다. 그리고 ③의 '生ひしくごとし'는 훈차자로 동사 연용형 뒤에 와서 'しきりに〜する'의 의미로 쓰였다. しく에는 '(1)及く：追い付く・及ぶ(匹敵する), (2)頻く：しきりに〜する, (3)布く・敷く・領く・籍く：治める・広く散らばす・物を平らにのべ広げる'와 같이 세 가지의 어휘가 동음이의어로 존재하는데, (1)의 의미로 쓰인 것이 훈독의 及이며, (2)와 (3)의 의미로 쓰인 것은 훈차자의 及이다.11) ①과 ②는 (1)에, ③은 (2)에 해당된다. 그리고 19-4187에 보이는 '及及爾'와 11-2552에 보이는 '千遍敷及'은 부사 'しく'가 반복된 'しくしくに'의 표기이다. 전자는 及이 2회 반복되어 있고, 후자는 'に'의 훈독첨가가 보이는데 주석서에 따라 'ちへにしくしく' 혹은 'ちへしくしくに' 혹은 'ちたびしくしく'로 다양하게 읽고 있다.

그리고 'しく'의 탁음 표기인 'じく'가 1예 보인다. 예를 제시해 보면,

• … 時及能　香久乃菓子乎　可之古久母　能許之多麻敝礼 …

---

11) 그밖의 (1)의 예로는 尚不**及**家里(6-960)・妹爾将**及**哉(9-1807), (2)의 예로는 来**及**毛常(4-499)가 있다.

(18-4111)

(時じくの　かくの木の実を　畏くも　残したまへれ)

와 같이 형용사 'ときじ'의 연용형 'ときじく'의 'じく'의 표기로 及이 사용되었다.12) '時じくの'의 표기는 小學館万葉集에 '時士久能', 岩波万葉集에 '時支能', 万葉集<鶴久>에 '時及能', 그 밖의 주석서에 'ときじき(支)'로 차이가 있으나, 이와 같이 청음인 'しく'의 표기로 쓰이는 及이 탁음인 'じく'의 표기로 쓰인 것은 이 예 뿐이다. 물론 万葉集의 시기 구분에 의하면 제4기13)에 사용된 예이기 때문에 청탁음의 혼용은 두드러진 현상이기는 하지만, 이것은 어디까지나 한자음 즉 음차자의 경우 唐代北方音에서 濁音淸化 현상이 일어난 것을 반영시킨 결과로 한자음의 문제이지 훈차자와는 직접적인 관련이 없다. 그럼에도 불구하고 일본 고유어를 청탁 혼용으로 쓴 것은 大伴家持의 표기법의 일단을 엿볼 수 있는데 大伴家持의 음차자의 청탁 혼용은 흔히 볼 수 있는 표기법이다.

---

12) 형용사 어미 じ로 쓰이는 어휘로는 '犬じ·家じ·鵜じ·馬じ·同じ·母じ·おやじ·鹿子じ·畏じ·鴨じ·鹿猪じ·時じ·床じ·鳥じ·雪じ·我じ·男じ(『時代別国語大辞典－上代編－』1983:346)'가 있는데, 청탁 혼용 표기로는 じ의 연체형 じき가 '…国見為 築羽乃山矣 冬木成 **時敷**時跡 不見而往者 益而恋石見…(国見する 筑波の山を 冬こもり 時じき時と 見ずて行かば まして恋しみ 3-382)'와 같이 1예 보인다.

13) 沢瀉久孝·森本治吉(1976)에 의하면 '第1期 壬申の乱平定(672)まで / 第2期 奈良遷都(710)まで / 第3期 天平5年(733)まで / 第四期 天平宝字3年正月(759)まで'와 같다.

4.2. 及 표기 まで(に)의 훈독과 어순의 특징

4.2.1. まで(に)의 훈독

'まで(に)'로 쓰인 及의 예를 일부 제시하면,

④玉緒之 写意哉 年月乃 <u>行易及</u> 妹爾不逢将有(11-2792)
⑤梓弓 引津邊有 莫告藻之 <u>花咲及二</u> 不会君爾(10-1930)
⑥夕星毛 往来天道 <u>及何時鹿</u> 仰而将待 月人<壮>(10-2010)
⑦夜不寐 安不有 白細布 衣不脱 <u>及直相</u>(12-2846)
⑧天漢 已向立而 恋等爾 事谷将告 <u>孋言及者</u>(10-2011)

와 같이 'まで(に)'로 훈독하고 있는 예가 총 32예 보이는데, 이것은 及의 전체 예의 70%이상을 점하고 있다. ④～⑧의 해당부분 '行きかはるまで·花咲くまでに·いつまでか·直に逢ふまでに·妻と言ふまでは'를 보면 알 수 있듯이 及은 'まで(に)'를 나타내기 위한 표기로 조사 용법으로 쓰였다.

及은 万葉集 한문체(비가요)의 18예 중 개사는 단 1예에 불과하였고, 日本書紀와 三國史記에서도 개사로는 각각 3예씩만 쓰여 매우 적게 쓰였으며,[14] 고대중국문헌에서도 及의 개사 용법은 與에 비해 현저히 적다는 점에서 及은 주로 연사와 동사 용법으로 쓰인다.

고대 중국어에서 及의 동사 용법을 살펴보면 다음과 같다.

• 二世使人讓邯, 邯恐, 使長史欣請事. 趙高弗見, 又弗信. 欣恐, 亡去, <u>高使人捕追 不及</u>. ≪史記 秦始皇本紀≫

---

14) 安熙貞(2000)에 의하면 日本書紀에서는 부사에 의한 유형 2예, 동사의 종류에 의한 유형 1예, 三國史記에서는 동사의 종류에 의한 유형 3예가 있다.

- 棘子成曰：「君子質而已矣，何以文爲？」子貢曰：「惜乎，夫子之說君子也，<u>駟不**及**舌</u>！≪論語 顔淵第十二≫
- 師冕見。**及**階，子曰：「階也！」**及**席，子曰：「席也！」皆坐，子告之曰：「某在斯！某在斯！」≪論語 衛靈公第十五≫
- 禹子啓賢，天下屬意焉．<u>**及**禹崩，雖授益</u>，益之佐禹日淺，天下未洽．≪史記 夏 本紀≫
- 湯曰："嘻，盡之矣!"乃去其三面，祝曰："欲左，左．欲右，右．不用命，乃入吾網."諸侯聞之，曰："<u>湯德至矣，**及**禽獸</u>."≪史記 殷本紀≫

　각 예문의 해당부분을 간략히 설명하면, 첫 번째는, '趙高는 사람을 시켜 뒤쫓게 하였으나 붙잡지 못하였다(쫓아가는데 이르지 못하다)'의 의미로 'およぶ(追いつく)'의 의미로 쓰였으며, 두 번째는 '네필이 끄는 마차로도 혀에 미치지 못할 것이다'의 의미로 'およぶ(能力が追いつく)'의 의미로 쓰였다. 세 번째는 '계단 앞에 이르자 공자께서 "계단입니다"라고 말씀하셨고, 자리에 이르자 "자리입니다"라고 말씀하셨다'의 의미로 'およぶ(その場所まで届く)'의 의미로 쓰였으며, 네 번째는 '우임금이 죽고나서 비록 익(益)이 왕위를 전수받았으나, 익이 우임금을 보좌한 것은 일천하였기에 천하가 만족하지 못하였다'의 의미로 'およぶ(ある期限にまにあう)'의 의미로 쓰였다. 마지막으로 다섯 번째는 '탕왕의 덕이 지극함이 금수에 이른다고 했다'의 의미로 'およぼす(そこまで物事の範囲を広げる)'의 의미로 쓰였다. 이와같이 중국어에서의 及은 동사의 용법으로 활발하게 사용된다.[15]

　따라서 及이 万葉集 가요에서 절반이 넘는 비율이 조사로 쓰이고

---

15) 동사 용법은 한문체(비가요)에서는 18예 중 7예가 보이고 가요에서는 단 1 예만이 보인다.

있는 것은 及의 본래 쓰임과 분명한 차이를 보이는 것으로 격조사 'ま
で(に)'의 용법은 고대 중국어의 及에는 없는 용법이다. 고대 중국어에
서 及은 의미는 일본어의 'まで'와 유사하지만, 어디까지나 의미의 유
사이지 문법에서의 품사는 'まで'의 의미를 지닌 동사인 것이다. 그러
므로 고대 일본어 특히 万葉集에서 'まで'로 수용한 것은 일본어적인
용법이라고 할 수 있다. 及이 주로 개사와 동사로 쓰인 고대 중국어의
용법에 비추어 보면, 及의 조사 용법은 일본 고유어 격조사 'まで(に)'
에 결부되어 있기 때문에 발생한 것이라 생각된다.

4.2.2. まで(に)의 어순

'まで(に)'로 쓰인 예문들의 어순의 특징에 대하여 살펴보기로 하겠
다. 해당 예들을 모두 제시하면 <표 2>와 같다.

<표 2>

가요번호	원문	해독	まで	작자	비고
7-1330	弓束纏及	弓束巻くまで	まで	작자미상	일본어 어순
10-1861	光及爾	照るまでに	まで	작자미상	일본어 어순
10-1930	花咲及二	花咲くまでに	まで	작자미상	일본어 어순
10-1958	常爾冬及	常に冬まで	まで	작자미상	일본어 어순
10-2011	孋言及者	妻と言ふまでは	まで	柿本人麻呂歌集	일본어 어순
10-2097	来喧牟日及	来鳴かむ日まで	まで	작자미상	일본어 어순
10-2100	丹穂経及	にほふまで	まで	작자미상	일본어 어순
10-2286	実成及丹	実になるまでに	まで	작자미상	일본어 어순
10-2296	黄変及	もみつまで	まで	작자미상	일본어 어순
11-2656	幾世及将有	幾代まであらむ	まで	작자미상	일본어 어순
11-2792	行易及	行きかはるまで	まで	작자미상	일본어 어순
12-2919	直相及者	直に逢ふまでは	まで	작자미상	일본어 어순
3-261	益及常世	いや常世まで	まで	柿本人麻呂	한문 어순
9-1740	及七日	七日まで	まで	高橋虫麻呂歌集	한문 어순

9-1747	及還来	帰り来るまで	まで	高橋虫麻呂歌集	한문 어순
10-2009	及雲隠	雲隠るまで	まで	柿本人麻呂歌集	한문 어순
10-2010	及何時鹿	いつまでか	まで	柿本人麻呂歌集	한문 어순
10-2244	乃而及苅	かくて刈るまで	まで	작자미상	한문 어순
10-2245	及何時可	いつまでか	まで	작자미상	한문 어순
10-2261	及何時	いつまでか	まで	작자미상	한문 어순
11-2398	及世定	世までと定め	まで	柿本人麻呂歌集	한문 어순
11-2400	及失念	失するまで思ふ	まで	柿本人麻呂歌集	한문 어순

가요번호	원문	해독	까지에	작자	비고
11-2538	緒爾成及	緒になるまでに	までに	작자미상	일본어 어순
2-196	及万代	万代までに	までに	柿本人麻呂	한문 어순
7-1279	及採	摘むまでに	までに	柿本人麻呂歌集	한문 어순
9-1702	及乏	すべなきまでに	までに	柿本人麻呂歌集	한문 어순
11-2413	及正逢	直に逢ふまでに	までに	柿本人麻呂歌集	한문 어순
11-2452	及直相	直に逢ふまでに	までに	柿本人麻呂歌集	한문 어순
11-2461	及恋	恋ほしきまでに	までに	柿本人麻呂歌集	한문 어순
12-2846	及直相	直に逢ふまでに	までに	柿本人麻呂歌集	한문 어순
12-2854	及相日	逢はむ日までに	までに	柿本人麻呂歌集	한문 어순
12-3129	及見	見るまでに	までに	柿本人麻呂歌集	한문 어순

위 예문을 다시 표로 정리하면 <표 3>과 같다.

<표 3>

		일본어 어순		한문 어순	
마데 (22예)	12예	柿本人麻呂歌集:1예	10예	柿本人麻呂:1예	권3(1예) 권7(1예) 권9(2예) 권10(13예) 권11(4예) 권12(1예)
				柿本人麻呂歌集:4예	
		작자미상:11예		高橋虫麻呂歌集:2예	
				작자미상:3예	
마데니 (10예)	1예	작자미상:1예	9 예	柿本人麻呂:1예	권2(1예) 권7(1예) 권9(1예) 권11(4예) 권12(3예)
				柿本人麻呂歌集:8예	
합계	13예	작자 있음:1예	19예	작자 있음:16예	32예
		작자미상:12예		작자미상:3예	

　　이상의 まで(に)의 어순의 특징을 살펴보면, 첫 번째는 어순이 일본어 어순과 한문 어순이 병행되어 있는데, 일본어 어순으로 되어 있는 예는 1예를 제외하고 12예 모두 작자를 알 수 없는 작자미상이라는 점이다. 두 번째는 한문 어순은 84.2%가 柿本人麻呂를 비롯한 작자가 있는 예로 高橋虫麻呂歌集의 2예를 제외하면 모두 柿本人麻呂와 柿本人麻呂歌集의 예라는 점이다. 이것은 널리 알려진대로 略体로 대표되는 柿本人麻呂의 특징과도 부합된다. 세 번째는 'まで'는 22예 중 18예가 권10~12에, 'までに'는 10예 중 7예가 권11~12에 집중적으로 몰려 있다는 점이다. 이상과 같이 간단히 まで(に)의 어순의 특징을 살펴 보았는데 특징의 이유에 대한 분석은 본고의 연구 범위를 넘어서는 또 다른 문제이므로 이상 줄이기로 한다.

4.3. 鄕歌의 及

　　고대한국 가요 자료인 향가에서는 悼二將歌에 及이 다음과 같이 두 예 보인다.

- 제2구 際天乙**及**昆
- 제5구 職麻又欲望彌阿里刺**及**彼

이에 대한 김완진(1995:pp.210~214)의 해독을 보면 다음과 같다.

- 제2구 際天乙**及**昆
  轉字:又-하늘-및-곤

轉寫:Σ 하놀 밋곤

현대어역:마음은 하늘 끝까지 미치니

• 제5구 職麻又欲望彌阿里刺**及**彼

轉字:셧-마-쏘-려-활잡-아-리-가시-와-뎌

轉寫:셕 맛도려 활자바리 가시와뎌

현대어역:職分 맏으려 활 잡는이 마음 새로와지기를

제2구의 及은 동사 '밋다'의 어간인 '밋'16)과 제5구의 及은 '刺=가시, 及=와, 彼=뎌'로 '刺及彼'는 '가시와뎌'가 되어 及은 '와'의 표기로 쓰여, 전자는 훈독자로 후자는 훈차자로 쓰인 것으로 추정하고 있다17).

万葉集와 자료의 성격이 같은 향가 중 悼二將歌의 이와 같은 及의 사용법은 적어도 가요에서의 고유어 표기자의 선택에서 두 나라가 상당히 다른 양상을 보이고 있다고 할 수 있다. 고대중국어 及에는 개사와 연사의 용법과 동사(쫓다·능력이 미치다·장소에 도달하다·시간에

---

16) 신증유합: 미츨 급, 광주 천자문:밋 급.

17) 유창균(1996:pp.1103,1113,1121~1122)에 의하면, 제2구의 及昆은 '밋곤 (양주동) / 및건(정렬모) / 미치곤 (지헌영) / 밋곤(김완진) / 미츠곤(유창균)'과 같이 제2구의 及의 훈독은 다양한 어형이 보이기는 하나, '마음은 하늘 끝까지 미치(거)니'의 의미로 모두 동사 '밋다·미치다'의 용법으로 보고 있다. 또한 제5구의 及彼可는 '그뼈 (양주동) / 믿비리 (정렬모) / 자피어 (지헌영) / 가시와뎌 (김완진) / 다뭇 (유창균)'과 같이 양주동은 음 '급'을 취해서 '그뼈'로 읽었고(음차), 정렬모는 及의 훈 '믿'을 취하여 '믿비리'로(훈차), 지헌영은 '刺'의 음을 취해 '자피어'로 읽었으며(음차:김완진에 의하면 '純正添記'), 유창균은 제5구에 대한 해독자들의 훈독에 대한 타당성에 의문을 제시하면서 후반부의 구의 머리에 '又, 及, 乃'와 같은 부사어를 둔 것에 주목하여 及을 '다뭇'으로 훈독하는 것이 옳다고 보고 있다. 이와 같이 及을 음차로 읽는 경우, 훈차로 읽는 경우, 부사로 읽는 경우 등 다양한 해독이 존재하지만, 필자가 향가 자료의 해독을 사용할 때는 지금까지 김완진의 해독에 따랐으므로 본고에서도 그대로 적용하기로 한다. 앞으로 향가 해독의 진전에 따라 필자의 분석도 유동적임을 밝혀둔다.

이르다·미치다 등) 등의 용법이 있는데, 일본 자료인 万葉集에서는 '좇다·능력이 미치다'의 동사의 용법, 훈독·훈차자의 용법과 일본어적인 용법인 조사 '까지'의 표기로 사용된 반면, 한국 자료인 향가에서는 비록 그 예가 2예에 불과하지만 동사 '및다'와 어미 '와'의 훈차자 표기로 사용되어 서로 다른 용법을 보이고 있다. 물론 한국 자료의 부족함에 기인한다고 보면 그 이상 언급하기는 곤란하지만, 적어도 万葉集 가요 내에서는 及은 'また'나 'と'와 같은 연사의 용법으로 사용되지 않는 반면, 향가에서는 훈차자이기는 하지만 어미 '와'로 사용된 것은 及의 훈독자인 조사 '와'의 존재를 전제로 한 것으로 보아, 조사 '와'의 표기자로 及이 이미 정착되었을 것으로 추정된다. 다만 고대일본어의 표기법에 영향력을 미친 도래인의 표기법의 반영이 적어도 及에 한해서는 조사 '와' 즉 'と'와 같은 용법으로 영향을 주지는 못한 것으로 추정된다.

: 5 : 나가는 말

이상과 같이 万葉集의 가요 즉 비한문체(非漢文体)를 대상으로 與와 及의 용법에 대해 고찰하였고, 또한 훈독법에 대하여도 검토해 보았다. 가요에서 與는 총 243회가 보였는데, 음차자로 173회(よ·音仮名), 훈차자로 6회(と·訓仮名), 훈독자로 48회(と·訓読), 동사로 1회(取与:とりあたふ), 그리고 특수조동사 こす로 15회가 사용되었고, 及은 총 43회가 보이는데, 조사로 32회(まで·までに), 훈차자와 훈독으로 10회(しく·じく), 동사로 1회(いたる)가 사용되었는데 결과를 정리하면 다음과 같다.

1. 與가 특수 조동사 こす 표기로 쓰인 용법은 고대 중국어에 없는
   용법이므로 일본어적인 용법으로 쓰였다고 볼 수 있다.
2. 권12-2858의 與는 특수 조동사 こそ와 직접적인 관련이 없으
   며, 모든 與의 훈독과 어순의 검토를 통하여 다양하게 훈독되
   고 있는 기존의 異讀을 정리할 수 있는 하나의 기준을 제시하
   였다.
3. 'と'의 표기는 총 54회가 보이는데 훈차자 용법으로 6회, 훈독
   용법으로 48회인데, 훈차자의 6회 모두와 훈독의 48회 중 44회
   가 일본어 어순 표기를 취하고 있다.
4. 與 표기의 훈독에 따라 어순이 달라질 수 있는 13-3234의 '天
   地与日月共'에 대하여 'アメツチト ヒツキトトモニ'로 훈독하여야
   하며, 5音句의 句末에 與가 오는 것으로 보아야 하는 일본어
   어순의 설에 동의하는 근거를 제시하여 기존의 설을 보완하였
   다.
5. 향가에서 與의 표기는 사용되지 않았다.
6. 권18-4111의 '時及能(ときじくの)'의 경우 淸音인 'じく'의 표기로
   쓰이는 及이 탁음인 'じく'의 표기로 쓰인 것은 이 예 뿐인데, 이
   와 같이 일본 고유어를 청탁 혼용으로 쓴 것은 大伴家持의 표
   기법의 일단을 볼 수 있는 예이다.
7. 격조사 'まで(に)'의 용법은 고대 중국어의 及에는 없는 용법으
   로 이것은 일본 고유어 격조사 'まで(に)'에 결부되어 있기 때문
   에 발생한 것으로 추정되며 일본어적인 용법이다.

8. 万葉集 가요에서는 及은 개사 혹은 연사로 쓰이지 않았다. 따라서 與는 개사 혹은 연사로, 及은 격조사 'まで(に)'로 분리 사용되었음을 볼 수 있다.

9. 한국자료에서 及은 悼二將歌에 동사 표기 1예와 훈차자 표기 1예가 보이는데, 万葉集 가요에서 향가의 훈차자 표기인 조사 '와'와 같이 'また'나 'と'로 사용되지 않은 것은 도래인의 표기법이 及에서는 영향을 주지는 못한 것으로 추정된다.

周生亚(1989)에 의하면 與와 及이 연사로 쓰일 때의 호환 가능성에 대하여 다음과 같이 설명하고 있다.

> 因此，文献中在许多情况下，[A及B]≠[A与B]，"及"和"与"无论在词义上，还是在用法上都存在一些细微差别。……　以上诸句中的"及"都是并列连词，但却不可以换成"与"字。为什么？因为"及"所连接的并列项在内容上有主从，如(7)句; 在时间上有先后, 如(8)句;在空间上有表里远近，如(9)句;在程度上有深浅大小，如(10)(11)句。反过来说，并列连词"与"就没有这些特点。"与"所连接的两个并列项，在关系上是完全平等的，彼此位置即使掉换，意义上也无大的妨碍。……

즉 及은 주종(主從)관계, 시간의 전후 관계, 공간의 원근 관계와 정도의 대소 관계에 있을 때 與와 호환할 수 없고, 與는 與 전후의 어휘가 완전히 평등 관계에 있으므로 전후 어휘를 서로 바꾸어도 큰 문제가 되지 않는다고 하였는데, 과연 이와 같은 현상이 일본 고대 자료의 표기에서도 어떻게 투영되었는지 차후의 연구가 필요할 것이다.

参考文献

김완진(1980)『향가해독법연구』서울대학교출판부 서울 pp.210-216

김원중편(1994)『허사사전』현암사 서울 pp.116-120, 504-509

고려대민족문화연구소(1990)『現代中韓辭典』고려대민족문화연구소

안희정(2010)「万葉集의 與·及 표기자 수용과정 연구 -韓·日·中 비교에 의한 새로운 연구 방법론 모색을 위하여-」日本文化學報 第44輯 韓國日本文化學會 pp.207-231

유창균(1996)『향가비해』pp.1103, 1113, 1121～1122

허벽(1997)『중국고대어법』신아사 서울 pp.289-347

安熙貞(2000)「「与」と「及」の用字法の比較研究 -『日本書紀』と『三国史記』を中心に-」福岡大学大学院論集32-2福岡大学大学院論集刊行委員会 pp.1-17

宇都宮睦男(1987)「「与」の訓法」国語国文56-7 京都大学文学部国語国文学研究室 pp.22-40

大久保正(1980)『万葉集の諸相』明治書院 東京 pp.238-239

大島信生(1986)「万葉集「与」の表記について -助詞トの場合-」万葉123 万葉学会 京都 pp.12-22

沢瀉久孝(1990)『万葉集注釈』中央公論社 東京 p.458

沢瀉久孝·森本治吉(1976)『作者類別年代順万葉集』新潮社 東京

小島憲之(1994～1996)『万葉集 新編日本古典文学全集』小学館

小林芳規(1959)「「及」字の訓読」言語と文芸1-4 国文学言語と文芸の会

上代語辞典編修委員会(1994)『時代別国語大辞典 上代編』三省堂 東京 pp.27, 346, 801

土屋文明(1956)『万葉集私注』筑摩書房 東京 p.196

鶴久·森山隆編(1993)『万葉集』桜楓社

蜂矢宣朗(1962)「仮名表記と読添へ」『万葉』第43号 万葉学会 京都pp.38-53

柳沢朗(1991)「「与」と「与具」-人麻呂歌集コス表記の可能性-」日本文学40-2 日本文学協会 pp.44-53

王力(1982, 1991)『同源字典』商务印刷馆出版 北京

徐萧斧(1981)「古汉语中的"与"和"及"」『中国语文』第5期 pp.374-383

周刚(2004)『连词 与 相关问题』安徽教育出版社 合肥 pp.156-177
周生亚(1989)「并列连词"与、及"用法辨析」『中国语文』第2期 pp.137-142

表記意識과 訓讀

일본 고대문헌의 용자법 연구

『万葉集』における
山上憶良の表記意識についての一考察

：1： はじめに

　ご存じのように現存最古の和歌集である『万葉集』は、純漢文体で
書かれたと言われる『日本書紀』、そして、変体漢文体という特徴を
持っている『古事記』とともに、上代日本語の研究において非常に重要
な資料である。特に『万葉集』は、作者は天皇から庶民まで各層に
渡っており、地域も大和を中心に東西に広い。そして、表記の面でも
いわゆる万葉仮名が多く用いられているなど各方面に多くの特徴が窺え
る厖大な資料でもある。その中でも、代表的な万葉歌人の一人である
山上憶良は、遣唐少録として702年から704年まで2年間(或いは5年
間)入唐した経験があり、その他「類聚歌林」[1]などの編著もあり、漢文
に精通していると知られている。そこで、山上憶良の漢文の表記は中

---

1) 奈良前期の私撰集。山上憶良編。成立年未詳。書名から、部類別に集
　録したものと思われる。「万葉集」編纂の資料の考証に用いられ、巻一・二・
　九の左注に引用されているが、早く散逸した。

国語の用法の観点からみると、果たしてどれぐらい使いこなされているの
か、またはその表記意識について検討してみようとする。

　一般的に漢字は大きく実字と虚字とに分けられるが、外国人である
日本人の表記者にとってふつう名詞・動詞のような実字類は大ざっぱに
言えばあまり問題にはならない。しかし、助詞・前置詞・接続詞など
の虚字類は相互間の連関関係や文の中での多彩な使い方などにより
表記者にとってはその用法はとても難しいし、また紛らわしくなりやすい場
合が往々にして起こる。そこで、本稿でも虚字を中心に山上憶良の表
記を検討してみることにする。ただし、ここでは紙面関係上、様々な
テーマのうち、受け身と使役、この二つに用いられた字に焦点を当てる
ことにする。2)

:2: 受け身と関係ある字の用法

　受け身を表す字には「被」「見」「為」などがあるが、それぞれの字の古
代中国語での受け身の用法について簡単に述べることにする。

　まず、「被」の例であるが、

　　i　国一日**被**攻, 雖欲事秦, 不可得也. (戦国策・斉策一)

---

2) 従来、山上憶良についての研究は、音訓仮名(稲岡耕二・工藤力男)や訓
(大久保広行)、上代特殊仮名遣(林勉)、全般的な用字法(古屋彰)、「意」
字などのように特定の字についての用字法(北原淑郎)、用語研究(蔵中進・
井手至)、表現法(下田忠)、そして柿本人麻呂との関係(竹尾正子)などの
研究が行われてきた。

ii　曲罷曾教善才服，妝成每**被**秋娘妒.（唐詩·白居易）
iii　馬**被**刺脚.（斉民要朮·養牛馬驢騾）

　i は、「被＋動詞」の形式、ii は、「被＋行為者(施事者)＋動詞」の形式、iii は「被＋行為者＋動詞＋目的語」の形式として受け身文に用いられている。次は「見」の例であるが、

　i　信而**見**疑　忠而被謗,能無怨乎?（史記·屈原賈生列伝）
ii　昔者弥子瑕**見**愛于衛君.（韓非子·説難）
iii　生孩六月，慈父**見**背.（李密陳情表）
iv　烈士**為**天下**見**善矣.（荘子·至楽）

　i は「(主語)＋見＋動詞」の形式、ii は「主語＋見＋動詞＋於·于＋行為者」の形式、iii は「行為者＋見＋動詞」の形式、iv は「為＋行為者＋見＋動詞」の形式として、そして、「為」は、

　i　止,将**為**三軍獲.（左伝·喪公十八年）
ii　衛太子**為**江充**所**敗.（漢書·霍光伝）
iii　員不忍称疾辟易,以見王之親**為**越之擒也.（国語·語）
iv　皆復閉昆明，**為所**殺,奪弊財.（史記·大宛列伝）

　i は「為＋行為者＋動詞」の形式、ii は「為…所…」の形式、iii は「為…之…」の形式、iv は「為所＋動詞」の形式としてそれぞれ受け身文に用いられている。それでは、各字についての山上憶良の表記を分析してみることにしよう。

2.1. 「被」

「被」字は次のように2例にすぎないが、

①寒之安礼婆　麻**被**　引可賀布利　（巻5・892）
②大伴佐提比古郎子、特**被**朝命奉使藩国　（巻5・871）

例①は、山上憶良の貧窮問答歌であるが、「寒くしあれば麻**被**(あさぶすま)引き被(かがふ)り)3)と読む。「ふすま」と「かがふる」の二カ所であるが、「ふすま」に「被」を用い、「かがふる」は仮名表記を行っている。「ふすま」は上代文献においてだいたい「衾」を使い、「被」の場合は『万葉集』ではこの例以外に藤原麻呂の巻4の524番歌に「蒸被(むしふすま)」の例があるだけで多く使われる字ではない。「被」は、『説文解字』によれば≪"被"寝衣長一身有半従衣皮声平義切≫に、『楚辞』の「招魂」には≪翡翠珠被(注:"被"衾也)≫に、そして『釈名』には≪"被"被也、所以被覆人也≫のように記してあるので「被」のもともとの意は名詞であるが、山上憶良は「被」字についてその用法に相当精通していたことが分かる。

例②は、871番歌から875番歌までの題詞である。「大伴佐提比古郎子、特り朝命を被り、使を藩国に奉る。」と読んで、「被」は「こうむる」の意で本動詞として使われた。従って、その例が少ないのもあるが、一応「被」は受け身とは関係ないことが分かる。

---

3) 例文と書き下し文は、高木市之助外『日本古典文学大系万葉集』岩波書店(1957～1962)に依拠した。

2.2.「見」

「見」には計13例がある。その中の1例だけが題詞に「泉門一掩　無由再見　嗚呼哀哉(巻5・794)」と見えて本動詞の「逢う」の意に使われ、残り12例は歌の中に用いられている。その例を一部あげれば、次のようである。

　　①鳥翔成 有我欲比管 見良目杼母 人社不知 松者知良武(巻2・145)
　　②奥去哉 赤羅小船尓 裏遺者 若人見而 解披見鴨(巻16・3868)
　　③神代欲理　云伝久良久　虚見通　倭国者…(巻5・894)
　　④…阿麻能見虚喩　阿麻賀気利　見渡多麻比 …(巻5・894)

まず、順番にその内容を見てみると、例①は「鳥翔成あり通(がよ)ひつつ見らめども人こそ知らね松は知るらむ」、例②は「沖行くや赤(あか)ら小船(をぶね)に裏遺(つとや)らばけだし人見て披(ひら)き見むかも」、例③は「神代より言ひ伝(つ)て来らくそらみつ倭の国は」、例④は「天(あま)の御空(みそら)ゆ天翔(あまがけ)り見渡し給ひ」と読まれる(ご存じのように「見」は上代特殊仮名遣いとしては甲類に属する)。その内、例③の「そらみつ」と例④の「あまのみそらゆ(天の御空由)」だけが「訓仮名」として用いられ、それ以外の10例は例①と②を含めて「見乍阿礼婆(巻5・897)、与家久母見武登(巻5・904)、見毛可波之都倍久(巻8・1525)、髣髴所見而(巻8・1526)、見管将偲(巻16・3862)のように本動詞(正訓)として使われた。従って、「見」はごく基本的な用法に止まっていることが言えよう。

2.3. 「為」

　「為」には計32例が見えるが、歌には7例、歌以外(題詞及び左注)には25例使われている。その主な例を提示しながら、説明することにする。

　　①之路多倍乃　袖布利可伴之　久礼奈**為**乃　阿可毛須蘇[田比][4]伎
　　　　(巻・804)
　　②天河　浮津之浪音　佐和久奈里　吾待君思　舟出**為**良之母(巻8・
　　　　1529)
　　③敬和**為**熊凝述其志歌六首(巻5・886)

　例①は「白栲の袖ふりかはし紅の赤裳裾引き」で音仮名(布多利那良[田比]**為**　巻5・794、久礼奈**為**能　巻5・804)、例②は「天の河浮津(うきつ)の浪音(なみと)騒くなりわが待つ君し舟出すらしも」で動詞(歌:3例「**為**部母奈久　巻5・892」「世人之　貴慕　七種之　宝毛我波　何**為**　巻5・904」「度**為**便無　巻8・1525」、歌以外:3例「但善**為**者天地相畢　巻5・896」「若誠知羽翮可得延期者　必将**為**之　巻5・896」「東向西莫知所**為**　巻5・896」)[5]、例③は「敬みて熊凝の為に其の志を述ぶる歌に和ふる六首」で介詞[6]の用法である。この「のために」の介詞用法をさらに細分化すると、例③と次のような例「為相撲使某国司官位姓名従人　参向京都　為天不幸在路獲疾」(巻5・886)がある。即ち、例③の「為熊凝」を(A)、こここの例の「為天」を(B)とすると、(A)は「～の利益となるように(for)」、(B)は

---

4) [　]：並べられている字を左右あわせて一文字にする。
5)「為」の動詞としての用法の中、「～となす」「～となる」も同じ動詞の用法であるが、別扱いする。
6) 介詞は、前置詞と後置詞を含む表現である。

「～にとっては/～という理由で、故に(to/because)」と分けられる。つまり、古代中国語の用法で細かく区別しているこの(A)と(B)の区別[7]を山上憶良も行っていたということである。

　　④以鼠為喩、豈不愧乎(巻5・896)
　　⑤其寿夭者業報所招　随其脩短而為半也(巻5・896)

例④は「鼠を以ちて喩と為す。豈愧ぢざらめや」で「以＋A＋為＋B」の形式で「AをBとなす」(用茲兩石挿著御袖之中以為鎮懐　巻5・813、以此為業者也　巻5・896、十四銖為一兩　十六兩為一斤　卅斤為一鈞四鈞為一石　合一百卅斤也　巻5・896)[8]の用法である。例⑤は「其の寿夭(じゅえう)は業報の招く所にして、その脩短に随ひて半と為るなり」でいわゆる「となる」(為相撲使某国司官位姓名従人　参向京都　巻5・886)[9]の意味の「為」である。仮に、例④が他動詞的な意を表す「為」であれば、例⑤は自動詞的な意を表す「為」であると言えよう。

　　⑥今為妖鬼所枉殺已経四年(巻5・896)
　　⑦今吾為病見悩不得臥坐(巻5・896)
　　⑧誰何況、生録未半、為鬼枉殺、顔色壮年、為病横困者乎。
　　　(巻5・896)

そして、例⑥、⑦、⑧は受け身表現であるが、例⑥は「今妖鬼の為に

---

7) アン・ヒジョン(2004)、『古代日本語の用字法研究』pp.73～74　J&C　ソウル
8) 「～となす」:「為政以徳」(論語・為政)/「以矛為杖」(古事記・下巻)
9) 「～となる」:「高岸為谷、深谷為陵」(詩経・小雅)

枉殺せられて、已に四年を経たり」の意味で「為…所」(可謂**為**鬼所殺
也 巻5・896)の形式で、例⑦は「今吾(われ)病の為に悩(なや)まされ、臥
坐すること得ず」の意味で「為…見」の形式で、例⑧は「何(なに)そ況(い
は)むや、生録半(なかば)ならずして、鬼の為に枉殺(わうさつ)せられ、顔
色壮年にして、病の為に横困(たしな)めらるるはや」の意味で「為」単独で
受け身を表すために使われたのである。計5例のうち三つの形式が見られ
るなど、受け身に対しては多様な形式が用いられたことが分かる。

⑨雖**為**王侯　一日絶気積金如山　(巻5・896)
⑩誰**為**富哉　威勢如海　誰**為**貴哉　(巻5・896)

例⑨と例⑩は続いている一つの文章であるが、説明の便宜上番号を異
にした。例⑨と例⑩の内容は「王侯なりと雖も一日気(いき)を絶たば、金
(くがね)を積むこと山の如くなりとも、誰か富めりと為さむ。威勢海の如くなり
とも誰か貴しと為さむ。」という意味である。ところで、例⑨は「王侯なりと雖
も」で「～である」(盲瘖也心下**為**膏　巻5・896)の判断詞の用法である。
例⑩は少々議論の余地がある。なぜかというと、書かれている表記だけを
見ると、いくつかの用法として考えられるからである。まず、訓読に従い「と
なす」と読んで例④のように「AをBとなす」と考えられる場合であるが、とすれ
ば「A」は「誰」、「B」は「富」で「誰を富となす」になり文脈が通らなくなる。
次に、文脈と意味の面から「富」と「貴」を名詞と見なして「である」の判断
詞の用法と考えることは可能である。最後に、「富」と「貴」を形容詞と見
なして「～と思う」の「思惟行為」の用法と考えることも可能である。ところ
で、古代中国語の用法では「為」が判断詞とも思惟行為とも考えられる場

合、「為」の後ろの品詞がその決定要因になる。つまり、名詞が来ている
場合は判断詞として、形容詞が来ている場合は「思惟行為」として見るべ
きであるということである。更なる理解をはかるために、山上憶良の文章の
中で「思惟行為」と判断されるその他の例を提示してみよう。

　　　◎命根既尽、終其天年、尚**為**哀　　（巻5·896）
　　　◎若不幸而不得長生者、猶以生涯無病患者**為**福大哉　　（巻5·896）

順番に見てみると「命根既に尽きて、其の天年を終るすら、尚(なほ)し哀
(かな)しと為す」、「若し不幸にして長生を得ぬときには、猶し生涯病患無
きを以ちて、福(さきはひ)大きなりと為さむか」という内容であるが、「為」の
後ろに「哀」「大」の形容詞が来ていることが分かる。例⑩の場合は、一
般主語が省略されている「為＋主語(其)＋述語(富·貴)」の構造で前の
文に出ている「王侯」が省略されているので、「富·貴」は形容詞であ
る。従って、例⑩は「思惟行為」の用法であると考えられる。
　以上のように「為」は計32例が見られるが、その内21例が「沈痾自哀文」
の中で使われている。元々「沈痾自哀文」は山上憶良が自分の心境を
切実に語った文であるが、「為」は「となる」「となす」「本動詞(正訓)」「受け
身」「思惟行為」「判断詞」「介詞」など実に多様な用法として使われてい
る。しかも、介詞を更に「for」と「to/because」で区分していたということと、
「為」の後ろの品詞を以て判断詞と思惟行為を把握していたことと、受け
身の方では「為…所」、「為…見」、「為」単独の三つの用法を用いてい
ることから、山上憶良は古代中国語の用法にきわめて忠実な表記を行
い、漢文に対する造詣が深かった人であることがわかる。

2.4.「所」

「所」は計27例あるが、歌には3例、歌以外には24例見える。

 ①右件謌等、雖不挽柩之時**所作**、准擬歌意(卷2・145)
 ②<u>古人**所歎**</u>、今亦及之(卷5・804)
 ③欲知<u>禍之**所伏**</u>、<u>祟之**所隠**</u>(卷5・896)
 ④**所以**指示三綱、更開五教(卷5・800)
 ⑤**所謂**径尺璧是也。(卷5・813)
 ⑥藤原朝臣八束使河邊朝臣東人令問<u>**所疾之状**</u>(卷6・978)

 古代中国語の用法を基にすると、これらは大きく五つの形式10)に分ける
ことができる。説明の便宜上A、B、C、D、Eと分けることにする。A形
式「所＋動詞」、B形式「名詞＋之＋所＋動詞」、C形式「所以・所謂」11)
(熟語)、D形式「所＋動詞＋之＋名詞」、E形式「為…所」がそれであ
る。それでは、提示されている例を通じてこれらの形式について述べていく

---

10) 第一、「所」は、代名詞を指示する「所＋動詞」＜例：吾十有五而志于学、……
 六十而耳順、七十而従　心**所**欲、不逾矩。(論語)＞　第二、「所」は、代名
 詞を指示する「名詞＋之＋所＋動詞」＜例：君子之**所**不可及者、其唯人之**所**
 不見。(中庸)＞　第三、「所」が介詞「以(謂)」と結合した形で「所＋以(謂)」
 ＜例：**所**謂大臣者、以道事君、不可則止、今由与求也、可謂具臣矣。(論
 語)＞　第四、動詞の後ろに更に名詞を加えた形で「所＋動詞＋之＋名詞」
 ＜例：有司対曰："鄭人**所**献(之)楚囚也."(左伝・成公九年)＞　第五、漢文
 の受け身構文で現れる「為…所…」＜例：月氏居敦怪祁連間、及**為**匈奴**所**
 敗、乃遠走。(史記・大宛列伝)＞
11) 「所以・所謂」は　郭錫良　唐作藩外　編(1981,1988)　『古代漢語　上册』
 北京出版社　p.327　によると、「"所谓""所以"也是一种很常见的凝
 固格式.」という記述が見られる。「凝固格式」(熟語形式)とは、「所」が「謂・以」
 などと結合して熟語化された形式をいう。

ことにする。例①は「右の件(くだり)の謂どもは、柩(ひつき)を挽(ひ)く時作る所にあらずといへども、歌の意(こころ)を准擬(なずら)ふ。」と読まれ、「所作」はA形式にあたる。例②は「古人の嘆きし所にして、今亦これに及(し)けり。」、例③は「禍の伏す所、祟の隠るる所を知らむと欲ひ、」と読まれ、B形式「名詞＋之＋所＋動詞」にあたる。「所」の前に「名詞＋之」が来て動詞の主語になり、その動詞の被修飾語になる、つまり「名詞(古人・禍・祟)＋之＋所＋動詞(歎・伏・隠)」であるが、ただ例②の「古人所歎」のように「之」が省略される場合もある。例④は「所以(そゑに)三綱を指示し、更に五教を開き、」、例⑤は「所謂(いはゆる)径尺の璧(たま)是なり。」と読まれ、「所」が「以・謂」と結合した類型即ち、C形式であるが、この形式は古代中国語で「所以」が早くも固定化して現れたものであるので、上代日本語でも「故(そゑ)に」と「いはゆる」という読みはすでに決まり文句(複合語)のような存在として扱われていた。例⑥は「藤原朝臣八束、河邊朝臣東人をして疾める状(さま)を問はしむ。」の意味で「所疾之状」はD形式(4例)にあたる。動詞の後ろに更に名詞を加えて人あるいは事物の名称を明確に提示する用法である。この形式も「之」が省略される「所＋動詞＋名詞」の形式がある。

　　⑦秦医緩視而還者、可謂**為**鬼**所**殺也(巻5・896)

　例⑦は「秦の医緩視て還りしは、鬼のために殺さるといふべし。」の意味でE形式にあたる受け身の用法である。「為」のところで述べたように、受け身としては「為…所」をはじめ「為…見」「為」単独の形式があるので、受け身に直接関係しているのは「為」であることが分かる。「為」は単独で受

け身を表すことができるが、「所」単独では受け身を表すことができないので、受け身の用法の「為…所」の比重は「為」に置いてあり「所」は補助的な役割をしていると思われる。つまり、「所殺」単独では「殺さる」という意味にはならない。このように「所」はそれ自体が受け身を表すことができない字にも拘わらず本文で取り扱っている理由は、「所」単独で受け身の助動詞「ゆ」「らゆ」「る」「らる」の表記として使われているからである。例えば、『古事記』では、「上巻：所殺神(殺さえし神)、所殺迦具土神之於頭(殺さえし迦具土神)、所命之国(命せらえし国)/中巻：所遣建沼河別与其父大毘古(遣さえし建沼河別と其の父大毘古)、所遣之国政(遣さえし国の政)、其所遣大碓命(遣さえし大碓命)、所遣王等(遣さえたる王等)、所遣之政(遣さえし政)、所献之大御酒(献れる大御酒)/下巻：所駈使於水取司、吉備国児嶋之仕丁(駈ひ使はゆる吉備国の児嶋の仕丁)」12)のように「所」は受け身の表記として多く使われている。13)

⑧玉蜻蜓　髣髴所見而　別去者　毛等奈也恋牟　相時麻而波
　　(巻8·1526)

例⑧は「玉かぎる　髣髴(ほのか)に見えて　別れなば　もとなや恋ひむ

---

12) 拙著(2004)、『古代日本語の用字法研究』pp.130～131 J&C ソウル
13) 「所」が受け身として用いられていることについて「所殺者」の「者」は「殺」の目的にして、「殺」は「者」を処分する動作なれば、之を「者」の方より云へば、受け身となると述べられている。つまり、「所」はそれ自体は受け身ではないが、見方によって受け身の意味として理解される場合があるからである。また、「籍所撃殺数十百人」(史記、項羽)は、「籍が撃ち殺したものは数十百人」の意味であるが、「籍に撃ち殺されたものは数十百人」の意味ともなるのであるという見解がある(沖森卓也(1978)、「上代文献における「所」字について」p.45『国語と国文学』東京大学国語国文学会)。

逢ふ時までは」の意味であるが、「所見」はどの形式にも当てはまらない。
どうしても五つの形式に当てはめようとすると、受け身と関係があると思われ
る。しかしながら、「所」は単独で受け身を表すことには用いられないし、
一般的に考えられる被害の受け身ではないところに問題がある。これは他
動詞を自動詞として読ませるために用いられた表記であると思われる。つま
り、「見る」を「見ゆ」と読んでほしいことから、このような表記が現れたという
ことである。これと同じ用法の例が他に2例あるので提示してみよう。

◎霞立　天河原尒　待君登　伊往還程尒　裳襴所沾　（巻8・1528）
◎奥鳥　鴨云舟者　也良乃埼　多末旦榜来跡　所聞許奴可聞
　　（巻16・3867）

　上の例は「霞立(かすみた)つ　天の河原に　君待つと　いかようふほとに
裳の裾ぬれぬ」、下の例は「沖つ鳥　鴨とふ船は　也良(やら)の崎　廻
(た)みて漕(こ)ぎ来(く)と　聞(き)こえ来(こ)ぬかも」の意味で、同じく「沾(ぬら
す)」を「所沾(ぬる)」、「聞(きく)」を「所聞(きこゆ)」と読ませるための表記とし
て「所」が用いられたと思われる。ところが、中国語では自・他動詞の区
分はあまり厳しくなく、主に語順や文型により左右され、また目的語の有無
より言葉の配置や相互間の関連を重要視して文を分析するという。つま
り、中国語で動詞は自・他動詞を兼用するのが一般的である14)ので(もち
ろん、自動詞にしか使えない「死」類などは別とする)、他動詞を自動詞と

---

14)　例えば「見」をあげてみてみると、目的語が「見」の後ろに来る場合は他動詞に
なり、「見」の前に来る場合は自動詞になるのである。¶只見樹木,不見森林
／木を見て森を見ず.(他動詞)　¶鉛筆不見了／鉛筆が見当たらない.(自動
詞)

して表すためにある字を加えることなどは行わないのである。この用法は「み
る」も「みゆ」も同じく「見」と表記する中国文字を借りて、語順が異なる日
本語文を作るときに必然的にぶつかる相違から発生したと思われる。ただ
し、この用法は歌の中に見られ、山上憶良以外にも上代文献においてす
でに定着していた用法で、中国と韓国にはない日本語的な用法である
が、山上憶良独特の用法ではない。

　「所」は、A形式が4例15)、B形式が6例16)、C形式が8例17)、D形
式が4例18)、E形式が2例19)、そして「他動詞の自動詞化」が3例で計
27例見られた。山上憶良における「所」にはすべての形式が見られ、中
国語の用法に忠実に使われたことがわかる。特に、「他動詞の自動詞化」
の「所」は、中国語と日本語の間にどうしても近づけられない根本的な相
違点を、自国語を表現する際、便宜を図るために工夫した結果現れた
表記であるが、山上憶良もすでに慣用化されていた用法をそのまま使って
いるのである。

　以上のことをまとめてみると、例が少ないので断定は難しいけれども、

---

15) A形式：謂漁夫潜女各有**所**勤(巻5・896)、追望件医　非敢**所**及(巻5・896)、
　　向東向西莫知**所**為(巻5・896)

16) B形式：若実若妄随其**所**教　奉幣帛　無不祈祷(巻5・896)、其寿夭者
　　業報**所**招　随其脩短而為半也(巻5・896)、我病盖斯飲食**所**招而不能自
　　治者乎(巻5・896)

17) C形式：**所以**維摩大士在于方丈　有懐染疾之患(巻5・794)、**所以**因作一
　　章之歌　以撥二毛之歎(巻5・804)、**所以**行人敬拝此石(巻5・813)、**所以**
　　千聖已去　百賢不留(巻5・886)、**所以**礼拝三宝　無日不勤(巻5・896)、
　　所以道人方士　自負丹経入於名山(巻5・896)

18) D形式：**所**値禽獣不論大小孕及不孕(巻5・896)、謂未知過去**所**造之罪
　　若是現前**所**犯之過無犯罪過何獲此病乎(巻5・896)

19) E形式：今**為**妖鬼**所**枉殺已経四年(巻5・896)

「被」と「見」は虚字より実字としての意識が強かったと思われる。一方、「為」と「所」は実字より虚字として、しかも虚字の様々な用法が多く使われていることから、山上憶良は優れた表記意識を持っていたと思われる。そして、受け身という観点から取り上げられた「被」「見」「為」「所」は、山上憶良の意識の中には「被」と「見」は虚字という意識は薄かったようで、反面「為」と「所」は虚字として幅広い洞察力を備えていたと言えよう。特に、山上憶良は受け身に対しては、四つの内、「為」(正確には「為…所」)の字を念頭に置いていたと思われる。

:3: 使役と関係ある字の用法

3.1. 「使」

　まず、古代中国語では「子**使**漆彫開仕。対曰:「吾斯之未能信。」子説。(公冶長・第五)」のように助動詞として使役を表す「しむ」の意で用いられている。それでは、山上憶良の文での「使」の例を見てみよう。

　　①和可家礼婆　道行之良士　末比波世武　之多敝乃**使**　於比弓登
　　　保良世(巻5・905)
　　②大伴佐提比古郎子、特被朝命、奉**使**藩国(巻5・871)
　　③為相撲**使**ム国司官位姓名従人、参向京都(巻5・886)
　　④謹上大唐大**使**卿記室(巻5・894)
　　⑤藤原朝臣八束**使**河邊朝臣東人令問所疾之状(巻6・978)

「使」は計5例見られるが、その内容を見てみよう。例①は「若ければ
道行き知らじ　敝(まひ)は為(せ)む　黄泉(したへ)の使　負ひて通(とほ)らせ」、
例②は「大伴佐提比古の郎子、特(ひと)り朝命を被(かがふ)り、使を藩
国に奉(うけたまは)る。」、例③は「相撲使(すまひのつかひ)某国司(それの
くにのつかさ)官位姓名の従人(ともびと)と為り、京都(みやこ)に参(まゐ)向
ふ。」、例④は「謹みて大唐大使卿[20]の記室に上(たてまつ)る」の意味
で、以上の4例は名詞として「使い・階級・官職」の意味で用いられてい
る。そして、例⑤は「藤原朝臣八束、河邊朝臣東人をして疾める状(さま)
を問はしむ。」の意味で動詞、即ち「使いとして送る」として用いられてい
る。山上憶良の文章の中で「使」は使役として用いられていないとはいうもの
の、『万葉集』の中、使役としての「使」の用法には次のような例がある。

◎天皇遊獦内野之時、<u>中皇命**使**間人連老献歌</u>　（巻1・3）
◎右一首。勅内礼正県犬養宿祢人上、<u>**使**検護卿病</u>　（巻3・459）
◎式部卿藤原宇合卿<u>被**使**改</u>造難波堵之時作謌一首　（巻3・312）

第1例は「天皇、宇智(うち)の野(の)に遊猟(みかり)したまふ時、中皇
命(なかつすめらみこと)の間人連老(はしひとのむらじおゆ)をして献(たてまつ)
らしめたまふ歌」、第2例は「右一首。内礼正県犬養宿祢人上(うちのゐ
やのかみあがたのいぬかひのすくねひとかみ)に勅して、卿の病を検護(けむ
ご)せしむ。」の意味で、「使」は使役の助動詞として使われている。特
に、第3例は「式部卿藤原宇合卿(うまかひのまへつきみ)、難波(なには)

---

20) 遣唐大使丹比広成をさす。記室は書記のことで、広成を敬って直接に本人
　　をささなかった。今いう侍史に同じ。

の堵(みやこ)を改め造らしめらるる時に作る歌一首」の意味であるが、この「改め造らしめらる」即ち、使役と受け身が一緒に使われている構成は、中国と韓国での資料には見られない構成で日本独自の日本語的な用法である。

3.2. 「教」

「教」は、古代中国語で「遂**教**方士殷勤覓。(白居易、長恨歌)」のように「おしえて何かをさせること」から転じて、使役の意として用いられている。使役を表す場合は「教＋名詞＋動詞」の形で用い、「～をして～せしむ」と訓読する。それでは、山上憶良の文での「教」はどのように使われているのか調べてみよう。

①所以指示三綱、更開**五教**、遣之以歌、令反其或 (巻5/800)
②**内教**云、瞻浮州人寿百二十歳 (巻5・896)
③謂、聞諸悪莫作、諸善奉行之**教**也 (巻5・896)
④若実若妄、随其所**教**、奉幣帛、無不祈祷 (巻5・896)

「教」は計4例しかないが、動詞、名詞、熟語の三つの種類が見られた。例①は「所以(そゑに)三綱を指示し、更に五教を開き、遣(おく)るに歌を以ちてして、其の或(まとひ)を反さしむ。」、例②は「内教にのたまわく、瞻浮州(せんぶしう)の人は寿百二十歳なりと。」と読まれ「五教」[21]と「内教」[22]は「熟語」[23]である。例③は「謂ふこころは、諸悪莫作、諸善

---

21) 「五常」とも。父は義、母は慈、兄は友、弟は順、子は孝、という人間の実践すべき五つの道をいう。

奉行の教を聞くことをいふ。」の意味で名詞として、例④は「若実(まことに
もあれ)、若妄(いつはりにもあれ)、其の教ふる所に随ひ、幣帛を奉り、祈
祷せずといふこと無し。」の意味で動詞として用いられた。用例が少ないの
で『万葉集』全体で「教」を検討してみると、更に5例が見える。その例を
提示してみると、

◎窃以、釈慈之示**教**[謂釈氏慈氏]…(巻5/悲歎俗道仮合即離易去
　難留詩一首)
◎朝入為流　人跡乎見座　草枕　客去人尒　妾名者不**教**(巻9/1727)
◎**教**喩史生尾張少咋歌一首(巻18/4106)
◎前張三綱[謂君臣父母夫婦]五**教**、以済邦国(巻5/悲歎俗道仮合
　即離易去難留詩一首)
◎内**教**曰、不欲黒闇之後来、莫入徳天之先至(巻5/悲歎俗道仮
　合即離易去難留詩一首)

のように、第1例は「窃に以(おもひみ)るに、釈慈の示教[釈氏慈氏をいふ]」
の意味で名詞の用法である。第2例は「漁(あさり)する人とを見ませ草枕
旅行く人にわが名は告(の)らじ」、第3例は「史生(ししやう)尾張少咋(をく
ひ)に教へ喩(さと)す歌一首」の意味で動詞として使われている。第4例は
「前に三綱[君臣父母夫婦をいふ]五教を張りて、邦国を済(すく)ふ。」、
第5例は「内教に曰(のたま)はく、黒闇の後に来るを欲(ねが)はぬときに
は、徳天の先に至るに入ること莫(な)かれとのたまへり。」の意味で熟語と
して使われている。つまり、『万葉集』では「教」は使役としてまったく用いら

---

22)「内典」とも。仏家が仏典を呼ぶ称。
23) すでに一つの単語として成り立っている「示教・善教・内教・仏教・釈教・
　　教導・修教・正教・教旨」などのようなものである。

れていなかった。そこで、他の文献を調べた結果、「教」は『古事記』で19例、『日本書紀』で75例見られるが、「教」の使役用法は見られなかった。ということは、山上憶良の表記の中だけでなく、代表的な上代文献で「教」は使役と何の関わりもないことが分かる。

一方、古代韓国の資料では「教」の使役用法はどうであろうか見てみることにしよう。ここまで広げる理由は、上代日本語の用字法研究において解けられない事や論理をさらに裏付けるために、同一の立場に置かれている古代韓国資料がしばしば検討の対象になるからである。その例を見てみよう。

◎執音乎手母牛放**教**遣　（献花歌）
◎直子　無在如亦中　内外孫甥姪女婿中一名乙　東西班勿論七品
　　為等如　差備 **教**矣　（尚書都官貼 48-50）
◎出父崔忠献　一例良中　並論 教 所 不喩去有在等以　右中書令
　　崔怡 子孫乙良 妾妻等矣 所生耳亦 禁錮 **教**是斎　（尚書都官貼
　　83-85）

第1例は、「郷歌」であるが、「자ᄇ몬손 암쇼 노히시고(＝잡고 있는 암소 놓게 하시고、)」の意で「教」は「이시」と読まれているが、「이시」は「이(使役)＋시(尊敬)」に構成された語で、使役の意を表している。第2例と第3例は、「吏読」の例であるが、「教矣」と「教是斉」は、「하게 하시-」と解釈され、「教(是)」そのものが使役の意を表しているのである。つまり、古代韓国の代表的な資料である「郷歌」と「吏読」に限ると、上記であげた3例がすべてなので決して多くとは言えないが、「教」の使役用法は存在していることは確認できる。

　このように、古代中国語で使役としても使われる「教」が古代韓国の資料では存在しているものの、よく用いられる用法であるとは言えないし、上代日本の文献(万葉集、古事記、日本書紀)ではまったく見られない。このことについては、古代中国語で使役であった「教」24)は、他の字に比べると相対的に用例が少ない方であったし、現代中国語では完全に使役の意味はなくなり、かえって受け身25)を表していること、そして、元々「教」が他の使役を表す字より使役性が薄かったことに起因していると考えられる。

3.3. 「令」

　「令」は、古代中国語で「吾令人望其気。(史記、項羽)」のように、「令＋A(人)＋B(動詞)」の形で用いられ、「AをしてBせしむ」と読んで、使役を表す(もちろん、Aは省略される時もある)。おそらく、「命令してさせる」の意から派生されたと考えられる。それでは、「令」の例を見てみよう。

　　　①**令**反或情謌一首(巻5/800)
　　　②所以指示三綱、更開五教、遣之以謌、**令**反其或(巻5/800)
　　　③藤原朝臣八束使河邊朝臣東人**令**問所疾之状(巻6/978)
　　　④右養老八年七月七日、応**令**(巻8/1518)
　　　⑤于時、初春**令**月、気淑風和(巻5/818)

　本来「令」は古代中国語で名詞、動詞、形容詞、使役、助動詞と

---

24)「遂**教**方士殷勤覓」(白居易、長恨歌)：(遂に方士をして殷勤に覓めしむ)
25) 收音机**教**弟弟弄坏了．(ラジオを弟に壊された．)
　　敵人**教**我们打得晕头转向．(敵は逃げ場も見失うほどわれわれに打ちのめされた．)

して使われる。山上憶良の文章で「令」は計5例見られるが、例①は「或
(まと)へる情(こころ)を反(かへ)さしむる歌一首」、例②は「所以(そゑに)三
綱を指示し、更に五教を開き、遣(おく)るに歌を以ちてして、其の惑(まと
ひ)を反さしむ。」、例③は「藤原朝臣八束、河邊朝臣東人をして疾める
状(さま)を問はしむ。」の意味で三例すべて使役として用いられている。例
④は「右のものは、養老八年七月七日に、令に応ふるなり。」の意味で
名詞として、例⑤は「時に初春の令月にして、気淑(よ)く風和(やはら)
ぎ、」の意味で形容詞として用いられている。「令月」は、「よい月」即ち、
正月をほめていう表現である。形容詞として用いられる場合は'よい・清
らかで美しい'の意味で、例えば「令聞」は'清らかな言葉や、よい評
判'の意である。今でも使われている相手の人の妻・兄弟・息子を尊
んでいうことば「令室・令妹・令息」などがそれである。

　「令」は、5例のうち3例が使役として用いられ「使」と「教」に比べ積極的
に使役機能を担っていたと思われる。つまり、山上憶良は「使・教・令」
のうち、使役として「令」だけを念頭に置いていたと言えよう。そして、『古事
記』では「令」がすべて使役として用いられているが、そのことからも上代日
本語の中で「令」の使役表記は一般的で何より好まれたと思われる。そし
て、古代韓国の資料にも「令」の使役用法[26]はよく見られる。

---

26) 「郷歌」には「令」が1例も使われていない。次の例は「吏讀」の例である。
　「一国民乙　安寧令是旀」(寧済一時) [一国民을 편안하게 하며] / 「配所良中
　当役四年令是斎」(於配所拘役四年) [配所에서 4년을 服役하게 한다] / 「徙罪
　是去等　徙令是遣　流是去等　流令是遣」(該徙者抵徙該流者抵流) [徙罪이거든
　徙하게 하고 流罪이거든 流하게 하고]한상인(1998),『朝鮮初期　吏讀의 国語
　学的 研究』p.84 보고사 서울

: 4 : おわりに

　以上のように、山上憶良の表記について、受け身と使役に用いられる
字を中心に検討してみたが、その結果をまとめてみると、次のようである。
　山上憶良は、受け身に対する表記の場合、「被」と「見」はあまり虚字
という意識はなかったようで、「為」と「所」の方を虚字として意識し、主に用
いていたと思われる。特に、山上憶良は受け身の表記としては、四種類
の中で「為」(正確には「為…所」)の字を念頭に置いていたと言えよう。そし
て、使役に対する表記については、「使・教・令」のうち、「令」だけを
念頭に置いていたようである。このことはまるで『古事記』で用いられている
「令」がすべて使役だけの用法であることと同じであって、山上憶良もその
当時既に定着していた表記法に倣っていた可能性もあると考えられる。もう
一つ言えるのは、山上憶良の表記は中国語の用法に基づいてかなり正
統的な表記認識を持っているということである。
　一応、この稿で取り上げた受け身と使役とによって山上憶良の表記意
識を断定的に結論づけるのは無理があると思われようが、存在を表す「在」
と「有」、接続の「与」と「及」、そして、否定の「非」と「不」などによる分析
(これについては稿を改めて近日発表する予定である)によっても山上憶良
の表記は、やはり中国に滞在していた経験によるとも思われるが、当時の
中国語の用法に忠実に従っていることは否定できない事実である。

参考文献

김완진(1980)、『향가해독법연구』서울대학교출판부　서울

김원중편(1989、 1994)、『허사사전』현암사　서울

장지영외(1991)、『이두사전』산호출판사　서울

허벽(1997)、『중국고대어법』신아사　서울

한상인(1998)、『朝鮮初期 吏讀의 国語学的 研究』보고사

辻村敏樹(1958)、「第一章いわゆる受け身・尊敬・可能・自発の助動詞」『国文学』
　　　臨時増刊 学灯社

和田利政(1964)、「受身の助動詞」『国文学』第九巻　第十三号　学灯社

奥村三雄(1969)、「助動詞を中心とする解釈上の問題(1)一受け身・可能・自発・使
　　　役一」『国文学』第十四巻　第六号　学灯社

沖森卓也(1978)、「上代文献における「所」字について」『国語と国文学』昭和五十
　　　三年三月号 東京大学国語国文学会

藤堂明保編(1980)、『漢和大辞典』学習研究社

王　宣(1986)、「中国語における「受け身」の表現」法政大学紀要　通巻第57号

釘貫亨(1991)、 助動詞「る・らる」「す・さす」成立の歴史的条件について『国語学』
　　　164集 国語学会

藤井茂利(1996)、『古代日本語の表記法研究』近代文芸社

釘貫亨(1998)、「「ゆ・らゆ」=なぜ受け身・自発・可能など多義なのか」『国文学』第43
　　　巻11号 学灯社

[汉]許慎撰(1963、 1992)、『说文解字』中华书局出版 北京

王力(1982、 1991)、『同源字典』商务印刷馆出版 北京

郭锡良 唐作藩外 編(1981,1988)『古代汉语 上册』北京出版社

史锡尧外主编(1984)、『现代汉语』北京师范大学出版社

唐钰明(1988)、「唐至清的“被”字句」『中国语文』总第207期第 6 期

馀乃永校注(1993)、『新校互注宋本广韵』香港中文大学 香港

王力(1993、 1997)、『古汉语常用字字典』商务印刷馆出版 北京

张双棣外主编(1998)、『古代汉语字典』北京大学出版社

일본 고대문헌의 용자법 연구

『万葉集』2858番歌의 与의 訓読

:1: 들어가는 말

　万葉集(만요오슈우)[1]에는 어떻게 해독을 할 것인가, 바꾸어 말하면 어떻게 훈독을 할 것인가에 대하여 여러 가지 양상을 볼 수 있다. 예를 들면 첫 번째, '多都能馬母 伊麻勿愛弖之可 阿遠爾与志 奈良乃美夜古爾 由吉帝己牟丹米(竜の馬も 今も得てしか あをによし 奈良の都に 行きて来むため 5-806[2])'과 같이 음차자(音仮名)만으로 표기되는 경우인데 이 경우는 음차자만으로 표기되는 관계로 분명하게 정훈(定訓)으로 인정할 수 있는 경우이다. 두 번째, '不相而 恋度等母 忘哉 弥日異者 思益等母(逢はずして 恋ひわたるとも 忘れめや いや日に異には 思ひ増すとも 12-2882)'와 같이 훈독자(訓読)나 훈차자(訓仮名) 위주로 표기되는 경우인데, 이 경우는 음차자만으로 이루어져 있는 경우에 비해 그대로 정훈으로 인정할 수는 없어도 万葉集 전체를 비교 검토함으로써 이 또한 정훈이 되기도 한다. 세 번째, '莫囂円隣之大相

---

1) 일본어 우리말 적기는 김용옥(1992)의 'C.K.System'에 따른다.
2) 5-806은 卷5의 806番 노래를 의미한다.

七兄爪謁気3) 吾瀬子之 射立為兼 五可新何本(… … 我が背子が い
立たせりけむ 厳橿が本 1-9)'와 같이 밑줄친 부분에 대하여 여러 가지
의 훈독법이 제시되어 아직도 어떻게 해독을 해야 할지 모르는 미해
독인 상태인 경우이다. 마지막으로 '比日 寐之不寐 敷細布 手枕纏
寐欲12-2844)' 및 '真珠服 遠兼 念 一重衣 一人服寐 12-2853)'과 같
이 이독(異讀)이 존재하는 경우이다.

比日　　　　(このころの・このごろの)
寐之不寐　　(いのねらえぬは・いのねらえぬに)
寐欲　　　　(ねまくほりこそ・ねまくほりかも・ねまくほりすも・ねまくほれこそ)

遠兼　　　　(をちをしかねて・をちこちかねて)
念　　　　　(おもへこそ・おもへれば・おもひつつ)
一重衣　　　(ひとへのころも・ひとへころもを・ひとへごろもを)
一人服寐　　(ひとりきてぬれ・ひとりきてねむ・ひとりきてぬる)

　본 고에서는 마지막 경우에 해당하는 이독이 존재하는 12-2858 제5
구의 與의 훈독에 대하여 안희정(2010a 및 2010b)의 연구 결과를 토
대로 검토하고자 한다. 아울러 與를 부사 トモニ로 처리하고 있는 문제
에 대해서도 살펴보고자 한다.

---

3) '莫囂円隣之大相七兄爪謁気'의 여러 가지 훈독 : ふつきのあふきてとひし・ゆふつ
きしおほひなせそくも・きのくにのやまこえてゆけ・みもろのやまみつつゆけ・まつちやまみ
つつこそゆけ・さかどりのおほふなあさゆき・ふけひのうらにしつめにたつ・しづまりしかみ
ななりそね・みよしののやまみつつ(め)ゆけ・ゆふつきのかげふみてたつ・しづまりしうら
なみさわく・いたたしけむ

:2: 주요 주석서의 훈독과 주석

12-2858 노래의 원문은 다음과 같다.

妹恋　不寐朝　吹風　妹経者　吾<u>与</u>経

'吾与経'의 与를 판본에 따라 共으로 보고 해독하기도 하는데4), 본
고에서는 鶴久・森山隆編(1993) 『万葉集』에 따라 与로 보고 与를
어떻게 훈독해야 할 것인가에 대하여 살펴보겠다. 먼저 주요 주석서
에서 해당 노래에 대한 훈독과 현대어역 그리고 주석을 제시하면 다
음과 같다.

    (1)岩波万葉集

      ［훈독］妹に恋ひ 寝ねぬ朝に 吹く風は 妹にし触れば われ<u>さへ</u>に触れ

      ［현대어역］妹を思って眠れなかった夜明けに吹く風よ、もし妹に触れ

               て来たのなら、私にも触れておくれ。

      ［주석］われさへに：私にも。サヘは、すでに何かある上に加える意。

    (2)小学館万葉集

      ［훈독］妹に恋ひ 寝ねぬ朝に 吹く風は 妹にし触れば 我にも触れ<u>こそ</u>

---

4) 『万葉集大匠記 巻之十二上』(1925:6)：妹恋　不寐朝　吹風　妹経者　吾共経
(いもにこひ いねぬあしたに ふくかせの いもにふれなは われとふれなむ) 妹が身に触来
たる風ならば吾にも触よとなり、経の字の事上に注せしが如し。此は寄ハ風。
『校本万葉集 十五』(1995:7-8)：妹恋　不寐朝　吹風　妹経者　吾共経(いもにこ
ひ いねぬあしたに ふくかせの いもにふれなは われとふれなむ) 訓：(い)イネヌアシタ
ニ。近、「ニ」なし。(ろ)イモニフレナハワレトフレナム。宮、「イモタニモヘハワレトモニ
ヘム」。陽、「ニフレナハワレトフレナム」青。

　　　［현대어역］あの娘に恋い焦れ　眠れない朝方　吹く風よ　あの娘に
　　　　　　　　　触れるのなら　わたしにも触れておくれ
　　　［주석］我にも触れこそ：原文「吾与経」の「与」は「夢に見えこそ」
　　　　　　　(2842)の原文「夢見与」のそれを上置したもの。せめて同じ風
　　　　　　　に吹かれたい、という気持。

(3)万葉集注釈<沢瀉久孝>

　　　［훈독］妹に恋ひ　い寝ぬ朝に　吹く風は　妹に触れなば　吾と触れなむ
　　　［현대어역］娘に恋い焦れて寝ない朝に吹く風は、妹に触れたならば
　　　　　　　　　私にも触れてほしい。
　　　［주석］「吾与経」の「与」の字、細と版本とに「共」に作る。西その
　　　　　　　他による。西、細ワレトモニヘム、西(左に青)、紀、陽(青)
　　　　　　　などワレトフレナムとある。仙覚の改訓と思はれる。その後の諸
　　　　　　　注多く「共」により、童蒙抄ワレニモフレヨ、考アニモフレナ
　　　　　　　モ、略解ワガムタニフレネ、古義アガムタニフレ、野雁の新
　　　　　　　考アレサヘフレナ、井上氏新考ワレニサヘフレ、新訓ワレサ
　　　　　　　ヘニフレなどと訓まれてゐるが、「与」の文字により仙覚の改訓
　　　　　　　によるべきだと思ふ。「なむ」は希求の助詞である。上の「な」
　　　　　　　は完了の助動詞であるが、同音で調子をとつてゐる。

(4)万葉集私注<土屋文明>

　　　［훈독］妹に恋ひ　寝ねぬ朝に　吹く風の　妹に触れなば　吾と触れなむ
　　　［현대어역］娘に恋ひこがれて、眠らない朝吹く風が、妹に触れた
　　　　　　　　　のなら、吾とも触れて欲しい。
　　　［주석］ワレトフレナム：「与」は、「共」とある本があるので、サヘに
　　　　　　　訓みワレサヘニフレと命令形に見るのは一首としては分りよい
　　　　　　　が、「与」をもサヘとするのは疑はしい。然も古本は「与」の方
　　　　　　　が多い。旧訓で十分通ずるのではあるまいか。反つて、ワレ
　　　　　　　コソフレメの訓も考慮さるべきではあるまいか。風よりも吾が方

こその意である。

(5)万葉集釈注<伊藤博>

　[訓読] 妹に恋ひ　寐寝ぬ朝に　吹く風は　妹にし触れば　我れさへ
　　　　　に触れ

　[現代語訳] あの子に恋い焦がれて眠れないこの朝方に吹いてくる風
　　　　　　よ、お前は、あの子に触れてきたのなら、この私にも触
　　　　　　れておくれ。

　[注釈] ワレサヘニフレは『万葉集略解補正』(木村正辞)の訓。「与」
　　　　をサヘニと訓む例はないけれども、7・1090、11・2683の「共
　　　　(サヘ)」と相通するものと見る。ともにの意で「与」をトと訓む例
　　　　が多いのに対して(8・1658など)、「共」をトと訓む例が3・
　　　　258、11・2520などにある。もっとも、当面の「与」は、細・
　　　　無等には「共」に作る。これに拠ればサヘと訓むのに問題はな
　　　　い。けれども、底本以下古本にはすべて「与」に作るゆえ、「与」
　　　　を尊重することにする。
　　　　我れさへに触れ：私の身の上にも触れよ、の意。せめて相
　　　　手と同じ風に吹かれることで相手と接触したいという心。「さへ」
　　　　は添加を示す助詞。「触れ」は下二段動詞「触る」の命令
　　　　形。

이상과 같이 주요 주석서의 與의 훈독을 보면 크게 サヘ・コソ・ト 세 가지로 나뉘어져 있음을 볼 수 있다. 또한 제5구의 吾를 われ와 わ로, 經을 ふれ와 ふれなむ로 읽고 있으며, 그 밖에 제1구와 제2구는 이독이 없지만, 제3구는 마지막 음절이 は와 の로, 제4구는 妹に와 妹にし, 触れば와 触れなば로 이독이 존재하는데 이 문제들에 대해서는 본 고의 연구 범위를 넘어서기 때문에 언급하지 않기로 한다. 그리고 주석서의 與에 대한 근거를 살펴 보면, 근거 제시가 없는 경우도 있고, 동사 뒤에 있던 與의 위치를 동사 앞으로 이동시켰다거나, 혹은 ト와 コソ 어느 하나로 확실하게 추정하지 못하거나, 與보다는 共의 표기이지만 판본을 존중하여 그대로 與로 보는 등 다양한 견해를 볼 수가 있다.

: 3 : 주요 주석서의 훈독과 비판

與의 훈독에 대하여 주요 주석서에서 많이 보이면서 본 고의 주제와 밀접한 관계에 있는 サヘ와 コソ를 중심으로 살펴보기로 하겠다.

3.1. サヘ

サヘ로 훈독하는 경우, 万葉集에서 與는 2858번 이외에 サヘ의 표기로 쓰인 예가 없다. 万葉集의 サヘ의 표기를 제시하면 다음과 같다.

　　　<음차자>
- 実左倍花左倍　其葉左倍(6-1009)(実さへ花さへ　その葉さへ)
- 吾屋戸之　草佐倍思(11-2465)(我がやどの　草さへ思ひ)
- 心佐閇　消失多列夜(9-1782)(心さへ　消え失せたれや)
- 可奈思家世呂爾　比等佐敝余須母(14-3548)(かなしけ背ろに　人さへ寄すも)

　　　<훈독>
- 入爾家良之　我情副(4-514)(隠りにけらし　我が心さへ)
- 今日之霖　霖爾　吾共所沾名(7-1090)(今日の小雨に　我さへ濡れな)

- 白妙　袖兼所漬(12-2953)(白たへの　袖さへ湿ちて)
- 手取者　袖並丹覆(10-2115)(手に取れば　袖さへにほふ)

＜훈차자＞
- 天雲之　影塞所見(13-3225)(天雲の　影さへ見ゆる)
- 水底之　玉障清(7-1082)(水底の　玉さへさやに)

이상과 같이 サへ 표기는 음차자(左倍21회, 佐倍4회, 佐閇2회, 佐敝1회)로 28회[5], 훈독(副8회, 共2회, 兼1회, 并1회)으로 12회[6], 그리고 훈차자(塞1회, 障1회)로 2회[7]가 쓰여 총 41회가 보이는데 위의 용례에서도 알 수 있듯이 万葉集에서 サへ 표기에는 與가 사용되지 않았다. 따라서 2858의 吾與經의 경우만을 이례적으로 サへ로 읽어야 할 당위성이 약하다고 하겠다. 한편 與를 サへ로 훈독하고 있는 이유에 대

---

5) ＜左倍＞ : 明日谷〈一云「左倍」〉将見等(2・198)山左倍光(3・477)袖左倍沾奴(4・723)情左倍(4・770)今夜左倍(4・781)袖左倍所沾而(4・782)袖左倍所沾而(6・957)実左倍花左倍　其葉左倍(6・1009)明日左倍見巻(6・1014)鎰左倍奉(9・1738)気左倍絶而(9・1740)情左倍(11・2573)相有時左倍(12・2916)鶏左倍(12・3094)袖左倍沾而(12・3175)風左倍吹奴(13・3268)毛登左倍登与美(14・3474)底左倍爾保布(19・4200)可気左倍見要(20・4512)
＜佐倍＞ : 草佐倍思(11・2465)四佐倍有来(16・3827)火佐倍毛要都追(17・4011)加其佐倍美曳弓(20・4322)
＜佐閇＞ : 心佐閇(9・1782)蘇弓佐閇奴礼弓(20・4313)
＜佐敝＞ : 比等佐敝余須母(14・3548)
6) ＜副＞ : 我情副(4・514)心毛身副(4・547)野邊副清 (7・1070)地副割而(10・1995)明日副裳欲得(10・2066)袖副沾而 (10・2317)袖副所沾(11・2549)影副所見(16・3807)
＜共＞ : 吾共所沾名(7・1090)床共所沾(11・2683)
＜兼＞ : 袖兼所漬(12・2953)
＜並＞ : 袖並丹覆(10・2115)
7) ＜塞＞ : 影塞所見(13・3225)
＜障＞ : 玉障清 (7・1082)

해서 살펴보면, 伊藤博처럼 판본에 共이 있기 때문에 의미상 共과 與
가 서로 통한다는 관점에 의한 것으로 보여진다. 그런데 サヘ에 대한
『時代別国語大辞典上代編』(1994:339)의 설명을 보면 "①体言をうけ
て、すでに存在しているある事柄に対し、さらに他の同類の事柄を添加し
ていう。②ⓐある動作や状態の対象が極端であることを示すとともに、そ
の動作や状態の及ぶ全対象を当然のものとして暗示する。ⓑサヘを含む
句が修飾句になるときは、強い程度をあらわす。ⓒ指す対象が動作・状
態の及ぶ対象のすべてであるような場合、副詞的な全量あるいは最高程
度の意になる。"와 같이 크게 두 가지 의미로, 그리고 두 번째의 의미
를 세분하여 與로 제시하였는데, 與에는 본래 이와 같은 의미가 존재
하지 않는다(이 점에 대해서는 3.2에서 설명하기로 한다). 따라서 與
를 サヘ로 훈독하는 주장은 근거가 약하다고 할 수 있다.

3.2. コソ

특수조동사 コス의 활용형 표기로 사용된 與의 예를 모두 제시하면
다음과 같다8).

- 吾以後　所生人　如我　恋為道　<u>相与勿湯目</u>(あひこすなゆめ)(11-
  2375)

---

8) コソ로 보는 것으로는 小學館万葉集와 萬葉集私注인데, 전자는 2842번의 夢
　見與의 표기방식을 근거로 삼았으며 후자는 ト로 보면서도 의미상 コソ를 고
　려해야 한다는 입장을 취하고 있다.

- …自妻跡　憑有今夜　秋夜之　百夜乃長　<u>有与宿鴨</u>(ありこせぬか
  も)(4-546)
- 吾妹子爾　相市乃花波　落不過　今咲有如　<u>有与奴香聞</u>(ありこせ
  ぬかも)(10-1973)
- 日位　人可知　今日　如千歳　<u>有与鴨</u>(ありこせぬかも)(11-2387)

- 如是為乍　<u>遊飲与</u>　草木尚　春者生管　秋者落去(遊び飲みこそ)
  (6-995)
- 思子之　衣将摺爾　<u>爾保比与</u>　嶋之榛原　秋不立友(にほひこそ)
  (10-1965)
- 人見而　言害目不為　夢谷　<u>不止見与</u>　我恋将息(やまず見えこそ)
  (12-2958)
- 現者　言絶有　夢谷　<u>嗣而所見与</u>　直相左右二(継ぎて見えこそ)
  (12-2959)
- 吾妹子　見偲　奥藻　花開在　<u>我告与</u>(我れに告げこそ) (7-1248)
- 天漢　安渡丹　船浮而　秋立待等　<u>妹告与具</u>(妹に告げこそ)
  (10-2000)
- 黒玉　宵霧隠　遠鞆　妹伝　<u>速告与</u>(早く告げこそ) (10-2008)
- 里遠　眷浦経　真鏡　床重不去　<u>夢所見与</u>(夢に見えこそ)
  (11-2501)
- 我心　等望使念　新夜　一夜不落　<u>夢見与</u>(夢に見えこそ)
  (12-2842)
- 現　直不相　夢谷　<u>相見与</u>　我恋国(逢ふと見えこそ) (12-2850)
- 志貴嶋　倭国者　事霊之　所佐国叙　<u>真福在与具</u>(ま幸くありこそ)
  (13-3254)

이들 예문을 살펴보면, '相ひこす:1회, 有りこせ:3회, 飲みこそ:1회, にほひ
こそ:1회, 見えこそ:5회, 告げこそ:3회, 在りこそ:1회'와 같이 종지형의 コス

1회·미연형의 コセ 3회·명령형의 コソ 11회로 모두 '동사 연용형+與'의 형식을 취하고 있는 점이 특징이다. 또한 與의 15회 모두가 일본어 어순을 취하고 있는 점도 특징이다. 그런데 2858의 吾與經의 경우를 보면, 먼저 '與+동사 연용형'의 형식을 취하여 유일하게 한문 어순을 보인다는 점, 다음으로 コソ로 훈독하려면 '조동사(與)+본동사(經)'로 인식해야 하는데 고대 중국어에서 與는 조동사 용법이 없다(안희정:2010b) 즉, 與가 조동사로 쓰인 것은 고대 중국어에는 없는 일본어적인 용법이며 일본어적인 용법으로 사용되는 경우에는 중국어 어순이 아니라 일본어 어순을 취한다는 점, 이 두 가지 점에서 コソ로 읽는 훈독은 따르기 어렵다고 하겠다.

: **4** : 필자의 훈독

万葉集 歌謠에서 與는 총 243회가 보이는데, 음차자(ヨ·音仮名)[9]로 173회, 훈차자(ト·訓仮名)로 6회, 훈독자 ト로 47회, 동사(取与:トリアタフ)로 1회, 그리고 특수조동사 コス로 15회가 사용되었다. 그리고 나머지 1회가 본 고의 주제인 2858 노래의 훈독자의 예이다[10]. 음차자는 본 주제와 직접적인 관계가 없으므로 제외하고 특수조동사 コス도 이미 3장에서 언급하였으므로 제외하고 그 나머지 예를 모두 제시

---

9) 음차자의 용례를 몇 예 제시하면, 3-388 伊与爾廻之(伊予に廻らし), 9-1714 与杼壳類与杼爾(淀める淀に), 14-3448 伎美我与母賀母(君が代もがも), 17-4003 与呂豆余爾(万代に), 20-4408 与能比等奈礼婆 (世の人なれば)와 같다.

10) 특수조동사로 쓰인 與는 훈독자로 분류할 수 있으나 기술의 편의상 따로 제시하였다.

하면 다음과 같다.

표 1 훈차자 'ㅏ'

3-260	榜与雖思
3-443	継往物与
3-443	間幸座与
3-443	名津匝来与
4-642	懸而縁与
4-686	過与

표 2 훈독자 'ㅏ'

1-13	耳梨与	4-543	八十伴雄与	10-2036	妹与吾
1-14	高山与	4-564	与執可宿良牟	10-2040	牽牛 与織女
1-14	耳梨山与	4-578	天地与	10-2171	白露 与秋芽子者
1-65	弟日娘与	4-634	客毛妻与	10-2264	枕与吾者
2-176	天地与	4-652	枕与吾者	11-2615	妹与吾
2-196	君与時時	4-660	汝乎与吾乎	11-2825	妹与居者
2-210	吾妹子与	4-728	吾妹子与	11-2858	吾与経
2-213	吾妹子与	6-1007	木尚妹与兄	13-3234	天地 与日月共
2-220	日月与共	6-1039	吾背子与	13-3277	今夜誰与可
3-258	鴛与高部共	7-1209	妹与背山	13-3332	高山 与海社者
3-315	天地与	7-1210	妹与勢能山	16-3830	室乃樹 与棗本
3-319	駿河能国与	7-1290	妹与吾	16-3885	四月 与五月間爾
3-449	与妹来之	8-1629	妹与吾	19-4177	君与吾
3-452	与妹為而	8-1658	吾背児与	19-4238	誰与共可
3-478	天地与	10-1983	妹与吾師	19-4273	天地与
4-524	与妹不宿者	10-2029	孫星 与織女	19-4275	天地与

표 3 동사 'アタフ'

2-210	取与

위의 분석에서 볼 수 있듯이 與의 훈독(훈차자 포함)에는 ト・アタフ만 이 존재한다. 이미 3장에서 살펴본 근거에 의해 이독으로 존재하는 サ ヘ・コソ는 제외되고, 동사 アタフ 또한 제외되면 ト만이 남게 되는 것 을 알 수 있다.

이러한 이유에서 출발하여 필자 또한 2858의 與의 훈독을 ト로 보는 데 필자의 근거는 다음과 같다. 첫째, 훈독자 ト의 표기 47회 중 아래 4회만이 한문 어순으로 사용되었다는 점이다.

3-449	<u>与妹</u>来之	妹と来し	大伴旅人
3-452	<u>与妹</u>為而	妹として	大伴旅人
4-524	<u>与妹</u>不宿者	妹とし寝ねば	藤原麻呂
4-564	<u>与孰</u>可宿良牟	誰れとか寝らむ	坂上郎女

이와 같이 명백하게 한문 어순으로 사용된 경우를 제외하면 표 2에서 알 수 있듯이 나머지 43회가 모두 일본어 어순을 취하고 있다는 점에 서 2858의 與의 훈독의 경우 또한 ト로 훈독하게 되면 일본어 어순을 취하는 점에서 일치하기 때문이다.

둘째, 부정대명사의 어순이 일본어 어순을 취한 용례가 보였다는 점이다. 大伴家持의 19-4238 노래를 보면,

君之往　若久爾有婆　梅柳　<u>誰与</u>共可　吾縵可牟

와 같이 부정대명사 誰가 與 앞에 사용되었다. 부정대명사는 4-564의 '与孰'과 같이 원래 한문 어순을 취하는데 19-4238처럼 부정대명사가

일본어 어순을 취하고 있는 것은 與가 한문 어순에서 이탈하여 이미 일본어 어순으로 정착되어 가고 있다는 점을 보여주는 경우이기 때문이다.

셋째, 2858 노래의 경우 제2구의 '不寐'의 '不'은 일반적으로 한문 어순을 취한다는 점을 감안하여 제외하면, '妹に恋ひ 寐ねぬ朝に 吹風は 妹にし経れば'와 같이 제1구에서 제4구까지 완벽하게 일본어 어순으로 표기가 이루어져 있다는 점에서 유독 제5구만을 이례적으로 한문 어순으로 읽어야 할 근거를 찾기 어렵기 때문이다.

이상과 같은 근거에 의해 サヘ와 コソ의 훈독은 제외되어야 한다는 것을 다시 한 번 확인할 수 있다.

:5: 與와 'トモニ'

與를 トモニ로 훈독하고 있는 사전 및 주석서가 보이는데 이 점에 대하여 살펴보고자 한다.

藤堂明保外(1998)의 『学研漢和大字典』에 의하면 아래의 예를 제시하면서 與를 トモニ로 해석하여 부사로 처리하고 있다.

> {副詞}ともに。いっしょに。「不可与言=ともに言ふべからず」〔論語・衛霊公〕

吉田賢抗(1960:337)의 『論語(新釈漢文大系第一巻)』주석서에서도

◆子曰：「可<u>与</u>言，而不<u>与</u>之言，失人；不<u>与</u>与言，而与之言，
　　　失言。知者不失人，亦不失言。」

(=子曰く、<u>与</u>に言ふ可くして、之と言はざれば、人を失ふ。<u>与</u>に言ふ
可からずして、之と言へば、言を失ふ。知者は人を失はず。亦言を
失はず。)

(=孔子言う、<u>共</u>に語るに足るべき人に出会いながら、ともに語らない
と、善い相手をもとり逃がしてしまう。<u>一緒</u>に話してはならぬ人と、ともに
語ると、失言の過ちを犯す。知者は共に言わねばならぬ時に言うか
ら、善き相手を失うこともないし、言ってはならぬ時に言わないから失言
の失敗もない。)

◆可与言：<u>ともに</u>胸襟を開いて言っていい時。語るべぎ時に。

◆不与之言：朱子の集注本は「与」の下に「之」の字があるが、皇侃
　　　　　　本・古写本・足利本にはない。

◆与之言：注本は「与レ之言」に作るが、古写本・足利本は「与言之」
　　　　　に作る。

와 같이 마찬가지로 與를 トモニ로 해석하여 부사로 처리하였다.

한편 『漢語大詞典』에서 與의 대표적인 용법을 제시하면

◆與① [yǔ] 의 경우, 동사1. 給予(주다:우리말 의미는 필자);獎賞
　　　(상을 주다) / 동사20. 如同, 好象(-와 같다) / 명사5. 同盟
　　　者；黨與(동맹자) / 부사21. 猶其(특히, 그 중에서:≪四遊
　　　記·哥闍君臣遊獵≫："我國有銅鼓一隻，　　與厚有一十二
　　　寸.") / 22. 介詞. 同, 跟(-와) / 30. 連詞. 和；及(-와, 그리
　　　고) / 33. 通"擧". 擧動；擧止.

◆與② [yù] 의 경우, 1. 參與(참여하다) / 2. 在其中(그 중에 있다)
　　　/ 3. 干預(간섭하다)

◆與③ [yú] 의 경우, 1. 語氣詞. 表疑問或反詰(어기사. 의문이나
반어를 나타냄. -까?) / 2. 語氣詞. 表感歎(어기사. 감탄을
나타냄. -구나!) / 3. 助詞. 表句中停頓(포즈, 구두<句讀>)

와 같이 동사·명사·부사·개사·연사·어기사·조사의 용법이
존재한다. 그런데 부사의 용법이 존재하기는 하지만 '我国有铜鼓一
只, 与厚有一十二寸.'과 같이 '犹其' 즉 '특히·그 중에서'의 의미로
쓰이기 때문에 중국어의 與에는 トモニ(함께, 더불어)의 의미는 없다고
하겠다.

또한 金元中(1994:504)의 허사사전(虛辭辭典)에서 與를 보면,

◆부사로서 '擧'와 통하고 말하는 범위 내에서 예외가 없는 것을 나
타내며 동사 앞에 쓰인다. '완전히', '모두'라고 해석한다.
예) 故天下之君子與謂之不祥者. (墨子 天志中)
그래서 천하의 군자들은 모두 (그들을) 상서롭지 못한 사람
이라고 말한다.
예) 兵不得休八年, 万民與苦甚. (漢書 高帝紀)
병사들은 8년이나 휴가를 얻지 못했으며, 백성들이 모두 혹
독한 고생을 한다.

와 같이 『漢語大詞典』과 마찬가지로 부사의 용법은 존재하나 '완전
히·모두'의 의미이기 때문에 與에 대한 トモニ의 의미는 찾을 수가 없다.
이와 같이 중국어의 與의 본래 용법에 존재하지 않는 부사 トモニ의
훈독은 어떻게 보아야 할 것인가? 金元中(1994:505-506)에 다음과 같
은 설명이 보인다.

◆전치사로서 동작행위의 동반자를 이끌어 내고 조성된 결구는 부사
　어나 보어가 된다 '…와', '…와 더불어, …와 함께'라고 해석한다.
　　예) 項王卽日因留沛公與( )飮. (史記 項羽本紀)
　　　　項王은 당일 沛公을 머무르게 하고 (그와) 더불어 술을 마셨
　　　　다.
　　예) 向察衆人之議, 專欲誤將軍, 不足與( )図大事. (資治通鑑 漢
　　　　紀 獻帝建安十三年)
　　　　많은 사람들의 의견을 살펴보니 모두 고의로 장군을 해치려
　　　　하므로 (그들과) 더불어 중대한 일을 할 수 없다.
◆전치사로서 동작행위의 대상을 이끌어 내며, 조성된 결구는 부사
　어가 된다. '…을 대신하여, …을 위하여' 등으로 해석한다. '爲'자
　와 같다.
　　예) 子厚與( )說方計, 悉令贖歸. (韓愈:柳子厚墓志銘) 柳子厚는
　　　　(그들을) 위하여 방법을 생각해 내어 모두 그들로 하여금 죄
　　　　를 면하고 돌아오게 했다.

여기에서의 與는 위의 설명처럼 동작행위의 대상을 이끌어 내어 부사
어를 만드는 경우로 與 뒤에 목적어가 생략된 것이다. 따라서 與에
대한 사전과 주석서의 トモニ의 훈독은 부사가 아니라 개사(전치사)로
보아야 할 것이다.

　[論語・衛靈公]의 トモニ로 훈독하고 있는 부분에 대한 『四书(THE
FOUR BOOKS)』(刘重德外 1996:207)의 영역본을 보면,

　　The Master said, "When a man may be spoken <u>with</u>, not to
speak to him is to err in reference to the man. When a man may
not be spoken <u>with</u>, to speak to him is to err in reference to our
words. The wise err neither in regard to their man nor to their
words."[11]

와 같이 개사 with로 보고 있다. 또한『四书(THE FOUR BOOKS)』
(刘重德外 1996:206)의 현대 중국어 번역본의 경우도,

> 孔子说 : "可以和他谈论却不谈论，这是错过了人才 ; 不可以和
> 　　　　他谈论却去谈论，这是浪费言语。聪明人既不错过人
> 　　　　才，又不浪费言语。"

와 같이 '和他'로 번역하고 있는 점에서 與는 부사가 아닌 개사라는
사실을 다시 한 번 확인할 수 있다.

　그렇다면 万葉集 이외의 고대 자료에서 與는 어떠한 용법으로 받
아들여 사용되었는지 검토해 보고, 사전 및 주석서에서 부사로 수용
한 것에 대한 적절성에 대하여 살펴보도록 하겠다. 상대 일본자료인
『古事記』『日本書紀』『金石文』을 대상으로 검토해 보았다.
　먼저『古事記』에서 쓰인 용례를 제시해 보면,

> <연사>
> • 若帶日子命与倭建命、亦五百木之入日子命此三王、負太子
> 　之名。(中卷)
> • 此天皇与大后所歌之六歌者、志都歌之歌返也。(下卷)
>
> <개사>
> • 其神言、能治我前者、吾能共与相作成。(上卷)
> • 爾(水齒別命)[12]詔其隼人、今日与大臣(=隼人)飲同盞酒、共

---

11) James Legge(1966:223)의 영역본과 동일하다.
12) 괄호안은 생략된 대상어를 제시한 것이다.

飮之時、(下卷)

<동사>

• 是以備如海神之敎言、与其鈞。(上卷)
• 其將軍山部大楯連、取其女鳥王所纏御手之玉釧而与己妻。
  (下卷)

<감탄사>

• 寔知、懸鏡吐珠、而百王相續、喫劒切蛇、以万神蕃息与。
  (上卷)

<음차자>

• 奴婆多麻能 久路岐美祁斯遠 麻都夫佐爾 登理与曾比(上卷)
• 夜多能 比登母登須宜波 比登理袁理登母 意富岐弥斯 与斯登·
  岐許佐婆 比登理袁理登母(下卷)

와 같이 연사·개사·동사·감탄사·음차자의 용법으로 쓰였다13).
개사로 제시한 예 중 첫 번째 예는 주석서에서 トモニ로 훈독하고 있는
데 與 단독이 아니라 共与를 부사인 トモニ로 훈독한 것이다. 이것은
'A(=光海依来之神)共(トモニ)B(=大国主神)与(ト)' 즉 'AガBトモニ'의
의미로 共이 부사이기 때문에 與가 부사가 아닌 개사임을 입증해 준
다. 따라서 古事記에서 與는 단독으로 부사로 쓰이지 않았다.
  다음으로『日本書紀』에서 쓰인 용례를 제시하여 보면,

---

13) 古事記에서 與의 용례를 모두 검토해 보면, 연사(19회)·개사(17회)·동사
   (3회)·감탄사(1회)·음차자(8회)와 같이 총 48회가 보인다.

　　<연사>
- 於是、天皇<u>与</u>億計王、聞父見射、恐懼皆逃亡自匿。(卷15 顯宗紀)
- 此者常世神也。祭此神者、致富<u>与</u>寿。(卷24 皇極紀)

　　<개사>
- 必<u>与</u>汝照臨天下。則高枕而永終百年、亦不快乎。(卷6 垂仁紀)
- 因以、令推問巷里、有一人曰、小竹祝<u>与</u>天野祝、共為善友。(卷9 神功紀)

　　<동사>
- 故別作新鈎数千<u>与</u>之。兄怒不受。(卷2 神代下)
- 干時、隼人昼夜哀号陵側。<u>与</u>食不喫。七日而死。(卷15 清寧紀)

　　<음차자>
- 於弥能姑能、耶賦能之魔柯枳、始陀騰余瀰、那為我<u>与</u>鼇拠魔、耶黎夢之魔柯枳。(卷16 武烈紀)
- 禹都麻佐波、柯微騰母柯微騰、枳挙曳俱屢、騰<u>与</u>預能柯微乎、宇智岐多麻須母。(卷24 皇極紀)

와 같이 연사・개사・동사・음차자의 용법으로 쓰였다[14]. 그리고 '相與'가 부사로 쓰인 예가 4회 보이는데 제시해 보면 다음과 같다.

- 乃掘天真名井三処、<u>相与</u>対立。(卷1 神代上)
- 下枝懸青和幣<和幣、此云尼枳底>白和幣、<u>相与</u>致其祈祷焉。(卷1 神代上)

---

14) 日本書紀에서 與의 용례를 모두 검토해 보면, 연사(148회)・개사(103회)・동사(33회)・음차자(8회)와 같이 총 292회가 보인다.

- 乃<u>相与</u>遘合、而生児大己貴神。(巻1 神代上)
- 時群虜見二人、大咲之曰、大醜乎＜大醜、此云鞅奈瀰儞
  句。＞老父老嫗、則<u>相与</u>闘道使行。(巻3 神武紀)

이것은 숙어로 '함께'의 의미이다.15) 따라서 日本書紀 또한 與 단독
의 부사 용법은 없었다.

마지막으로 『金石文』에서 쓰인 용례를 제시하여 보면,

   ＜연사＞

- 池辺大宮治天下天皇、大御身労賜時、歳次丙午年、召於大
  王天皇<u>与</u>太子而、誓願賜......(法隆寺金堂薬師仏光背銘)
- 于時、多至波奈大女郎、悲哀嘆息、白畏天皇前曰、啓之雖
  恐、懐心難止使。我大王<u>与</u>母王、如期従遊、痛酷无比。(天
  寿国曼茶羅繍帳銘)

   ＜개사＞

- 干食王后仍以労疾、並着於床時、王后王子等及<u>与</u>諸臣深懐
  愁毒共相発願。(法隆寺金堂釈迦仏光背銘)
- 少治田天皇御世、乙丑年五月、聖徳王<u>与</u>島大臣、共謀建立
  仏法、更興三宝、即准五行定爵位也.......(上宮聖徳法王帝説)

   ＜동사＞

- 所冀、聖法之盛、<u>与</u>天地而永流、擁護之恩、被幽明而恒満

---

15) ◆共同；一道.(함께) 《孟子·公孫丑上》："又有微子、微仲、王子比干、箕子、
   膠鬲, 皆賢人也. 相與輔相之, 故久而後失之也."
  ◆互相；交相(서로) 宋蘇軾《安萬民策》之五："數十年之後, 甲兵頓弊, 而人
   民日以安於佚樂. 卒有盜賊之警, 則相與恐懼訛言, 不戰而走."
  ◆相同(비슷하게) 宋梅堯臣《同道損世則元輔遊西湖》詩："同來三四人, 趣向
   頗相與."

天地。(勝宝感神聖武皇帝銅板詔書)

<음차자>
- 広庭天皇之子多知波奈止<u>与</u>比天皇、在夷波礼浣邊宮.......(元興寺丈六釈迦仏光背銘)
- <u>与</u>伎比止乃　麻佐米尓美祁牟　美阿止須良乎　和礼波衣美須弖........(仏足石歌碑)

와 같이 연사 6회, 개사 4회, 동사 1회, 음차자 17회로 총 28회가 보여 마찬가지로 與 단독의 부사 용법은 없었다.

이상과 같이 상대 일본 자료에서는 與를 부사로 받아들인 흔적은 보이지 않는다. 부사로 즉 トモニ로 훈독하고 있는 부분은 金元中의 설명처럼 '대상'이 생략된 경우이기 때문에 실제로는 개사에 해당된다. 따라서 與를 부사로 처리하여 トモニ로 훈독하는 것은 적절하지 않다고 하겠다. 다만 トモニ로 훈독하고 있는 것은 중국어 본래의 용법이 아니므로 일본식 훈독법이라고 볼 수 있다. 따라서 만일 이 부분을 인정하고자 한다면 トモニ의 훈독은 일본어적인 용법으로 간주해야 할 것이다.

또 다른 해석으로는 일본어와 중국어의 언어 구조 차이에 의해 발생한 것으로 볼 수 있다. 고대 중국어에서 대상이 생략된 與를 일본어로 훈독하고자 할 경우 ト만으로는 명확하지 않고, 그렇다고 해서 생략된 대상을 일일이 제시하면서 '대상+ト'로 훈독하기에는 부자연스러운 면이 있기 때문에 일본어로 수용하는 측면에서는 불가피하게 일본어로 나타내기에 보다 적합한 トモニ를 사용하게 된 것으로 추정해 볼 수 있다. 따라서 특히 사전에서 이와 같은 용법을 부사로 처리하고 있

는 것은 오류라고 지적할 수 있겠다.

: **6** : 나가는 말

이상과 같이 이독이 존재하는 12-2858의 제5구의 與의 훈독에 대하여 주요 주석서의 훈독 및 주석을 검토하여 보다 적절한 훈독에 대하여 고찰하였다. 아울러 與를 부사로 처리하여 トモニ로 훈독하고 있는 문제에 대해서도 고대 중국어와 비교 검토하였다. 그 결과를 정리하면 다음과 같다.

1. 万葉集에서 サヘ 표기는 음차자 28회 · 훈독 11회 · 훈차자 2회로 총 41회가 나타나는데 2858 노래 이외에 與가 サヘ 표기로 사용된 예는 없다

2. コソ 표기로 與가 사용된 예는 총 15회가 보이는데, 모두 '동사(연용형)+與'의 형식으로 일본어 어순으로 되어 있는 것이 특징이다. 따라서 한문 어순인 '與+동사(經)'의 與를 コソ로 훈독하는 것은 동의하기 어렵다.

3. 與의 훈독은 ト · コス · アタフ만이 존재하며, 훈독자의 표기 47회 중, 한문 어순으로 쓰인 4회를 제외한 43회가 일본어 어순으로 되어 있다. 특히 19-4238번 노래의 '誰与'와 같이 부정대명사 誰가 與 앞에 사용된 것은 與가 이미 한문 어순에서 이탈하여 일본어 어순으로 정착되어 가고 있다는 것을 보여준다.

4. 2858의 제2구 '不寐'의 '不'은 일반적으로 한문 어순을 취
   한다는 점을 감안하여 제외하면, 제1구에서 제4구까지 완
   벽하게 일본어 어순으로 표기가 이루어져 있으므로 유독
   제5구만을 이례적으로 한문 어순으로 읽어야 할 근거를
   찾기 어렵다.

5. 與를 トモニ로 훈독하여 부사로 처리하고 있는 점에 대하
   여 중국자료를 검토해 본 결과, 與에는 トモニ(함께, 더불
   어)의 의미는 존재하지 않았다. 따라서 與에 대한 사전과
   주석서의 보이는 トモニ의 훈독은 부사가 아니라 개사(전
   치사)로 쓰였다고 보는 것이 적절하겠다.

6. 『古事記』『日本書紀』『金石文』에서 與를 검토해 본 결
   과, 與 단독으로 부사로 쓰인 예는 보이지 않았다. 따라서
   万葉集에서 與를 トモニ로 훈독하여 부사로 보는 것은 적
   절하지 않다고 하겠다.

이상과 같은 근거에 의해 2858의 제5구의 與는 ト로 훈독하는 것이 적
절하며, 아울러 與를 부사의 トモニ로 훈독하는 것은 중국어의 용법에
는 존재하지 않기 때문에 오류라고 볼 수 있으나 トモニ의 훈독을 인정
하고자 한다면 일본식 훈독법 내지 일본어적인 용법이라고 할 수 있
겠다.

參考文献

김용옥(1992) 『東洋學 어떻게 할 것인가』통나무 p.365

金元中編(1994) 『虛辭辭典』현암사 pp.504-509

안희정(2010a) 「万葉集의 與・及 표기자 수용과정 연구 -韓・日・中 비
    교에 의한 새로운 연구 방법론 모색을 위하여-」日本文化學報
    第44輯 韓國日本文化學會 pp.207-231

안희정(2010b) 「萬葉集의 歌謠 속의 與・及字 研究 -韓・日・中 자료
    의 비교분석을 통하여-」日本文化學報 第47輯 韓國日本文化
    學會 pp.207-231

허벽(1997) 『중국고대어법』신아사 pp.445-447

安熙貞(2000) 「「与」と「及」の用字法の比較研究 -『日本書紀』と『三国史記』
    を中心に-」福岡大学大学院論集32-2 福岡大学大学院論集刊
    行委員会 pp.1-17

宇都宮睦男(1987) 「「与」の訓法」国語国文56-7 京都大学文学部国語国
    文学研究室 pp.22-40

大島信生(1986) 「万葉集「与」の表記について -助詞トの場合-」万葉123 万
    葉学会 pp.12-22

大野晋外(1965~1967) 『日本古典文学大系　日本書紀上・下』岩波書店

沢瀉久孝(1990) 『万葉集注釈』中央公論社

木崎愛吉編(1972) 『大日本金石史第一巻』歴史図書社

木崎愛吉編(1972) 『大日本金石史第四巻』歴史図書社

倉野憲司外(1958) 『日本古典文学大系1　古事記・祝詞』岩波書店

契沖阿闍梨撰・木村正辞校訂(1925) 『万葉集代匠記 巻之十二上』早稲
    田大学出版部 p.6

小島憲之(1994~1996) 『万葉集 新編日本古典文学全集』小学館

小島憲之外(1994-1998) 『新編日本古典文学全集2-4 日本書紀①-③』
    小学館

上代語辞典編修委員会(1994) 『時代別国語大辞典 上代編』三省堂

上代文献を読む会編(1989) 『古京遺文注釈』桜楓社

土屋文明(1956) 『万葉集私注』筑摩書房

藤堂明保編(1980)『漢和大辞典』学習研究社

広瀬捨三外(1995)『校本万葉集 十五』岩波書店 pp.7-8

山口佳紀外(1997)『新編日本古典文学全集1　古事記』小学館

James Legge(1966)『The Four Books』Paragon Book Reprint Corp p.223

刘重德外(1996)『四书』湖南出版社 pp.206-207

罗竹风主编(2007)『汉语大词典 CD-ROM』汉语大词典出版社

王宏源 著(1993)『汉字字源入门』华语教学出版社

王力(1982, 1991)『同源字典』商务印刷馆出版

徐萧斧(1981)「古汉语中的"与"和"及"」『中国语文』第5期 pp.374-383

周生亚(1989)「并列连词"与、及"用法辨析」『中国语文』第2期 pp.137-140

초출일람

저자약력

안희정(安熙貞)
- 대일외국어고등학교 일본어과 졸업
- 중앙대학교 일본어학과 졸업
- 중앙대학교 일본어교육전공(교육학석사)
- 일본 큐우슈우대학 비교문화연구과 박사후기과정
- 일본 후쿠오카대학 일본어일본문학(문학박사)
- 일본 큐우슈우국제방송 방송심의위원 역임
- 일본 후쿠오카죠가쿠인대학 강사, 중앙대학교 강사
  우송대학교 초빙교수 역임
- (현) 위덕대학교 일본언어문화학과 교수

저서
- 『古代日本語の用字法研究』 제이앤씨
- 『일본어능력시험 1,2,3급한자』 YBM & Sisa(공저)
- 『스모남편과 벤토부인』 (키워드로 읽는 문화2) 글로세움(공저)
- 『こつこつゆっくり日本語読解』도서출판 책사랑 外
- 『映像日本語』 제이앤씨
- 『실용일본어와 文法』 제이앤씨(공저) 외

주요논문
- 文の構造から見た「賜・及」とその諸問題
- 고대 한일 표기법 비교 연구
- 風土記における「所」の用字法研究
- 万葉集巻5における「文法的職能」を持つ語彙研究 외

일본 고대문헌의 용자법 연구

초판인쇄 2013년 10월 17일
초판발행 2013년 10월 29일

저 자 안희정
발 행 인 윤석현
발 행 처 제이앤씨
등록번호 제7-220호
책임편집 김선은

우편주소 132-702 서울시 도봉구 창동 624-1 현대홈시티 102-1106
대표전화 (02) 992-3253(대)
전 송 (02) 991-1285
홈페이지 www.jncbms.co.kr
전자우편 jncbook@hanmail.net

ISBN 978-89-5668-983-8   93730   **정가** 18,000원